英语民族史

卷三

革命时代

[英] 温斯顿·丘吉尔◎著

张庆熠　张颖　王国平◎译

新华出版社

图书在版编目（CIP）数据

英语民族史.革命时代 / (英) 温斯顿·丘吉尔著；张庆熠，张颖，王国平译.
北京：新华出版社，2016.12
ISBN 978-7-5166-3036-5

Ⅰ.①英… Ⅱ.①温… ②张… ③张… ④王… Ⅲ.①世界史
Ⅳ.①K1

中国版本图书馆CIP数据核字（2016）第303747号

英语民族史.革命时代

作　　者：［英］温斯顿·丘吉尔　　**译　　者：**张庆熠　张颖　王国平

责任编辑：张　程　雒　悦　　**责任印制：**廖成华
特约编辑：陈卫倩　林致君　何江鸿　　**封面设计：**臻美书装

出版发行：新华出版社
地　　址：北京石景山区京原路8号　　**邮　　编：**100040
网　　址：http：//www.xinhuapub.com
经　　销：新华书店、新华出版社天猫旗舰店、京东旗舰店及各大网店
购书热线：010－63077122　　**中国新闻书店购书热线：**010－63072012

照　　排：臻美书装
印　　刷：三河市君旺印务有限公司
成品尺寸：170mm×240mm
印　　张：16.5　　**字　　数：**300千字
版　　次：2017年3月第一版　　**印　　次：**2019 年10月第二次印刷
书　　号：ISBN　978-7-5166-3036-5
定　　价：52.00元

前 言

在本卷所描绘的1688年到1815年这段时期，三场革命深刻地影响了人类的命运。这三场革命均发生在百年之内，并且它们都导致了英法两国之间的战争。1688年的英国革命把信奉天主教的国王赶出了不列颠岛，最终导致英国同法王路易十四——法国最后一位伟大的国王发生了激烈的争斗。1775年的美利坚革命将英语民族一分为二，尽管英美两国各自具有鲜明的观念和行动，然而双方依旧在同一语言、共同的传统和普通法的纽带下联结在一起。1789年，凭借武力和暴力手段，法国向欧洲宣告了平等、自由和人的权利原则，其影响直至1917年布尔什维克革命前难有望其项背者。在发生上述政治革命的同时，科学和制造业领域也在发生变革，尽管这些变革在当时并不为人瞩目，但它们奠定了我们今天所处的工业化时代的基础。宗教改革的余波最终平息下来。自此以后，分裂英国的不再是宗教信条，而是以现实利益为导向的政治党争；自此以后，物质的霸权和民族的优越感主导了欧洲的纷争。人们旧有的观念趋向是宗教统一，当下欧洲的纷争因民族扩张而起，而宗教问题在其中发挥的作用日渐减弱。

在本卷展开之时，英国革命大功告成。詹姆斯二世（King James II）流亡国外，来自荷兰的奥兰治亲王（Prince of Orange）登陆不列颠，不久接续英国王位，史称威廉三世。甫一登基，威廉三世就投身到英法的殊死争斗之中。法国人试图将欧洲纳入一个版图之内，这番霸业宏图甚至连查理大帝都望尘莫及，如若有先例，我们也要追溯到罗马时代。法国的勃勃野心体现在法王路易十四身上。在三十年战争中遭受重创的德意志和走向没落的西班牙，引得路易十四蠢蠢欲动。

与此同时，荷兰共和国的崛起为欧洲平添了一个新教国家。虽然这个新教国家地少人寡，但它的人民勇敢、它的海上力量强大、它的贸易兴盛，这使它成为欧洲大陆的强权之一。英国与荷兰结盟构成了抵抗法国的核心。神圣罗马帝国给予的政治支持帮助英国和荷兰这两个北海强国能够对抗集足智多谋和骄傲虚荣于一身的法国统治者。威廉三世、马尔博罗（Marlborough）和欧根将军（Prince Eugene）三人联合起来粉碎了法王路易十四的霸业。从此以后，汉诺威王朝治下的英国接受了辉格党人(Whig)的理念。这些理念集中承载了英格兰自大宪章和远古时代沿袭下来的所有重要的遗产，并以现代的形式塑造了政教关系以及王权对议会的从属关系。

在这一时期，英国海外扩张的步伐并未停止。大不列颠诸岛归于一统，一方面，尽管人口有限，但英国对欧洲事务却起着显而易见的主导作用。另一方面，他们英国采取了与欧洲大陆有别的发展道路。老皮特时期，英国将美洲新大陆和印度大片土地收入囊中，第一大英帝国横空出世。

羽翼渐丰的北美殖民地与英国政府渐行渐远，进而导致北美殖民地与母国反目成仇。独立战争（美国人更愿意称之为革命战争），奠定了美利坚合众国的根基。法国和西欧联合起来抗衡英国，英国虽然海上霸权犹在，但第一不列颠帝国走向终结。

随着世界列强出现的上述变化，出现了自宗教改革以来又一轮具有决定性意义的解放运动。宗教改革在广大的地区解放了人们的思想。法国大革命则试图宣告人人平等，至少要撇弃地位和财富上的差别而确立人人机会均等的原则。在反对拿破仑的伟大战争中，英国几乎对抗整个欧洲，甚至与美利坚合众国作对。拿破仑未能创建一个欧洲合众国。滑铁卢大战的胜利、目光远大的《巴黎条约》和肇始于英国的工业革命令不列颠近一个世纪的时间雄踞文明世界之巅。

温斯顿·斯宾塞·丘吉尔

肯特郡 韦斯特勒姆 查特韦尔

1956 年 12 月 24 日

目 录

CONTENTS

第七部

英国的崛起

第一章 奥兰治的威廉

为了大多数人的利益而从自己的岳父头上抢走英国王冠的伟大亲王威廉，打小就在严酷的环境中长大。他幼年丧父，无子无嗣。他的生活乏爱可陈。他的婚姻出于国家政治的需要。抚养他长大的外祖母性情暴躁，年少的他受到一个又一个荷兰委员会的约束。他的童年生活没什么快乐可言，他的身体孱弱，罹患肺结核和气喘，走路也有些跛脚。但在这个清癯并些许残疾的躯体内，却熊熊燃烧着由欧洲风暴激发起来的烈焰，他所身处的环境更加深他外表冷峻的性格。在不满二十一岁的时候，威廉便做出惊人之举，从那时起他就戎马倥偬，在荷兰和欧洲的政治风云中尽展其能。历时四年，他领导英国人密谋推翻信奉天主教的詹姆斯二世。

威廉不近女色。很长时间以来他对深爱他的忠贞妻子态度冷漠。然而，在统治后期，当他看到玛丽女王对他执掌英国王权帮助很大时，他才对她产生了由衷的感激之情，如同对待一位忠实的朋友抑或辅佐他治国理政的内阁成员那样。玛丽女王辞世后，威廉悲不自胜，不能自已。

从宗教信仰上来说，威廉当然是加尔文派教徒，但他似乎并没有从这个教派的严格教义中得到什么精神上的慰藉。作为一国之君和三军统帅，他毫无宗教褊狭之见。任何一个不可知论者都比不能像他那样客观、公正，一碗水端平。在他看来，基督新教徒、天主教徒、犹太教徒或异教徒都一个样。他畏惧并痛恨法国天主教，并非出于信仰的缘故，而是由于那是法国的教会。只要效忠于他，他照样毫不犹豫地起用信奉天主教的军官。在纵横捭阖的政治角力中，宗教问题只是手中的筹码。在英格兰和爱尔兰敲响新教徒的战鼓时，威廉却对罗马教皇深具影响，威廉与教皇的这种君子之交堪称古往今来的典范。威廉看起来是为破除法国的霸业、对抗她“伟大的国王”而生的。

成长的经历和肩负的使命自然而然地导致威廉薄情寡义、冷酷无情。尽管他没有参与1672年密谋刺杀荷兰政治家德维特兄弟的活动，但他对此幸灾乐祸，并从中受益，还庇护和接济了凶手。他曾帮助詹姆斯二世对付信奉新教的蒙默斯公爵，但在蒙默斯公爵从荷兰逃往英格兰避难时，却未加阻止。在威廉的记忆中，此生最大的污点来自苏格兰。苏格兰高地的一个家族首领拒绝臣服于威廉，威廉于是派人予以痛彻打击。军队奉命开赴格伦科“剿除匪患”。这次血腥事件不禁令人毛骨悚然之处是军人们以怨报德，对这个款待他们的家族痛下杀手。有好几个星期，皇家士兵在山谷里与族人同吃同住，假惺惺地享受族人们盛情的款待。在一个寒冷的冬夜，军人调转枪口，成批成批地屠杀睡梦之中的族人，只有少数人幸免于难，逃出茅舍。威廉国王并未授意采取此种卑鄙手段，但给他带来了洗刷不清的耻辱。

威廉虽然冷酷，却不残酷。他无暇顾及小仇小怨，他要与路易十四一决雌雄。虽然威廉年纪轻轻执掌帅印，统帅三军，内心无惧无畏，但他从来不是一个伟大的指挥官。他不具备预见战场局势的能力，而这恰恰是军事天才的标志。他只是一个凭理智行事、坚定果敢之人，凭着与生俱来的条件得以指挥军队作战。他的天分在外交领域。他的精明、耐心和谨慎，鲜有其匹。他结成联盟，克服困难，把握时机，洞察人性、利用人的弱点，他把握分寸和衡量轻重缓急的能力，这一切使都他享有极高的威望。

他最感兴趣的是业已爆发、席卷欧洲的大战，以及由他一手促成的大联盟。他把英格兰之旅视作一段插曲，是必需的但令人生厌的义务，入主英国是完成更大目标的跳板。威廉不喜欢英国，对其国内事务缺乏兴趣。他看到的都是英国的阴暗面。为了投身欧洲战争，威廉需要英国的财富和陆海军力量。为此，他躬身前往英国，调动这些财富和力量。他利用他的英国盟友为他达成他的目的服务，犒赏他们的服务，但就整个民族而言，无论品质还是忠诚，英国人都比不上他的荷兰同胞。

坐稳英国王位之后，他就不再掩饰上述感受。这种感受及其外在表现自然而然地引起了英国人深深的反感。对英国人而言，虽然需要服从他们认可的新权威，但他们同任何其他欧洲民族一样骄傲。没有人愿意成为厌恶和轻视的对象，特别是心血来潮、肆意妄为地侮辱和冒犯。发动 1688 年光荣革命的贵族和议员们尽管依旧目标坚定，但他们还是情不自禁地回想起查理二世宫廷轻松愉快的氛围、富丽堂皇的场景。威廉性情孤僻，胡吃海喝，沉默寡言，粗暴无礼，不近女色，厌恶伦敦，这些都使得上流社会对他心存偏见。女眷们都称他为"一头矮矮的荷兰熊"。英国军队也大为苦恼。无论是军官，还是士兵，都对光荣革命的军事问题羞于启齿。他们对所有重要的指挥官都由荷兰人担任感到不快。看到荷兰步兵在白厅与圣詹姆斯宫之间不停地来回巡逻，他们感到酸溜溜的。他们还把自己身上破旧的蓝色军服与已经撤出伦敦的第一近卫军团和冷溪军团猩红色的军服加以比较。只要爱尔兰战争没有停止，只要法国的入侵威胁没有解除，英国军人们就抑制着心中的不满；否则，他们心底的怒火喷涌而出。在欧洲大陆用兵打仗变得不受欢迎，英国人一再施压，要求威廉撤换身边的荷兰侍卫和宠臣。1688 年 12 月 23 日下午，一听到詹姆斯二世出逃，威廉成为无可争议的英格兰王位继承者的消息，在渡过英吉利海峡的船上，奥兰治亲王即开始着手实施他的计划。他限令法国大使 24 小时内离境，英国开始缔结广泛的反法联盟。这一举动开启了一场蹂躏欧洲长达二十五年的战争（尽管战争中间有一段间歇期），这场战争注定要毁掉路易十四的霸业。

詹姆斯二世的出逃促成整个不列颠紧密地团结在一起，但没有任何形式的合法政府。在发动光荣革命的政治家们的建议下，威廉召集国民议会开会。这届议会一经选举产生就在宪政规则的问题上纠缠不休；负责召唤威廉入主英格兰的全国无党派联盟在为国家创建一个稳定政府的压力下解体了。在达成最终宪制安排的复杂微妙的过程中，个人野心和党派信条贯穿其中。查理二世的旧臣丹比伯爵对这段动荡不安的时期寄予很大的期望。在粉碎了阴谋集团后，正是他在英国圣公会和国教教会中创立了托利党。查理二世与法国的秘密勾结，以及天主教阴谋案彻底断送了丹比伯爵的政治生涯。为了免遭政敌毒手，查理二世将他囚禁在伦敦塔中。在查理二世统治末期，他获释出狱。1688 年光荣革命成为他东山再起的天赐良机。在事关生死存亡的危急关头，作为北方的大土地所有者，丹比伯爵有登高一呼、众人响应并提供一支规模可观的武装力量以供调遣的能力。由于深具威望和政治资本，丹比伯爵抵达伦敦。忠诚的托利党人看到有机会扰乱斯图亚特王朝的君权神授权利，无不感到惊慌万分。丹比勋爵与玛丽公主取得了联系。托利党人乐于看到的局面是玛丽公主继承王位，如此行符合托利党的基本规则。上议院匆忙召集开会，丹比慷慨陈词，舌战群贵，力促该目标实现。但是，包括玛丽公主的舅舅克拉伦登伯爵在内的其他托利党人更倾向于保留詹姆斯二世的虚君之位，任命威廉为摄政王。托利党内部众说纷纭、意见不一之时，辉格党人乘机占了上风。

辉格党人秉持的政治理念是王权与人民之间是契约关系，1688 年光荣革命即是明证。现在应由议会来决定由谁来继承王位。整个形势的走向由威廉来定夺。如果他的妻子玛丽公主继位，他愿意甘当女王的配偶这一有名无实的绿叶吗？倘若如此，托利党人将顺心遂意，而辉格党人在光荣革命中的作用将黯然褪色。在黑麦房阴谋中辉格党人丧失了他们自己的领袖，现在只用一位政治家孤军奋战，如若取得胜利，他们将坐享其成。

哈利法克斯侯爵乔治·萨维尔，这位当时最机智、最孤独的政治家，以“骑墙派”闻名于世，并因此感到自豪。在这场危机中，由于萨维尔深悉威廉的意图而颇具实力。在詹姆斯二世出逃之前，他曾派遣哈利法克斯前去与即将入主英国的威廉谈判。他意识到威廉此番入主英国并非权宜之计，因为荷兰人需要在英国取得巩固的君主之位，以便在欧洲大陆抵挡住法国遮天蔽日的扩张威胁。上议院以 51 票对 49 票的微弱多数否决了关于威廉应代表詹姆斯二世摄政的提议。经过旷日持久的辩论，国民议会接受了哈利法克斯的观点，决定威廉与玛丽两人联合继位。哈利法克斯取得了完胜，是他代表议会上下两院将王冠和《权利法案》呈递到威廉和玛丽两位君主手中。然而，他的政治观点与正在形成中的党派格格不入。在这场严重的危机中，他能发挥关键性的作用，但党内支持他的人寥寥无几，权势熏天之时如昙花一现。不过，辉格党日后中兴少不了他的贡献。

复杂的问题一步一步得以解决。由于约翰·丘吉尔和他的妻子萨拉私人建议，玛丽女王的妹妹安妮公主承诺如果姐姐在威廉之前辞世，她会把王位继承权交给威廉。这样一来，威廉便可毫无争议地获得终身王位。他愉快地接受了议会做出的这一决定。在加冕礼上，为1688年光荣革命尽心尽力的革命领袖都获得了不少荣誉和犒赏。纵然不是威廉最贴心的心腹，丘吉尔却巩固了他的中将职位，并成为英军实际上的总司令，肩负起重建英军的使命。丘吉尔受封为马尔博罗勋爵。1689年5月正式对法宣战后，威廉因故滞留在英格兰，后又陷入爱尔兰困局，马尔博罗亲率八千英国士兵在佛兰德斯同法国人作战。

英国正面临极其严重的战争危机。出于政治考量和道德同情，路易十四收留了流亡国外的詹姆斯二世，给予他国王应得的礼遇。爱尔兰显然是抵抗的中心。三月份，詹姆斯二世登陆爱尔兰，在他身后是兵精粮足、训练有素的法国军队、大把的金钱和给养。他被爱尔兰人当成了救世主，广受欢迎。入主都柏林后不久，在爱尔兰议会的支持下，他很快召集起一支人数多达十万人的信奉天主教的军队。除了北方新教徒居住的地区外，自称支持詹姆斯二世继承英国王位的人控制了整个爱尔兰岛其他地区。威廉把目光投向了东边的佛兰德斯和莱茵河流域，而议会则要他将目标锁定在相反的方向。威廉提醒议会关注欧洲事务，而议员们极力要求威廉将注意力放到爱尔兰身上。威廉想东西兼顾，结果却顾此失彼。伦敦德里郡一度被围，后从海上驰援才得以解除包围，这是1689年战事一段壮丽的篇章。

新建立的全国政府迅速出现了裂痕。辉格党人认为1688年光荣革命的功劳属于他们。他们判断、指挥和原则都证明了这一点。他们不应该赢家通吃、担任所有要职吗？但威廉知道，要不是构成托利党骨干的守旧派和高派教会的帮助，他绝无问鼎英国王冠的可能。进一步而言，此时此刻，从国王的立场出发，威廉更倾向于托利党，原因是托利党支持王位世袭。威廉思忖辉格党的原则将最终导致共和政体。作为尼德兰最高执政官，威廉几乎就是荷兰的国王，但他并不愿意在英国的头衔从国王降格为最高执政官。出于上述考虑，威廉决定解散整个曾经授予他王冠的国民议会，正如辉格党人所言：“它的使命尚未完成。”在 1690 年 2 月的大选中，托利党获胜。

新国王竟然启用森德兰德伯爵这等神秘莫测的人物真是令人匪夷所思，森德兰德伯爵曾经是詹姆斯二世的重要谋士。但是，詹姆斯二世与森德兰德伯爵之间出现了不可弥合的分歧，詹姆斯二世党人认为桑德伯爵应当对 1688 年光荣革命负主要责任。森德兰德勋爵由此和威廉的利益捆绑在了一起，他对欧洲政治局势的洞察使威廉认定他是无价之宝。暂歇之后，森德兰德伯爵又活跃在英国政坛之上并发挥了令人惊奇的影响力。他不敢为自己谋取权位，但他翻手为云，可令人飞黄腾达；覆手为雨，可令人一落千丈。一些持中立立场的国务活动家们在实际运作着政府。他们是施鲁斯伯里公爵，西德尼·戈尔多芬，马尔博罗，还有一向游移不定、见风使舵的哈利法克斯。他们都曾经服侍过詹姆斯二世。在他们眼中，党派的概念就是在多个派系间合纵连横、纵横捭阖并超脱其上以博取国王和王室的宠信。上面提到的每个人无不精通此道。“施鲁斯伯里同沃顿常来常往，戈尔多芬同马尔博罗和拉塞尔上将分享机密。”在这些人当中，在此后二十年中，戈尔多芬成为马尔博罗最亲密的政治盟友。他具有高明的政治手腕，同时又小心翼翼，不显山露水，不着痕迹。他从不表达对权力的渴求，但他很少被排除在权势圈子之外。他曾为四个主子服务，与众多同僚共事，但从没有哪个主子或同僚怀疑过他的忠心。他懂得如何在最恰当的时机辞职，或威胁辞职，以此表达他的忠诚正直。尽管有些笨拙、腼腆、爱做白日梦，但他忠心耿耿、全心全意打理政务。如果威廉在 1689 年倾全力荡平爱尔兰，那么他在 1690 年就可以从那里脱身，全身心投身欧洲大陆的战争。然而，他并没有这样做。因此，在新的一年里，他不得不将主力部队部署在爱尔兰，到夏天来临的时候，已增兵至三万六千人。英格兰的全部力量离开了欧洲大陆主战场。瓦尔德克亲王——威廉在低地国家的指挥官不敌神机妙算的卢森堡元帅，弗勒鲁斯战场遭遇惨败。与此同时，在比奇海岬附近，法国舰队击败了英国荷兰联合舰队。在伦敦流传着这样一种说法：“荷兰人保全了颜面，法国人取得了优势，而英国人得到的只是耻辱。”英吉利海峡的控制权短暂地转移到了法国海军上将图维尔的手中，看来法国人能够海陆俱进，跨越海峡，入侵英格兰，这迫使威廉率军从爱尔兰回师英格兰。

玛丽女王的枢密院面临烽烟四起的严峻局势。它得到举国一致支持，全国人民纷纷拿起武器，保卫国家。六万正规军作为核心精锐，加上临时征召起来的民兵和义勇骑兵队，作为统帅，枢密院成员马尔博罗做好了应对法国入侵的准备。7 月 11 日，威廉国王在伯恩河取得决定性胜利，将詹姆斯二世赶出爱尔兰，逐回了法国。遭逢新败的英格兰旧君詹姆斯二世请求路易十四发兵征讨英格兰。路易十四不予理睬，因为此时他正关注着德意志。七月和八月气氛空前紧张，但总算有惊无险，除了泰恩茅斯港被前来偷袭的法军烧毁外，英国没有遭受什么更重大的损失。等到冬季来临，随着法国舰队撤离，英荷联合舰队整饬一新，夺回了英吉利海峡的制海权。于是，危险过去了。深冬来临之际，玛丽女王的枢密院和威廉国王委任马尔博罗出征爱尔兰，经过一次干净漂亮的战役，马尔博罗一举活捉了柯克和金赛尔，征服了爱尔兰南部各郡。1690 年底，征服爱尔兰的战争进入尾声，英格兰重新获取了制海权。入主英格兰两年后，威廉此时才能腾出手来投身于欧洲大陆战争，统率大军主导战争联盟。他把马尔博罗带在身边，任命他为英军最高指挥官，然而又不授予他全权，尽管马尔博罗在联盟各国指挥官中间深孚众望，但他没有自由发挥的空间和余地。尽管战役规模很大，但它并不能够决定胜负。

此时此刻，威廉和马尔博罗之间出现了嫌隙。在谋划来年军事部署的时候，威廉准备把马尔博罗带到佛兰德斯去，以中将的身份参赞枢机要务，为国王一人服务。马尔博罗不愿意领受这个权责不明的职务。他并不希望仅仅以国王参谋的身份前往佛兰德斯，理由是他的进言威廉并不一定听得进去，却要无故承担军事失利的责任。他要求要么像现在这样横刀跃马、纵横沙场，要么留在英格兰本土。然而，威廉已经将军队指挥权交给了一位荷兰将领金克尔男爵，他刚从爱尔兰奥格利姆和利墨里克归来。下议院发起了一项运动，讨论使用外国人的做法是否恰当。众所周知，马尔博罗向来反对使用外国人的做法，他在上议院也提出了类似的动议。人们广泛支持这项提案，甚至上下两院一度同时取得多数支持。此外，马尔博罗的活动并不仅限于议会，他是英国军队的领头雁，为数众多的各级军官衷心拥护他，对国王重用荷兰人表示愤愤不平。

此时此刻，几乎所有的英格兰政要都和流亡在外的詹姆斯恢复了联系，詹姆斯住在巴黎附近的圣日耳曼。戈尔多芬对流亡在外的王后表达了崇高的敬意。施鲁斯伯里、哈利法克斯和马尔博罗等人都同詹姆斯建立了通信联系。尽管威廉察觉到了上述异常情况，但他并没有猜忌他们，仍然信任这些国之重臣，继续让他们担任要职。他意识到这些英格兰的权贵们首鼠两端、两边下注的做法是面对空前复杂局势不得已而为之的必要举措，他也明白，假如未来某一天自己的政权倒台或战死沙场，这些英格兰军政要人为自己留一条后路的做法看来就无可厚非了。他对这一切采取睁一只眼、闭一只眼的宽容态度。威廉知晓，或者至少他怀疑，施鲁斯伯里是通过他的母亲与身在圣日耳曼的旧主暗通款曲，但他依旧让施鲁斯伯里身居高位。对拉塞尔海军元帅与詹姆斯私下和解之事，威廉心知肚明，却仍然让拉塞尔指挥海军舰队。威廉国王与马尔博罗之间的争执与其说是私人恩怨，毋宁说是政见相左。马尔博罗同他的侄子、詹姆斯国王的儿子比韦克公爵保持着家庭联系，马尔博罗的妻子萨拉同她的妹妹、支持詹姆斯国王复辟的康纳尔公爵夫人之间的关系，都不是他与马尔博罗之间冲突的根源。威廉国王也很可能了解到，马尔博罗说服安妮公主写信给他的父亲詹姆斯国王，言辞恳切、溢于言表，马尔博罗借此获得了詹姆斯国王的谅解。安妮将要取代玛丽和威廉的流言蜚语四处流传。与此同时，丘吉尔夫妇对安妮公主保有重要的影响力。安妮公主与她的姐姐——玛丽女王之间的任何嫌隙，都必定会加深威廉国王和马尔博罗之间业已存在的严重裂痕。王室成员之间的反感和敌意在迅速增长。威廉对待安妮公主的丈夫——丹麦王子乔治的态度，可谓厌恶至极。威廉剥夺了乔治王子沙场立功的机会，不带他去佛兰德斯，也不准他跟随海军出征。安妮公主深爱着她的丈夫，眼见丈夫被威廉国王如此冷落不禁怒火中烧。

上层人士之间的矛盾冲突，常常殃及下属，不出所料，安妮公主的一位随扈首先遭殃。玛丽女王要求安妮公主遣送萨拉·丘吉尔出宫，生性执拗的安妮公主严词拒绝了姐姐的这一要求。姐妹俩之间的谈话变成了吵架。朝臣们忧心忡忡地退出宫去。姐妹俩都在气头上，不快而别，此事导致姐妹俩之间的关系日渐疏远、隔阂倍增。次日早晨九点，马尔博罗进宫觐见威廉国王，交出了宫廷内侍的职务，将宫廷内侍的服饰交还给国王。对马尔博罗的请辞之举，威廉像往常一样，面无表情，喜怒不形于色。两小时后，国务秘书诺丁汉伯爵向马尔博罗下达了一份手令，威廉国王要求他即刻辞去一切军政要职，威廉国王宣布从即日起马尔博罗被赶出军队和政府，并不得踏入宫廷半步。威廉国王为何做出上述决定，沉重打击马尔博罗，手令中没有做出任何正式解释。马尔博罗对自己的遭遇并不放在心上，而他的密友、国王身边的主要顾问们都对此愤愤不平。施鲁斯伯里公开表示反对，戈尔多芬威胁退出政府。海军总司令拉塞尔海军上将甚至当面指责威廉忘恩负义、卸磨杀驴，对“将王冠戴到他头上的人”如此冷酷。玛丽女王禁止萨拉入宫，安妮公主予以反击，自行搬离王宫，到萨默塞特公爵提供给她的塞恩居所居住。没有什么压力能让安妮公主疏远她的亲密朋友。近似迫害的种种灾祸接二连三到来，如同熊熊烈火锻造了一种新的纽带，这种纽带不久将决定英格兰的命运。

第二章 大陆战争

威廉一世刚启程去欧洲大陆征战，失去军队保护的英伦三岛即刻遭受外敌入侵的威胁。法王路易十四谋划对英格兰发起袭击，詹姆斯二世因此有了复辟的机会。詹姆斯二世位于圣日耳曼的流亡宫廷两年来不断游说法国陆军部反攻英格兰、复辟政权的时机成熟了。由一万孤注一掷的爱尔兰人组成的军队和一万法国正规军士兵在瑟堡附近集结，整个法国海军舰队，在为数众多的运输船和补给船的伴行下，驶往诺曼底和布列塔尼的各港口集中待命。

直到1692年4月中旬，英国政府才获悉法国人的入侵计划。英国人从海陆两个方向积极备战，就像西班牙无敌舰队步步逼近时，全英格兰人闻警而动。成败的关键取决于拉塞尔海军元帅。与马尔博罗一样，拉塞尔已经会晤了詹姆斯二世派出的密使：威廉国王和玛丽女王担心拉塞尔将背叛自己的国家和信仰，而詹姆斯二世强烈地坚信拉塞尔会认清形势，分清敌我，投靠自己。然而，詹姆士二世的追随者们不得不承认拉塞尔明白无误地告诉密使：尽管他爱戴詹姆斯，厌恶威廉国王领导下的政府，但是，如果有朝一日在海上遭遇法国海军舰队，他将竭尽所能摧毁之，哪怕是“詹姆斯二世本人在船上”。他言而有信，说到做到。在开战之日，他激励手下的将士：“假如长官欺骗了你们，你们就把他们扔到海里去，有一个算一个，从我开始。”

1692年5月19日到5月20日，英国和荷兰组成的联合舰队在英吉利海峡拉奥格海角附近海面遭遇图尔维尔指挥的法国海军主力。英荷一方拉塞尔麾下的九十九艘军舰搭载了四万人和七千支火枪，而法国海军只有四十四艘军舰，英国和荷兰占据上风。双方展开殊死较量，法国海军受到重创。拉塞尔和他手下的海军将领们一鼓作气，乘胜追击，穷追猛打，追歼败退的法国军舰，直至追进他们的港口，而这些海军将领们都是在詹姆斯二世追随者们看来忠于己方的盟友。在接下来的五天时间里，在岸炮火力的支援下，英国人运用灵活的小型舰队分割围歼了遭受重创的法国海军战舰。詹姆斯二世，这位前英格兰国王眼睁睁地看着打回英格兰、复辟旧王朝的全盘计划随着法国海军灰飞烟灭而化为泡影。

拉奥格海角之战及其随后的战斗，一雪比奇角海战之前耻，纵然威廉国王和安妮公主之间的争斗掩盖了这场重要海战胜利的光辉，但拉奥格海角之战彻底粉碎了法国争夺海上霸权的野心，它是十七世纪的特拉法加海战。

1692 年的陆地战斗在西属尼德兰（即今天的比利时）展开。法军初战告捷，一举占领那慕尔。此后战局日渐恶化。8 月份，威廉指挥全军夜袭卢森堡元帅。驻扎在斯泰因刻尔克附近的法国军队拂晓时分遭到突然攻击。尽管法军训练有素、装备精良，但猝不及防、溃不成军，混乱不堪的状况笼罩营地长达一个小时。危难关头卢森堡元帅镇定指挥，努力重整战斗队形。在此次进攻作战中，英军步兵打头阵，八个精锐步兵团在麦凯将军指挥下向瑞士人发起猛攻，战况之激烈在欧洲历史上可谓空前。趁英军进攻渐成强弩之末，卢森堡元帅命令法国近卫军向敌军发起反击，英军虽短兵相接、殊死顽抗，但实力不济、败下阵来。与此同时，法军从各个方向推进，援军陆续驰援战场。在遭遇法军强有力的反击后，麦凯将军损失惨重，他向威廉国王的亲戚、接替马尔博罗指挥英军的荷兰伯爵索尔姆斯乞求增援。索尔姆斯这个令部下无比厌恶的人物居然拒绝伸出援手，还冷嘲热讽道："现在让我们看看这些斗牛犬们到底有多大本事儿！"英军损失了两员良将，士兵死伤过半，若不是荷兰部将奥弗科尔克出手相助，他们难逃全军覆灭的厄运。奥弗科尔克后来在马尔博罗指挥的战役中声名赫赫。威廉国王无力掌控战局，当看到战场上血肉横飞、英格兰人惨遭屠戮时，他不禁潸然泪下，并且惊呼道："啊！

可怜的英格兰人！”战至中午时分，反法联盟军队全线后撤。尽管交战双方伤亡高达七千到八千人，难分胜负，但法国却向欧洲各地宣称法国大捷。

上述事件激怒了英国议会。议会对索尔姆斯勋爵见死不救的行为展开激辩。上议院赞同一个发言，该发言认为英格兰将军不应受到荷兰人的节制，不管其军阶如何。政府发言人煞费苦心地说服下议院议员，使他们相信没有英格兰军官能够在远征大陆的战争中胜任将军职位。议会不顾强烈反对，批准国王继续在来年征战欧洲大陆，而来年又是指挥失当、多灾多难的一年。1693年7月，激烈的兰登大战开始了，在此后的两百多年中，除了马尔普拉凯战役和博罗季诺战役之外，没有什么战斗的死伤人数能比得上这次大战了。法国占据上风，具有明显优势。然而，威廉国王决心迟滞法军的进攻，几乎是在一夜之间在兰登河河边靠近根特的区域构筑起坚固的堑壕和栅栏。联盟军队坚守阵地，英勇顽抗，在付出近两万人伤亡的代价后，被法军逐出阵地，而法军只损失了不到一万人。由于卢森堡元帅没有乘胜追击、穷追猛打，威廉国王才能收罗残兵败将，汇聚援军，重整旗鼓，图谋再战。1694年，威廉计划进攻布雷斯特。据詹姆斯二世的追随者们说，马尔博罗向敌人透露了这一作战计划。英国陆军司令托马什发起进攻之时，遭遇敌军预设阵地发射出的猛烈炮火还击，不得已只好退回船上。部下伤亡惨重，托马什本人也身受重伤，殒命疆场。指控马尔博罗泄密的那封信毫无疑问是伪造的。没有证据证明他向法国人透露了消息，不过，可以肯定的是法国人从其他渠道获取了详细的情报。英格兰政府粗陋的财政制度难以负担一场欧洲战争的开销。在查理二世时代，英格兰应为经济拮据被迫在外交事务方面处于次要地位的、不甚光彩的地位。威廉三世在大陆的冒险举动迫使英格兰的政治家们重构国家信用和财政体系。

由经过重组后的辉格党组成的第一届战时政府中，查尔斯·蒙塔古是顶尖的财政专家，正是他负责应对主要的难题，从而让在欧洲大陆征战的英军及时领到军饷。然而，黄金储备迅速下降，英格兰的财政官员们为国家财政彻底崩溃而忧心忡忡。重建财政体系的实质性的第一步是创立全国性的信贷机构。多年以前，荷兰人就已有了国家银行，该银行同政府紧密合作。鉴于英荷两国的密切关系，荷兰人的经验自然引来辉格党人的关注。1694 年，担任财政大臣的蒙塔古与苏格兰银行家威廉·帕特森联手合作，创设了英格兰银行这一私人机构。在坚持私人企业经营原则的同时，英格兰银行采取联合股份公司的方式，同政府合作，为打理政府财政事务提供必要的融资手段。

蒙塔古并没有止步于此。在哲学家约翰·洛克和财政部官员威廉·龙特的帮助下，蒙古塔计划彻底重新铸造货币。不出两年，重新铸造货币的计划付诸实行。重新构建后的财政系统稳健可靠，正式奠基于此，英格兰此后不仅能够支撑起威廉国王连年征战的开支负担，而且能够经受住西班牙王位继承之争带来的长期考验。这可说是辉格党人最卓越的政绩之一。

1694 年年末，玛丽女王身染天花，于 12 月 28 日不幸去世。弥留之际，玛丽女王并没有同她的妹妹安妮公主和解。玛丽女王辞世，她的臣民深切哀悼她，她的丈夫威廉国王长久地怀念她。此前，人们普遍认为玛丽女王要比她的丈夫威廉国王长寿，原因是威廉国王体弱气虚、脾气暴躁，各种疾病、战争和阴谋诡计笼罩、侵蚀着他孱弱的身躯。倘若果真如此，一位信奉基督新教的英国女王将独揽朝政，本固邦宁。然而，世事难料，随着玛丽女王与世长辞，王冠现在落到威廉国王一人头上了，他死后，王位必然传给安妮公主。情势的突变提升了安妮公主的地位，她亲密的朋友兼忠实的支持者——可敬可畏的丘吉尔夫妇的地位也随之发生改变了。从玛丽女王咽气的那一刻起，马尔博罗与威廉国王的嫌隙便烟消云散了。他支持威廉国王击破法国霸权的决心，他完全赞同威廉国王的外交风格和策略，威廉国王和安妮女王实现了和解。马尔博罗又闲居了四年之久，不担任战地或国内的任何军政要职。然而，惊人的耐心和对局势发展的远见卓识令他此时出山鼎力支持威廉国王。

1695 年，威廉国王仅取得了一次胜利。他从法军手中虎口拔牙般收复了那慕尔。这场胜利使长达七年的战争在 1696 年便不了了之。尽管素有海上强国之称的英荷两国与德意志一起成功地保卫了自己，但长期的战事令他们心生厌战情绪。西班牙纵然好战，却心有余而力不足，只有哈布斯堡王朝皇帝利奥波德眼睛紧盯着即将悬虚的西班牙王位，垂涎欲滴，他迫切希望继续保持反法联盟。“反法大联盟”开始瓦解，与此同时，法王路易十四也尝到了四面出击、顾此失彼的苦头，希望罢兵和谈。威廉国王无力阻止敌友双方的和平趋向，他认为纷争并没有平息，他希望继续作战，无奈独木难支，他无法孤军奋战。《利兹维克条约》的缔结标志这场世界战争的第一阶段结束了。实际上该条约只是一纸停战协定，但它有可能带来持久的和平。英国的威廉国王和法国的路易十四国王相互表达了对彼此的崇高敬意。欧洲可以暂时团结起来抵御土耳其人的进犯。许多人乐观地期望《利兹维克条约》这一抑制法国势力独大的产物会使各方势力达成平衡，然而，托利党人及其盟友毁掉了这一前景。实现持久和平的关键在于英格兰必须保持强大和充分武装起来，必须具备对等的力量来对抗法王路易十四。然而，托利党人此时强烈反对介入欧洲事务，下议院议员们对税收不满，对各种限制也感到不耐烦，他们便发起了削减开支和裁减军队的运动。战争的压力一旦缓和，他们便要一心裁撤军备、解散军队。停战时，英格兰拥有正规军八万七千人。威廉国王认为保家卫国需要至少三万名士兵和大批军官，但他的大臣们只敢要求保留不超过一万人，而下议院只同意保留七千人。海军也被裁减了，只是裁减的程度小一些罢了。大批退伍官兵流落街头，或流窜到乡村胡作非为。英格兰已经做出了巨大的牺牲，表现出非凡的力量和勇气，此时此刻，它却表现得软弱无力且缺乏远见，渐趋衰落。倘若英格兰稍加努力，哪怕不能问鼎霸主之位，至少足可自保。

威廉国王统治时期政治上明显的混乱状态，主要是他不愿依靠辉格党和托利党这两大政党中任何一党的结果。他希望举国一致、同仇敌忾对抗法国，而且他也不愿意在宪制安排上受到任何一方的制约。然而，数月之后，他不得不意识到辉格党人和托利党人对欧洲大陆战争各持己见，难以调和。人们熟悉的英国政治模式开始显现。辉格党人对法国在欧洲大陆侵略扩张造成的威胁高度紧张，他们懂得这场斗争的深层本质。他们对待威廉国王不够老练、缺乏恭敬，但在很多情况下他们却为建立一个更有影响力和更有效率的战时政府而做好准备。另一方面，托利党人反对英格兰卷入欧洲事务，坚持在人民中间由来已久的孤立主义观点。在威廉国王统治时期，两党轮流交替，主导政局。辉格党主持两三年的战争大局，托利党紧接着利用高涨的反战情绪卷土重来。通过缴纳土地税供给大额军费开支的地主乡绅们必然反对战时政府，战争胜利果实就此付诸东流。英格兰银行的建立招致地主乡绅阶层的强烈质疑。他们预感到随着英格兰银行的成立，强大的信贷制度将使商业阶级成为争夺政治影响力的主要竞争者。英格兰银行是辉格党人运作的产物。它为政府提供贷款，从战争中攫取利润。这是一个令人羡慕的平台。1697 年，辉格党施政重心从行政职务转移到英格兰银行方面。由于这一项目，罗伯特·哈利，这位托利党的政治新星，在下议院赢得了权力和地位。

罗伯特·哈利是个出类拔萃的人物。他出生在一个清教徒家庭，打小受到清教徒式的教育，他早年是辉格党人和不信奉英国国教的新教基督徒，时间不长他便成为一位深知议会策略和议事程序的大师。可以肯定的是，“延长”辩论、使问题“复杂难解”、制造和利用公众舆论的艺术。在反对宫廷的斗争中，他的政治立场逐渐从辉格党转到托利党，他的宗教信仰从不信奉英国国教转向高教派教徒，最终他成为托利党在教会和政府内的主要代表人物。1698 年，他已经成为托利党人在下议院的实际领袖。正是他领导了后患无穷的裁撤军备运动，也正是他力图建立托利党人主导的土地银行，与辉格党人主导的英格兰银行展开竞争。他梦想有朝一日超越国内的议会争斗，步入广阔的国际军政舞台。哈德利得到爱德华·西摩爵士的支持，西摩是他那个时代的超级“伪君子”，势力强大的康沃尔郡和西部的托利党人听命于他。在上议院，哈利得到诺丁汉和罗彻斯特伯爵的襄助。上述四人利用托利党人时常出现的卑鄙情绪。他们将久经沙场的老兵和忠诚的胡格诺派军官一脚踢开，令他们穷困潦倒。他们强迫威廉国王遣散他的荷兰禁卫军。他们不遗余力地挖这个国家的墙脚。他们以和平、节俭和孤立的名义为点燃更可怕的战火埋下了祸根。他们的举动成为后世效法的先例。托利党人在 1696 年至 1699 年间的所言所行与他们在 1932 年至 1937 年间的所言所行何其相似，历史在重演。在前后两个时期内，迎合党派精神的短视行为损害了国家利益，令政府难以达成目标，为重开战端埋下了致命的伏笔。在托利党的历史上，这些反复出现的卑劣行径抵消了它为不列颠做出的奉献，淹没了它的高尚情操。[1]一股孤立主义的政治浊浪汹涌而来，冲击着英格兰的统治阶级，威廉国王不堪其扰，他考虑退位，返回荷兰。威廉国王保全了英格兰人的宗教信仰和制度，并将他们带入欧洲民主之林的顶峰。然而，现在他要抛弃这个可憎且顽梗不化的民族了。英格兰人的排外情绪溢于言表，他要装看不见，这种情绪是难以克服的。然而，如果我们回顾一下在执政初期他常常处事不周、行为失当、待人不公，回顾一下他偏爱荷兰人，嫌弃英格兰指挥官以及对英格兰臣民的厌恶和反感，我们便会感到将心比心，责任并不完全在某一方。威廉国王目前的苦楚是在偿还他昔日欠下的旧债。至于英格兰人，他们将为干下的蠢事尝到苦头，在血泊和苦难中痛改前非。此时谈因果报应还为时稍早。

身处困境中的威廉国王再次将目光转向马尔博罗，马尔博罗似乎是能够在很大程度上肩负未来的人。威廉国王的身体和力量都每况愈下，安妮公主继承王位指日可待，通过安妮公主，马尔博罗将成为实际的统治者。马尔博罗耐心静候，伺机而动。威廉国王渐渐消除了对马尔博罗的敌意。他们两人之间的敌意如此之深以至于威廉国王曾放言如果他是一个普通人，他与马尔博罗只有通过决斗才能解决彼此之间的分歧。两人化干戈为玉帛还有其他原因。威廉国王深深喜爱年轻的荷兰朝臣凯佩尔，数年之内将他从一个侍从提升为政府要人，不久前又册封他为阿尔比马尔伯爵。威廉国王与凯佩尔颇有相似之处：品行端正，聪敏过人。膝下无子、孑然一身的威廉国王十分厚爱凯佩尔，视他为养子。凯佩尔与马尔博罗交好。威廉国王与马尔博罗能够达成和解，凯佩尔功不可没。安妮公主唯一在世的儿子——格洛斯特公爵年仅九岁，人们觉得应该给这位未来的储君找一位功勋累累、才能出众、地位显赫的监护人。1698 年夏，威廉国王邀请马尔博罗担任小王子的监护人，他说："先生，请你教导他，强将手下无弱兵，

1 写于 1939 年初。

我的外甥是不会无所作为的。”与此同时，马尔博罗恢复了军职并重返枢密院。

封冻已久的坚冰已经打破，从马尔博罗平和、务实、善于变通的性格中，身处困境的威廉国王得到了慰藉。1698 年 7 月，马尔博罗受命为上诉大法官（共九人），在威廉国王离开英格兰期间代行王权。从此，威廉国王似乎越来越倚重马尔博罗，而在以往关键的岁月里，正是他自己将马尔博罗的帮助拒之门外。在战争年代，威廉国王冷落了这位军人；在和平时期，威廉国王反而重用他。年轻时候的马尔博罗没有跃马横刀、征战沙场，而在威廉国王统治的晚年却成为举足轻重的政治家。他在多方辅佐威廉国王的同时，小心翼翼地对托利党保持控制，因为他知道尽管托利党有劣迹斑斑，但托利党毕竟是英格兰最强大的一股势力，它代表着某些英格兰民族的根本特性。他还知道，如果没有托利党的首肯，任何外交政策都无法得到贯彻执行。他不愿只依靠国王的宠信。安妮公主也是顽固的托利党人和虔诚的教徒。在威廉国王统治的最后岁月，马尔博罗就这样一方面同威廉国王保持友好关系，另一方面又同令国王感到厌恶的托利党人交往。最重要的是，他支持威廉为阻止不适当裁撤军备而做出的努力，并领导上议院为此进行斗争。1700 年，年幼的格洛斯特公爵罹患致命的天花病毒，不幸夭折，这令马尔博罗失去了其监护人的职务。不过，他同西德尼·戈多尔芬保持密切联系，依旧活跃在政治中枢。

此时，英格兰和苏格兰的王位失去了信奉新教的直系继承者，于是《王位继承法》应运而生，该法宣布威廉国王和安妮公主的继承者应出自汉诺威家族。汉诺威家族是詹姆斯一世活泼迷人的女儿、曾短暂在位的波西米亚王后的后代。《王位继承法》规定：以后英格兰国王必须是国教徒；未经议会批准，非英格兰出生的国王不得发动欧洲大陆战争；未经许可，国王不得出国；外国人不得进入议会和枢密院。英格兰人对威廉三世的不满以此种法律形式记录了下来。汉诺威家族受到来自议会更严苛的限制，这比此前对汉诺威大公本人的限制更甚。议会煞费苦心制订《王位继承法》就是为了保证英国王位能够在新教徒中间世代传承。

第三章　西班牙王位继承之争

西班牙王位继承战争爆发之初，参战各方都不愿大动干戈，这真是战争史上闻所未闻的奇事。欧洲早已精疲力竭，幻想破灭。威廉和路易十四之间业已建立了新的联系，反映出海上强国[1]人民和法国人民的心声。但是，西班牙国王行将驾崩如乌云般沉沉低垂、久久不散，笼罩在他们和欧洲其他国家人民的头上，令人深感畏惧。威廉国王深知英格兰力量虚弱，无力再战，他也知道没有什么理由能将英格兰再度拉入战争。如果失去英格兰的帮助，荷兰早晚要臣服于他国。有鉴于此，他转而采取瓜分西班牙帝国的策略。此时的西班牙帝国包括尼德兰南部、意大利大部和新大陆的大片殖民地。有三方声称要继承西班牙王位。

第一方是法国，要么由法国皇太子继位，要么在法国和西班牙两国王位不能合并的情况下由皇太子的次子——安茹公爵继位。第二方，是神圣罗马帝国皇帝。他极力争夺继承权，如若失败，愿退而求其次把他的继承声索权让渡给他第二个妻子所生的次子查理大公。第三方是神圣罗马帝国皇帝第一次婚姻所生的孙子——巴伐利亚选帝侯。1698 年 9 月 24 日，各方签订了新的《分割条约》，其核心是把西班牙帝国的主体部分交给力量最弱的继承者，即便是他不具有最充分的声索权利。路易十四和威廉国王共同保证承认巴伐利亚选帝侯为西班牙国王查理二世的继承者，同时给予法国皇太子以重大补偿。

---

1 指英国。

路易十四和威廉三世炮制出来的这个计划遭到神圣罗马帝国皇帝的强烈反对。当条约公之于世后，在西班牙国内激起强烈反响。西班牙人关心的主要是国家领土完整，至于哪个君主统治他们倒是次要的问题。在这场旷日持久的争斗结束时，西班牙人的态度发生了 180 度的反转，这是后话。他们眼下聚焦的唯一目标是维系西班牙帝国的完整。然而，看来路易十四和威廉三世能够无视一切反对的声音，强制实施他们的解决方案。

这时候，一个惊人的事件发生了。1698 年 9 月，位于荷兰洛堡威廉的宫殿里，各方签订了《分割条约》。1699 年 2 月，巴伐利亚选帝侯，这位辽阔版图的继承者，在几大强国已决定将最丰厚的奖品放在他胖嘟嘟的小手上的时候，突然暴毙。他为何在此时死去？怎样死的？这两个问题不能不引起人们的重大怀疑。死亡的事实冷冰冰地摆在世人面前，复杂而危险的谈判又得从头开始。费了九牛二虎之力，威廉国王和路易十四于 1699 年 6 月 11 日签署了第二个《分割条约》，该条约确定查理大公为首要的王位继承者。查理大公可以继承西班牙本土、西班牙的海外殖民地和比利时，条件是上述地区永远不得同神圣罗马帝国合并。法国皇太子将得到那不勒斯、西西里、米兰和意大利的其他地区。

此时此刻，无儿无女的西班牙国王查理二世生命衰竭，油尽灯枯，寿数无多。他身染沉疴，忧思成疾，备受煎熬。老国王以为自己魔鬼附身，他唯一的慰藉是病态般憧憬着死后的解脱。各国都焦虑不安地关注着他日渐衰微的脉搏和日益加深的怪癖。他在死亡线上徘徊了三十多年，等候聆听他死讯的欧洲伟大的政治家们一个又一个消失在漫漫长夜中。查理的痛苦已到了尽头，但在病痛交加的残躯中，在浑浑噩噩的脑海中，抖动着必须保持帝国一统的永恒光辉。在弥留之际，他郑重宣布帝国辽阔的疆土必须完整无缺地传给下一位国王，且是只传给一位国王。相互敌对的各方势力争先恐后地接近他的病榻。最终，他被说服，签署了一份遗嘱，将王位传给安茹公爵，这是 10 月 7 日的事情。信使快马加鞭，将这个消息从埃斯克里亚尔传递到凡尔赛。11 月 1 日，查理二世驾崩。

此时，路易十四站在法国历史的一个重要转折点上。是否决查理二世的遗嘱，维持《分割条约》，同英荷两国一起将条约付诸实施？但是这样一来，英国会搅局吗？还是应该撕毁《分割条约》，赞同查理二世的遗嘱，诉诸武力，击退敌手，保卫孙子的继承权？这样一来，英国会反对他吗？除了坚定的信念和墨迹未干的神圣条约之外，同许多重大抉择一样，这次选择利弊参半。神圣罗马帝国的皇帝已拒绝接受第二个《分割条约》。这样一来，《分割条约》还能生效吗？路易十四踌躇不决，难以决断。11 月 8 日，他在曼特农王后的宫中召开会议。会议决定撕毁《分割条约》，赞同遗嘱。11 月 16 日，凡尔赛宫上演了著名的一幕。早朝时路易十四将西班牙大使引荐给安茹公爵，他说："你可以尊他为国王。"西班牙大使轻蔑地说道："比利牛斯山的事情不会重演。"[1]

面对此种情形，威廉国王感到他不得不违心地承认安茹公爵为西班牙国王菲利普五世。下议院的议员们仍旧严重脱离欧洲的现实。无论是辉格党，还是托利党，他们都不相信他们会被迫参加同他们的决定相抵触的战争，更不相信他们的决定会发生改变。他们刚裁撤完英格兰的军备。路易十四保证说："对现在的权力他已感到心满意足，他决不以损害孙子的利益为代价扩张自己的权力。"他们对此深信不疑。即便波旁王朝的一位王子将成为西班牙的国王，西班牙也将完全独立于法国。下议院被上述轻易的承诺迷惑了，下议院认为查理二世的遗嘱比任何一个《分割条约》更可取。托利党人的怒气正集中在这些《分割条约》上。他们不仅指责条约本身考虑不周，背叛了盟友，他们还认为秘密谈判和签署条约是违宪之举。托利党甚至企图弹劾负责此事的相关大臣。此时，一连串不测事件从外部打击了洋洋自得的英国政界。从英国邮袋中发现了一封梅尔福特发出的一封信，梅尔福特是詹姆斯二世在圣日耳曼流亡政府的国务大臣。信中透露：为了詹姆斯二世的缘故，法国即将入侵英格兰。威廉国王急忙把这封信作为背信弃义的政府送交议会。大约与此同时，议会开始意识到法王路易十四关于法国和西班牙王位分立的措辞和表态至少是模棱两可的。看起来西班牙人已把向南美洲输出黑人奴隶事务交给一家法国公司独家占有。尽管这一举动几乎无法撼动英国船主的自尊心，

1 古代比利牛斯山上有个西班牙纳瓦拉王国，后被法国吞并，西班牙大使借古讽今。

但这多多少少影响到了他们。日渐明显的是英国在地中海的贸易自由受到了威胁。法国和西班牙两国事实上已合二为一，他们在合法的幌子下采取的一项重大军事行动让全英格兰人明白了这一点。

菲利普五世在马德里加冕登基，西属尼德兰为此欢欣不已。比利时边境一线的要塞群，根据条约的规定由荷兰人驻守，这些要塞是抵御法国入侵的主要屏障。路易十四决心拔掉这些要塞。1701 年 2 月，强大的法军开入比利时的各个城市。西班牙指挥官城门大开，迎接他们的到来。有人辩称，他们的到来只是为了保护笃信天主教的国王陛下的属地。慑于法军声威，荷兰守军不敢轻启战端，只得束手就擒。数周之内，安特卫普、蒙斯、那慕尔（威廉国王著名的征服地）、范洛以及十几个次要的据点相继落入路易十四的手中，法军不费一枪一弹，便轻而易举地占领了这些要塞和堡垒。其他地方，如列日、休伊，及其附近的城镇由于它们的统治者——列日主教追随法国而落入法王之手。战争期间构筑的堡垒在一月之内丧失殆尽，这可是在战争中丢失或夺取任何一个堡垒都会被吹嘘为经过苦战的胜利果实。1689 年结成的“反法大联盟”在七年战争期间保卫的低地国家犹如复活节的残雪般融化了。

在我们这个时代，我们也曾目睹英国人遭受同样可怕的损失，因为他们深受绥靖思想的影响，对欧洲事务漠不关心。1701 年的变化突如其来。欧洲醒来了，英格兰最终也踉踉跄跄地动起来。战士们再次武装起来。不久前解散的军队，饱受轻视并被遣散回家的军官们又变得重要起来。当战鼓重鸣之时，洋洋自得的商人和诡计多端的政客们又开始依靠不久前备受他们辱骂和欺压的军人。初夏，辉格党人感到他们受到日益高涨的民族情绪的支持。肯特郡的自耕农们向下议院请愿，请求下议院拨款，使国王有能力及时援助盟国。下议院将这些绅士们逮捕入狱，这一举动表明议会有时像国王一样专横跋扈。但是，来自法国的威胁日渐明显，在他们打算栖身的海岛，隆隆的炮声撕扯着英格兰人的耳朵。6 月，下议院授权国王寻找盟友，无论如何要向荷兰派遣一万士兵。威廉国王感到形势变得愈发有利。到了年中，他在英国和荷兰的反对派，即英国下议院占据多数席位的托利党和阿姆斯特丹势力强大的市民阶层，都一致乞求他采取“他认为维护欧洲和平所必需的”一切措施，换言之，就是要求他开战。

形势的发展要求威廉和马尔博罗联合起来，同心协力，建立起平等的伙伴关系。当威廉国王得知自己可以再次运用英格兰武力的时候，他哀叹自己已无力统率军队了。对威廉国王和马尔博罗而言，此时不是双方三心二意、重提旧怨的时候。此时必须有人担当大任。在威廉国王心目中唯有一人堪此重任。5 月 31 日，威廉国王宣布马尔博罗为驻荷英军总司令。6 月份，他又任命马尔博罗为驻荷兰联省共和国特使，并授权他在必要的情况下可以不请示国王和议会单独缔结条约。尽管因这两位军事政治家之间发生的争吵和误会白白葬送、错失了不少大好良机，但他们最终团结起来了。亡羊补牢，为时未晚。缔造“反法大联盟”的活动开始了。在一触即发的沉闷气氛中，一道霹雳给不列颠带来了爆炸声。1701 年 9 月 16 日，詹姆斯二世去世。路易十四来到圣日耳曼瞻仰了他的遗容，并向他的流亡宫廷宣布承认詹姆斯二世的儿子为英国国王，永远维护其权利。路易十四立即对这一行为所招致的后果感到震惊不已。英格兰举国上下反应激烈，他们认为这一行径侵犯了英格兰的独立。《王位继承法》已就王位继承问题做出了明确的规定。《利兹维克条约》正式条文和君子协定规定路易十四有义务承认并不侵犯威廉三世的国王地位。法国暴君的无理行径践踏了英格兰的国内法律；由于法国暴君的背信弃义，根据《利兹维克条约》英格兰应享有的条约权利受到破坏。辉格党和托利党在议会争相谴责这种冒犯行为。举国上下同仇敌忾，誓言一战。在摸清议会的态度后，马尔博罗草签的一些条约得到议会批准。议会还拨付给国王大笔军费。威廉国王有底气同法国断绝外交关系。另一方面，神圣罗马帝国皇帝早已对法开战。他麾下的名将萨伏伊的尤金在意大利北部投入战斗。

此时，威廉国王不听马尔博罗的劝告，错误地解散了议会。他情不自禁地试图将那些大敌当前不知所措的托利党人拉到选民面前，接受选民的“审判”。他希望在选举中辉格党能获得压倒多数。然而，事与愿违，尽管托利党错误连连，也失去了自信，但他们进行了顽强的抵抗。尽管他们有不光彩的历史，但他们还是以四票的优势取得议会多数，将哈德利送回议长的宝座。

他们可以忘记自己的过失，但他们却永远不能宽恕国王。国王曾对托利党施行诡计，而这一诡计业已失败。一方面，托利党人盼望着威廉国王早日驾崩，另一方面他们又和辉格党一道支持国王发动的战争。尽管议会选举后政局有所变化，但马尔博罗继续牢牢掌握着英国外交政策的走向，准备同法国一决雌雄的整军备战和外交攻势都取得了进展。

威廉国王发动的七年战争令一些人垂头丧气，在他们看来，此时组成第二次“反法大联盟”无疑是孤注一掷的冒险之举。曾经殊死搏斗夺取的堡垒和领土，法国人一枪未放，轻松夺取。世界上疆域最辽阔的帝国退出了联盟，站到了敌方的阵营。西班牙改变立场，不仅带动西印度群岛、南美洲和意大利的大部分地区转投敌方阵营，还有欧洲的“机舱”——比利时和卢森堡。叛变的萨伏伊仍旧站在法国一方，尽管它最伟大的统治者是一位奥地利将军。科隆大主教现在也与法国结盟。上一场战争的忠实朋友——巴伐利亚也将在新的斗争中与法国并肩作战。英国和荷兰海上力量在国外几乎没有一个友好的港口，美洲新大陆（除了北美洲外）成了英荷两国海上力量的禁忌之地，地中海实际上变成了法国的内湖。普利茅斯以南的设防港口均不对英荷船只开放。英荷两国的海军舰队比地方强大，但他们中途没有基地，因此无法进入地中海。

在陆地上，荷兰边境的要塞群悉数沦于敌手。它们不再是保卫荷兰的屏障，反而成为法国人出击的跳板。在占领了科隆和克里夫斯后，路易十四成为默兹河和莱茵河下游的主人。他控制着英吉利海峡沿岸的所有港口，在那慕尔经安特卫普至大海一线构筑了堑壕。路易十四的冬季部署暴露了他在来年春天入侵荷兰的意图，进攻路线与1762年的那次入侵如出一辙。法军占领的要塞枪炮林立、兵多粮足，这预示着一场进攻即将到来。荷兰人躲在泛滥的洪水后，藏身于残留的据点里。由于巴伐利亚转投法国一方，哈布斯堡王朝统治的核心区域门户洞开，法军可长驱直入。匈牙利人发动叛乱，反抗奥地利人的统治。土耳其人再次进犯。在西班牙王位继承战争爆发时，无论是在疆土、人口方面，还是在陆地和海上的军备方面，路易十四都比签订《利兹维克条约》时强大了一倍。甚至教皇都改变了立场。教皇克莱门特十一世放弃了英诺森十一世的政策，开始支持法王路易十四及其大军。看起来英格兰人内部的派系争斗和反复无常的态度招致了强敌压境的危险局面。

值此强敌压境的危险时刻，死神光临了威廉国王。“一个身着黑色天鹅绒的小绅士”——许多狂热的詹姆斯二世狂热的追随者们祝酒时多次提及的英雄——开始侵扰威廉国王。1702 年 2 月 20 日，威廉国王骑着他心爱的骏马索尔奔驰在汉普顿皇宫四周的花园里，鼹鼠新打的地洞令索尔马失前蹄，威廉国王跌下马背，导致锁骨骨折。此次骨折本可痊愈，但威廉国王虚弱的身体经不起折腾。这次事故令威廉的病躯门户大开，伺机而动的敌人蜂拥而入，并发症出现了。两周后，威廉和所有亲眼见过他的人都相信死亡将至，为期不远。在生命的最后一刻，他还在处理政务。在死亡降临的时刻，即将拉开大幕的世界大戏引发的兴趣令他的头脑格外清醒。满腔热情为之奋斗的目标、组织起来的反法联盟，此时此刻，他要与之诀别，想来不胜悲怆。但是，他知道为之奋斗的事业后继有人，英格兰新国王和政府一定会继往开来。他也发现了一位能肩负重任的不二人选，不管是在战争指挥，还是在决策方面，不管是在错综复杂的欧洲外交斗争中，还是在英格兰派系纷争中，抑或在形势危殆的战场上，此人均不负所托，勇挑重担。威廉国王早已深思熟虑，他要将领导权传给一位能够维护基督新教徒信仰和欧洲自由的新捍卫者。在执政的最后几年里，他已经把马尔博罗同他整个机体和政策紧密地结合在了一起。弥留之际，马尔博罗作为主持枢密院和统帅军队的最佳人选，威廉国王把他推荐给了王位继承人安妮公主。威廉国王终年五十二岁，一生辛劳。同样是五十二岁的马尔博罗面对占据绝对优势的敌人，勇往直前，杀出一条血路，开启了十年的辉煌征程。连连取胜的十年辉煌把不列颠民族在世界上的地位提升到了前所未有的高度。

第四章　马尔博罗：布伦海姆与拉米伊之战

人们认为安妮女王统治时期是英格兰国力空前强盛的时代，这一看法广为人知。马尔博罗不同凡响的军事才能和为女王献计献策时的深谋远虑，使得国力日渐强盛的英国有能力对欧洲施加全面影响。安妮女王身边的能臣干吏长期以来建立的亲密友谊，在英格兰有史以来最小却最有效率的统治集团中展现得淋漓尽致。萨拉左右着安妮女王，马尔博罗指挥着战争，戈多尔芬控制着议会。在战果辉煌的五年时间里，安妮女王满怀喜悦和信任，全心倚靠身边的这些能臣干吏。如同在克伦威尔的时代，英格兰全力争夺世界的领导权，不过此时的英格兰已非昔日可比，比克伦威尔时代实力更强大、基础更雄厚。

在那个时代，精明强干是英国统治阶级非常宝贵的财富。在贵族和地主乡绅中，众多才华出众、精力旺盛的杰出人物层出不穷。精明干练、精力充沛、敢作敢为、抱负远大的人物数量是填补所有国家军政要职所需数量的两三倍。这也是英国文学的黄金时代，迪福、波普、斯蒂尔、斯威夫特等人的名字至今熠熠生辉，这一时期涌现出大量的书籍、诗歌和小册子。艺术和科学也迎来了繁荣。查理二世时期成立的英国皇家学会的工作结出了丰硕的果实。牛顿爵士在数学、物理学、天文学方面完成了肇始于文艺复兴时期的思想革命。雷恩在建筑学方面取得了重大成就，范布勒则树立起不朽的丰碑。

各派的冲突一直都非常激烈，早些年间的宗教热情此刻已灌输到政治斗争的方方面面。党派争斗从没有如此激烈和不择手段。个人和党清楚地意识到自己的使命和良机，为控制政府或分享政权展开激烈的斗争。在斗争中他们欲置对手于死地。然而，在安妮女王统治的初期，他们都枪口一致对外，抱着击败法国的共同目标。击败法国绝非易事。当时英格兰只有五百万人口，而"伟大国王"统治下的大块头的法国领有近两千万人口。更重要的是，威廉国王时期，在对外战争中英格兰得不偿失，而路易十四则是胜利者。对路易十四而言，无限的霸权似乎触手可及。不过，此刻路易十四即将遭受失败，蒙羞受辱。到安妮女王统治的末年，主要陷入对法王路易十四施加何种条件的争论之中。

然而，1702 年 3 月，安妮女王继位之时，面对的是迥然不同的另外一番光景。当她身着朝服，佩戴皇家徽章出现在议会的时候，不禁令人想起伊丽莎白女王。她如是说："我知道我的心完全属于英吉利。"在国务方面，安妮女王完全听从马尔博罗的意见。在执政初期，马尔博罗不仅是她主要的顾问，还可说是唯一的导师。辉格党和托利党都对马尔博罗的才能钦佩有加，这使他能超脱于党派斗争之上。军中普遍认为一旦马尔博罗手握大权，他将坚定不移地推行威廉三世国王的基督新教政策和好战政策。克伦威尔情结和新教徒情结深入民心，这强化了爱国主义和民族情感。安妮女王登基伊始就受到臣民的衷心拥戴，这是她长期隐忍耐心等候迎来的"艳阳天"。

马尔博罗被任命为总司令，节制国内外的皇家军队。受命之后，他立即行动起来。3 月 8 日，安妮召见了枢密院成员，紧接着马尔博罗就召见神圣罗马帝国大使拉特斯劳，奉命告知他安妮女王同已故的威廉国王一样，将坚定不移地维护神圣罗马帝国的利益。当天晚些时候，他修书一封，致信荷兰总理安东·海恩西乌斯，以安妮女王的名义保证坚决作战到底，谨守英荷两国订立的条约。接着他抓紧时间乘船赶往荷兰海牙。

荷兰共和国此时正处于伟大的时期。这个由七省组成的联合体诞生于西班牙宗教迫害的烈焰之中，在同法国的陆上交锋和同英国的海上交锋中成长起来，如今已崛起成为欧洲一支重要的力量。威廉三世的驾崩撼动了整个荷兰统治集团。威廉三世没有为奥兰治家族留下直系后代，否则，所有联省都会拥戴威廉三世的后代担任荷兰的最高行政长官。此时由谁来统率军队抵御正在集结的敌人？由谁来维护海上强国的共同事业呢？伯内特主教记录了此时议会的情况：“一接到国王驾崩的噩耗，他们就立刻聚集起来，四目相顾，神情愕然。他们互相拥抱在一起，保证要团结一致，维护国家利益。”刚传来威廉三世的死讯，马尔博罗的信函也随后到了。

不久，马尔博罗赶到荷兰，厕身其间。他已经根据威廉国王的旨意，与荷兰人展开谈判以订立协定组建“反法大联盟”。他同荷兰方方面面的势力均有联系，很快便力促荷兰大小各省、常常冲突的利益集团联合起来，团结一致，即便是威廉国王的威望也未必能促成此种局面。

安妮女王希望由她的丈夫乔治亲王担任海上强国联军总司令，而一些荷兰人考虑由本国人指挥本国军队，然而，一切大权都落入马尔博罗之手。荷兰最高行政长官和军队总司令这两个职位暂时空缺，马尔博罗被任命为荷兰军队副总司令。由此，马尔博罗成为两个西方强国军队的最高指挥官。不久前成为独立王国的普鲁士和莱茵河流域的诸邦国很快加入反法联盟体系，同英荷两国联合起来。尽管马尔博罗拥有最高头衔，作为英国将军广受爱戴，但他的权威却来自于每次遇事都进行耐心细致的说服工作。他从不像拿破仑那样下达不容置疑的命令。采取任何行动前，他几乎都要征得目标不一或利益相互冲突的各方同意，要想取得优势，必须采用种种巧妙的手段。此外，他从来都不是英国政府的首脑。能力出众的财政大臣戈多尔芬担负起许多首相的职责，马尔博罗同他密切协作。然而，在制定计划时他们不得不考虑来自议会党派的压力以及国内权贵的强大影响。他们从未被授予绝对权力，每走一步都小心翼翼。作为一名军人，马尔博罗享誉欧洲大陆，但他从来没有成为一支大军的统帅。在最近的几场战争中，他麾下的十几名荷兰和德意志将军积累了更为丰富的作战经验。神圣罗马帝国的欧根将军此时正在意大利成功地发起战役，他成为联盟各国军队的名将之花。1702 年，法王路易十四决定派出最强悍的军队攻打荷兰。他知道威廉国王的死讯将导致荷兰共和国内部陷入动荡不安的分裂状态。他相信，维系英荷两国关系的纽带起码遭受重创。他盘算英荷两国现在正处于犹疑不定、中断联系的时期，如果此时法国乘虚而入，采取军事行动，就可能击破荷兰，吓退英国人。路易十四认为马尔博罗是受宫廷的宠臣，他无疑是能干的，但忙于策划阴谋诡计，他对安妮女王的影响力完全是因为女王喜爱他的妻子。有鉴于此，一到适合作战的季节，法国最高统帅部便毫不犹豫地将法军主力部队部署在默兹河与莱茵河之间的河谷，此地距离内伊梅根不足二十英里。

5 月，马尔博罗向内伊梅根进发。他发现联盟军队普遍士气低落，将领之间猜忌争胜。经过一番整顿，部队的面貌焕然一新。荷兰的战地副指挥官，他们有权否决本国军队的调遣活动。大战在即，他们同意迎击敌人。尽管被困在皮尔一带的荒野，马尔博罗丧失了利用优势兵力展开决战的良机，但法军很快转入了守势。新任联军总司令马尔博罗打了漂亮的一仗，一举收复了默兹河沿线的全部要塞，整个河道常畅通无阻。昔日威廉国王打仗劳而无功，今朝马尔博罗高歌猛进。曾经咄咄逼人的法军此时茫然失措，犹豫不定，仓皇撤退。旋风般的进攻结束后，在默兹河马尔博罗侥幸躲过敌人的伏击，返回海牙。

回到海牙的马尔博罗受到荷兰民众的热烈欢迎。回到英格兰后，安妮女王册封他为公爵。在战争的头一年，形势对联盟不利，整个“反法大联盟”似乎行将解体，但忠诚和胜利的希望又把联盟各国撮合在一起。

1702 年，英格兰另外一次军事行动是海军远征西班牙加的斯。威廉三世早已意识到地中海及控制地中海入口的港口，对英格兰的重要性。由于法国人野心勃勃，英国同地中海东部沿岸诸国和岛屿的贸易受到严重威胁。法国人入主西班牙也危害到英格兰的商业利益。7 月底，奥蒙德公爵和乔治·鲁克爵士指挥的一支强大的海军舰队运载着陆军官兵，向加迪斯驶去。接近加迪斯港时，指挥官们不敢冒险发起突然袭击，而是采取了似乎容易些的打法。他们派遣部队登陆以夺取海岸要塞。毫无章法、费时费力的拉锯战开始了。登陆上岸的英军肆意抢劫，亵渎上帝，他们的斑斑劣迹在西班牙臭名远扬。与此同时，西班牙人的抵抗日渐增强。敌军在港口入口处设置了水栅，凿沉船只，堵塞航道。作战历时一个月，英军指挥官决定鸣金收兵，班师回国。

一笔意外的横财洗刷了此次作战失利的耻辱。正当鲁克和奥蒙德气急败坏、相互指责、闷闷不乐地返航之时，突然有消息传来：自西印度群岛起航，运载着大批宝藏的西班牙运宝船正躲在维戈湾。他们马上兴奋地召开军事会议，会后决定突袭维戈湾。黄金的引诱和加迪斯挫败的耻辱刺激着指挥官们，他们派出勇敢的部下投入疯狂的战斗。日落时分，他们控制了维戈湾。所有的敌舰被击沉、烧毁或俘获，没有一艘敌舰逃脱。战斗开始前，敌人已用牲口匆忙运走了船上的财宝，不过还是缴获了一百万英镑。胜利者得到的这笔财富足以充实国库，平息议会的不满。尽管如此，鲁克和奥蒙德在加迪斯战役中的表现还是受到彻底的调查。赞同此次远征的马尔博罗希望占领加的斯，把它作为进入地中海、控制米诺卡岛的踏脚石。此时，他出手干预保护这两位饱受指责的指挥官。在加迪斯哪怕他们表现出维戈湾战斗勇敢精神的一半，那么海上强国早就在 1703 年便会成为地中海的主人了。随着安妮女王登基执政，托利党迎来了它兴盛的时期。威廉国王任用的辉格党人全部下台。在戈尔多芬的政府中，安妮女王的叔叔罗彻斯特和威廉国王时代的托利党重臣诺丁汉发挥了实质性的重要作用。但是，从一开始，同戈尔多芬休戚与共的马尔博罗就与托利党同僚产生了严重分歧。传统的托利党观点认为英格兰不应在欧洲大陆的斗争中寻求主导地位。她的正确方针应是依靠海上力量出击，趁欧洲冲突之时，在新大陆夺取大片领地。托利党人十分反感派遣大量军队干预欧洲大陆事务，对在欧洲大陆取得的胜利，他们不屑一顾。对军费开支的重负，他们叫苦不迭，假装力不从心。他们断言，通过向政府发放贷款，主张积极介入欧洲大陆事务的利益集团从战争活动中牟取了暴利。他们声称乡绅们的财产被骗走了，而伦敦城的银行家和商人们却在大量地收购被抵押的地产。

另一方面，虽然辉格党人失势了，但他们仍积极主张在欧洲大陆用兵。他们支持马尔博罗的所有主张。他们嘲讽殖民扩张的错误策略，他们认为如果不能在具有决定意义的主战场取胜，就无法保障不列颠的利益。双方都言之凿凿、振振有词，这种理念上的分歧左右着安妮女王统治的时代。在应该怎么打仗这一关键问题上，马尔博罗、戈尔多芬同托利党内的其他同僚始终存有分歧。倘若英格兰不能全心全意投身欧洲大陆战争，将会被路易十四击败。这是个根本问题。令马尔博罗感到遗憾的是，他有必要对安妮女王施加影响来对付托利党领袖。

此外，政治斗争中还掺杂着宗教信仰之争。安妮女王、马尔博罗和戈尔多芬都是根正苗红的托利党人，也是圣公会教徒。安妮女王曾经相信她父亲的儿子、流亡海外的威尔士亲王不是她的亲哥哥，现在她早已放弃了这一想法。威尔士亲王生活在法国人的庇护之下。在英国历史上他被称为“觊觎王位者”。在法国编年史中则把他赞誉为“勇敢的圣乔治”。在内心深处，安妮女王觉得自己是一位篡位者，同时，她为自己对死去父亲的恶劣态度而感到内疚。唯一能令她感到安慰、抚平她内心创痛的是她坚定不移地笃信英国国教。她要不惜一切代价保卫英国国教，这是她职责所在，这关乎她的王位是否稳固，国内是否安定。如果让她退位让贤，将王位让给信奉天主教的哥哥威尔士亲王，这不仅背叛了她个人的宗教信仰，而且会在这片她所统治、所热爱并在许多方面真正代表的土地上引发内战之忧。

在下议院，托利党人继续展开针对不信国教徒的斗争。《宣誓法案》依然有效，但战争时期的友好氛围和人民对新女王的忠诚等因素致使人们阳奉阴违，规避《宣誓法案》的规定，并得到普遍的默许。例如：希望担任一官半职的信奉清教徒的商人在某一天根据英国国教的仪式领食圣餐，然后又继续到他的清教派礼拜堂去做礼拜。1702 年秋，托利党人提交了一份《禁止一时尊奉国教法案》，该法案的目标是严格落实《宣誓法案》的规定，依法惩治规避法案的种种行径，进而使政敌失去任职资格，官位不保。他们认为只是表面上尊奉国教，这种行为是虚伪的；为了谋取担任公职，暗中我行我素，这样的行为是亵渎神圣的。要严禁这种阳奉阴违、表里不一的行径。下议院多次通过该法案，但在上议院遭到了抵制。威廉国王时代创设的主教会议也不赞同该法案。安妮女王的丈夫乔治亲王是路德宗信徒，这个法案对他尤为不利。一方面，安妮女王忠诚于英国国教会；另一方面，她也认为因宗教信仰不同而迫害忠诚的臣民是错误的做法。这导致她左右为难。遭受法案打击的受害者，包括安妮女王的丈夫乔治亲王，大多是马尔博罗战争政策最强有力的支持者。托利党人势力滔天，马尔博罗和戈尔多芬都不敢公开反对法案。他们表面上投票赞同法案，背地里却发挥影响力，成功地化解了法案带来的危害。1703年，马尔博罗把联盟国家的“强大联军”集结到马斯特里赫特周围，此地位于内伊梅根以南八十英里，是前一年战役打响的地方。他下定决心要占领奥斯坦德和安特卫普。拿下奥斯坦德可以建立与英格兰新的联系；拿下安特卫普，可控制斯克凯尔特河、莱斯河、运河的水道，这些河流和默兹河一起构成了通往法军要塞群的主要通道。马尔博罗听从荷兰人的建议，包围了莱茵河岸边的波恩。攻陷波恩后，他开始向安特卫普推进，部队艰苦行军，迅速展开作战行动。他所设想的“宏伟计划”未能实现，原因是荷兰人不愿投身非常艰苦的进攻作战。此次战役因攻占默兹河畔的休伊和林堡而著称。荷兰人很高兴，他们认为这是胜利的一年。他们制作了勋章，勋章上面的题词：“不流血的胜利”，相当贴切。然而，在多瑙河和莱茵河上游，神圣罗马帝国的军队作战接连失利，他们在巴伐利亚也打了败仗，丢掉了坚固设防的奥格斯堡、雷根斯堡和最重要的朗道，结果法国人控制了德意志的南部和莱茵河上游地区。

托利党把战局的恶化归咎于辉格党人的欧洲大陆战争政策，在下台和问责的双重打击下，辉格党萎靡不振。1703年冬，“反法大联盟”各成员国内外交困，处于下风。值此困难之时，安妮女王高大的形象显明出来。她用身边至亲好友的私人称呼写信给萨拉：“我永不抛弃你亲爱的‘自由人先生’（指马尔博罗），也不会抛弃‘蒙哥马利先生’（指戈多尔芬），永远做你们忠实的仆人。只要死神的无情之手还没有击倒我们，我们四人就永不分离。”有了这样的支持，马尔博罗在数九寒冬里筹划宏伟的计划，以扭转整个战局。

奔赴欧洲大陆之前，马尔博罗必须重新组织托利党顽固派构成的政府。罗彻斯特早已被解职，诺丁汉行将去职。需要挑选新的人来填补空缺。哈德利，我们前面看到这个人积极鼓动裁撤军备，反对威廉国王的对外政策，他是下议院议长，同时也是托利党温和派的领袖，他还是下议院实际上的领袖。他受邀出任国务大臣，政府核心圈为了接纳他而有所扩大。除了原有的安妮女王和萨拉之外，政府核心圈还包括马尔博罗、戈尔多芬和哈德利。在哈德利的班底里，年轻的议员亨利·圣约翰出任陆军大臣，此人因发表支持《禁止一时遵奉国教法案》的精彩演说而名声大噪。他深受托利党人的拥戴。陆军大臣的职务让圣亨利同马尔博罗建立起密切的联系。终于促成温和托利党人和辉格党人占议会多数席位的局面，一切安排妥当，马尔博罗公爵启程前往荷兰。

如前所述，巴伐利亚选帝侯背弃了神圣罗马帝国皇帝，转而与法国结盟。马桑元帅指挥的法军奉命前去支援巴伐利亚选帝侯。如此一来，神圣罗马帝国的首都维也纳来年必然会受到严重威胁。通过巧妙的游说和略施小计，马尔博罗在海恩西乌斯一人的配合下，说服荷兰议会同意荷兰军队同英军及其雇佣军一起在摩泽尔河发动一次战役。马尔博罗告别驻防荷兰的主力部队，率领部队取道波恩，急行军抵达科伦布茨。此时此刻，敌我双方都判断马尔博罗要向右转进，向南挺进，沿摩泽尔河逆流而上，抵达特拉巴赫和特里夫斯，至此他的真实意图的第一部分暴露无遗。穿着红色制服的士兵组成长长的纵队，经过摩泽尔河与莱茵河汇流之处。通过一座浮桥渡过莱茵河后，他们日夜兼程，取道美因茨和海德堡，直插德意志的心脏。跨过内卡河后，马尔博罗率领的部队同普鲁士以及德意志其他邦国的军队会师。6 月 11 日，他同指挥神圣罗马帝国莱茵军团的巴登总督路易侯爵以及欧根将军会合。巴登总督虽然没有实际的指挥权，但他代表着神圣罗马帝国最高军事指挥部。从此开始，马尔博罗公爵与欧根将军开始了长时间的精诚合作，彼此互不嫉妒，所向无敌。

不列颠军事史上最辉煌的篇章非马尔博罗带兵从多瑙河向北海挺进莫属。整个过程中，法军所有战役作战预案全部落空。马尔博罗一离开尼德兰，法军维勒鲁瓦元帅就在摩泽尔河率军迎击他。当马尔博罗到达海德堡后，法军将领预计会在莱茵河上游与马尔博罗发生交战。直到马尔博罗到达多瑙河，法军才恍然大悟：马尔博罗的目标是进攻巴伐利亚，解救维也纳。鉴于战局的变化，法国最高统帅部派出塔拉尔元帅指挥的第二路援军，增援巴伐利亚选帝侯和马桑元帅指挥的法军。马尔博罗和巴登总督率军抵达多纳河，经过浴血奋战，攻克了施伦贝格坚固的堑壕工事，他们将敌军赶入河中，强行突击进入巴伐利亚境内。巴伐利亚选帝侯拒绝投降，马尔博罗下令攻城，巴伐利亚损失惨重。

与此同时，面对塔拉尔的优势兵力，欧根将军下令撤退，设法与马尔博罗的会师。法国与巴伐利亚的军队合兵一处，再次渡过多瑙河。塔拉尔相信他能压迫联盟军队，导致灾难性的溃逃。马尔博罗说服常常意见相左的巴登总督率兵围困因戈尔施塔特，而他则突然率军同欧根将军会师。马尔博罗和欧根将军这两位指挥官，人称“两副躯体共享一个灵魂”。8 月 13 日清晨，在多瑙河畔的赫希施塔特，他们对法军和巴伐利亚军队发起攻击。法军人数稍占优势，他们的火炮威力强大，远胜联盟军队。他们还占据地利，有环绕贝尔河的沼泽地作为屏障。战斗打响后，双方拼出全力，欲置对方于死地。欧根将军指挥左翼，马尔博罗指挥中路和右翼。英军向布伦海姆村发起攻击，遭到敌方反击，敌我双方僵持了好几个小时，难分胜负。下午五点半左右，马尔博罗连施巧计，跨过贝尔河。由于不断抽调兵力支援两翼，法军中路部队兵力日渐不足。有鉴于此，马尔博罗集结起占压倒优势的骑兵部队，在步兵和炮兵的掩护下，向法军中路核心阵地发起冲击。马尔博罗率领 80 支骑兵中队冲锋陷阵，一举楔入法军核心阵地，击溃法军骑兵部队，将成千上万的法军士兵赶入了多瑙河。同时，联盟军队将残存的法军步兵分割包围。拥挤在布伦海姆村附近的大量法军士兵也陷入重围。当这个难忘的日子夜幕降临的时候，马尔博罗才腾出手来给妻子写信。在这封著名的信中，马尔博罗写道：“我无暇细述，请代我向安妮女王致敬，并请告知她我军大捷。我们俘获了塔拉尔先生和另外两名将军，此时此刻，我军正追歼残敌。”

布伦海姆大捷几乎打垮了多瑙河流域的法军和巴伐利亚军队。四万多敌军或死，或伤，或俘，或逃。剩余的残兵败将穿过黑森林向莱茵河上游狼狈撤退。敌我双方伤亡惨重，有三分之一的士兵长眠于战场。一万三千名俘虏，其中包括法军声明赫赫的战斗团，在英国步兵的看押下度过了 8 月 13 日的夜晚。乌尔姆城一触即降。此后，马尔博罗急速西进，直奔莱茵河湾，不久便在那里集结起近十万大军。马尔博罗会同欧根将军和巴登总督，三人一起率兵沿着莱茵河左岸，将法军赶往斯特拉斯堡，并包围朗道城，该城在 11 月投降。10 月份，马尔博罗不知疲倦地从莱茵河奔袭摩泽尔河，攻占特拉巴赫和特里夫斯，为军事史上这一经典之战画上了圆满的句号。

在上述惊天动地的大事件面前，整个欧洲目瞪口呆。路易十四难以理解他的精锐部队为何不只是被击败，而是被彻底歼灭。从这一刻起，路易十四考虑的已不再是称霸欧洲，而是如何体面地结束这场由他挑起的战争。“反法大联盟”的力量得到恢复和巩固，整整威胁欧洲安全长达一代人的法军已被粉碎。马尔博罗甚至超过他的战友——欧根将军，成为他那个时代首屈一指的伟大军事家。不仅如此，马尔博罗还掌控着整个反法联盟的外交事务，这位英国将领还一度成为反法联盟的实际首脑。英格兰随着马尔博罗升到了顶峰。自从四百年前的克莱西战役和阿让库尔战役以来，英国人还没有取得过如此伟大的胜利，他们为此感到欢欣鼓舞。当马尔博罗横刀跃马杀入欧洲腹地时，托利党反对派愤怒不已，他们认为这是不可饶恕的罪过。他们袒露了自己的心机：如果马尔博罗失败了，“他们会像猎狗扑食野兔般对待他”。尽管言犹在耳，托利党反对派也不能完全抑制住爱国情感激发起来的对马尔博罗的钦佩。安妮女王摆脱了窘境，她为自己的荣耀醉心不已，她厚赐给马尔博罗大量财富和无上荣耀。新年这一天，满载战利品的车队庄严地通过伦敦街头，驶向威斯敏斯特宫。塔拉尔元帅和其他重要的法国俘虏被优厚地囚禁在乡间宅第里。一时间，党派纷争和个人嫉妒似乎都归于平静。

同一年，英国在海上也取得了重大的成功。不久前，英国同葡萄牙结盟，根据盟约，英国海军有权使用里斯本港，进而使英国能够有效地干预地中海事务。1704 年 5 月，在鲁克司令的指挥下，一支强大的英荷联合舰队驶入地中海，这是英国取得海上持久胜利的前奏。7 月，同克劳莱斯利·夏维尔爵士指挥额增援部队会后，鲁克将注意力转向直布罗陀要塞。直布罗陀要塞当时还只是一个中途停靠点，但它作为扼守进出地中海门户这一战略要地的可能性已得到公认。8 月 4 日，一阵炮击之后，黑森—达姆斯塔特乔治亲王指挥的联军海陆夹击，攻陷直布罗陀要塞。这场胜利与布伦海姆大捷发生在同一个月。因一个新的敌手闯入地中海，法国和西班牙两国政府为此焦虑不安。海军力量的平衡岌岌可危。法国海军舰队倾巢出动，伺机而战。他们在马拉加附近与英国海军发生激战，久攻不下，未能取得战略优势。有鉴于此，法国人下定决心要拿下直布罗陀。1704 年冬到 1705 年初，在达姆斯塔特的指挥下，英荷守军顶住法西两国军队的多轮猛攻。进攻直布罗多作战失利，导致法国和西班牙在作战方针发生激烈争吵。直布罗陀仍在英国人手上，它成为争夺地中海制海权的关键。这场战争古怪的旋律至此显露无遗。当反法联盟各国处于下风时，他们一致服从马尔博罗，指望他找到一条安全的出路。但是，当他无可指责地打开胜利局面的时候，恐惧心理和形势需要所形成的纽带又松弛下来，马尔博罗再次受到阻挠和压制。1702 年取得辉煌胜利，而接下来的 1703 年则令人沮丧；1704 年局面大有改观，而 1705 年却在闹分裂。1705 年，马尔博罗计划沿着摩泽尔河，进军巴黎。为此，他在 1704 年底就做好了准备。1705 年 4 月，他抵达海牙，5 月率军出征。他统帅六万英荷联军，以科布伦茨、特拉巴赫和特里夫斯为进攻出发地，经过艰苦而危险的行军，进抵萨尔路易斯。在那里，法军维勒元帅率领优势兵力，恭候多时。马尔博罗预计他会同巴登总督领导的神圣罗马帝国军队以及莱茵河流域的其他德意志邦国的军队会合，并为此做了周密安排。然而，各支队伍都未能准时到达预定集合地点。巴登总督因马尔博罗把他排除在布伦海姆大捷之外而耿耿于怀，他故意同马尔博罗作对，只是由于健康状况不佳，怨恨情绪稍减。孤立无援的马尔博罗不得不放弃调遣十万大军进行决战以及进军巴黎的原定作战计划。在那十天时间里，由于军需给养供应不足，危机四伏，险象环生。他写道：“我们在这个国家什么都找不到。如果粮草不济，我们哪怕一天都坚持不住。”6 月 17 日，经过一夜长途行军，他们脱离了险境，回到特里夫斯。紧接着，他们穿过摩泽尔河与默兹河之间森林密布、人迹罕至的山区，抵达马斯特里赫特，解除了法军对列日的围困。

见到总司令回到自己的地盘，荷兰人无不兴高采烈。从那慕尔到安特卫普，法国人构筑起长达六十英里的著名的布拉班特防线，率军守卫这道防线的正是法军维勒鲁瓦元帅。马尔博罗知道，他无法说服荷兰将军从正面直接攻打布拉班特防线。出乎敌我双方的意料，马尔博罗虚晃一枪，佯攻那慕尔。紧接着，他率军夜间长途奔袭，在所有人不明就里的情况下，突然出现在特里蒙特附近，对法军发起突袭，斩断了坚固的布拉班特防线，而己方毫发无损。

接下来，他亲自率领骑兵打了漂亮的一仗，截击了增援战场的法军。经此一役，他在比利时境内法军占领的要塞群中站稳了脚跟。好戏还在后头。马尔博罗携带 8 天的给养从基地出发，迂回运动到维勒鲁瓦元帅的右翼。8 月 18 日，在后来闻名于世的滑铁卢战场，马尔博罗以优势兵力同维勒鲁瓦展开交锋。

像百年之后的拿破仑一样，马尔博罗的目标是攻占布鲁塞尔；马尔博罗像拿破仑那样，为战胜当面之敌、取得决定性胜利做好了准备。敌我两军展开了奇特的阵形，各自面向自己祖国的方向。马尔博罗觉得自己胜券在握，但在马尔博罗的政敌桑德伯格将军的领导下，荷兰将领们拖延和阻挠这场战斗。由于粮草不济，马尔博罗只好返回进攻出发地。1705 年的战事就这样在令人失望沮丧的情绪和盟国之间争吵不休中结束了。马尔博罗指责巴登总督贻误战机，未能在摩泽尔河给予他有力援助。此外，他还设法促使荷兰人解除了桑德伯格将军的职务。然而，英国国内怨声四起。在托利党人看来，荷兰军队贻误战机的做法正是欧洲大陆战争不得人心的明证。马尔博罗返回国内，遭遇困境。布伦海姆大捷似乎褪去了神采。“反法大联盟”开始再次走入下坡路，而法国中央集权的君主制恢复了元气。

荷兰人和莱茵河流域各德意志诸侯难以驾驭，马尔博罗很厌恶这种情况。1705 年冬，他在策划一场比 1704 年进军多瑙河行动更大胆的计划。他对普鲁士国王有很大的影响力。他成功地说服普鲁士出兵援助在意大利北部作战的欧根将军。此时，他计划率领两万五千英军和雇佣军，经科布伦茨、斯图加特和乌尔姆，爬过阿尔卑斯山口，穿越整个欧洲同欧根将军在意大利北部会师。在葡萄园和橄榄树丛中，两位伟大的指挥官将再次取得像布伦海姆大捷那样的胜利，从南方攻入法国。与 1704 年相比，荷兰议会信心更坚定，态度更坚决。他们的条件很简单：如果马尔博罗执意出征，荷兰军队恕不奉陪。安妮女王和英国内阁给予全力支持，马尔博罗遂将自己的作战计划付诸实施。英军甚至为每个营采购了六个手推磨，以在征战途中碾磨粮食。

1706 年初的战事破坏了远征意大利的计划。法国先发制人，从莱茵河战场和意大利战场同时全线出击。在卡尔奇纳托，法军旺多姆元帅痛击了神圣罗马帝国的军队，不过，战斗规模不大。在德意志，维勒元帅率领法军对巴登总督发起进攻，把他赶过了莱茵河。这威胁到位于朗道地区的重要堡垒。此时，马尔博罗的希望全部落空。因此，在发动最辉煌的战役之时，马尔博罗心情抑郁。在给神圣罗马帝国使者的一封信中，他写道："渡海出发时，我心情郁闷。"在给戈多尔芬的信中，他写道："丹麦国王和其他欧洲君主们对战局发展漠不关心，这令我感到很悲哀，我对胜利不抱什么信心。"马尔博罗忍痛割爱，毫不犹豫地抽调兵力全力增援欧根将军。如果他能把这些部队留下来，那么就能在尼德兰占据绝对优势，有机会"搞出点儿大动静来"。他决心更改计划，以劣势兵力在布拉班特防线要塞群周围"四处游击"，此时此刻，看起来一场个人的胜利对改善他在英国国内的处境显然是十分必要的。马尔博罗怀着悲愤的心情毅然决然地赶走了幸运女神，而幸运女神却又固执地带着珍贵的礼物回来，再次眷顾了他。

马尔博罗突破布拉班特防线，威胁布鲁塞尔后，路易十四感到，在强悍的对手面前，一味死守是行不通的。怀着积极的心态，路易十四命令维勒元帅在战役打响时就捕捉战机，先发制人。为此，他给维勒元帅调拨了军服崭新、阵列齐整、装备精良的法军部队。5 月 18 日，马尔博罗收到情报：莱河左岸，从瓦弗到鲁汶，有法军重兵集结。次日，有消息显示：法军已渡过莱河，抵达距蒂尔勒蒙不足四英里的地方。敌我双方都很熟悉这一带的地形，自古至今这里都是适合展开大规模交战的战场，这里是欧洲人最熟悉的地区之一。马尔博罗命令丹麦骑兵前去迎击法军，由于没有领到军饷，他们一直都没有上阵作战。

5 月 23 日黎明，敌我双方抵达拉米伊村附近。部署妥当后，将近中午时分，马尔博罗指挥英军对法军右翼发起猛烈的佯攻。利用起伏的地形，他派出荷兰、英国和丹麦全部骑兵，共计两万五千人，向塔维尔村和拉米伊村之间的法军骑兵部队冲去。聚集在此都是法军骑兵部队的精华，包括精锐的皇家禁卫军。抛开虚虚实实的战法，马尔博罗直接高呼："五比二，我方占据优势。"实际上，在战斗刚开始时，马尔博罗只占据四比三的优势，后来扩大到五比三。这点儿优势就足够了。在这场有四万骑兵参与的大混战中，马尔博罗率军突破了法军防线，击溃了法军右翼，削弱了中路。马尔博罗抛开总司令的身份，跃马横刀，杀入敌阵。在战斗中，他被打落马下，落在敌人的马腿中。当侍从武官宾菲尔德上校扶着他爬上另一匹战马时，一颗炮弹擦着马尔博罗的大腿呼啸而至，炸飞了宾菲尔德的脑袋。尽管九死一生，马尔博罗还是很快掌控了战局。英军步兵主力向拉米伊村发起进攻，初战告捷的骑兵绕到法军防线的背后，给予痛击。盟国军队全线出击，法军溃不成军，逃离战场。在这场经典战役中，无论是数量，还是质量，敌我双方旗鼓相当，势均力敌。凭借军事才华，马尔博罗打垮了敌人，给予敌人重大杀伤，俘敌数千，而己方损失不足五千人。在夜幕的掩护下，敌人四散溃逃，只有不到四分之一的敌人逃走了，他们的大炮全部被遗弃在战场上。拉米伊村大捷的影响超过了布伦海姆大捷的影响。如果说布伦海姆大捷拯救了维也纳，拉米伊村大捷则征服了比利时。要想攻占那里的任何一个堡垒，都要发动一场战役，而现在它们都集体陷落了。安特卫普和布鲁塞尔投降了。震惊不已的荷兰人看到威廉国王统治的最后一年相继失守的几乎整条抗法屏障又重新回到了他们怀抱。除了这些大捷之外，欧根将军在意大利北部也打了胜仗。欧根将军率军在意大利半岛长途行军，机动作战，以少胜多，解了都灵之围，将法国人彻底赶出了意大利北部。

与此同时，西班牙战线反法联盟也捷报频传，几乎大获全胜。反法联盟选定的西班牙王位继承者查理大公已在里斯本安顿下来。反法联盟计划的一部分是努力恢复他的权利。起初，只有大约五千英国和荷兰士兵支持查理大公，他们的指挥官是戈尔韦爵士。戈尔韦爵士是一位胡格诺教徒，在威廉国王发动的战争中声名显赫。戈尔韦爵士得到一支葡萄牙军队的协助，这支葡萄牙军队的人数比他们多两三倍。手上这点儿兵力只够他在葡西边境上做些虚张声势的动作。1705 年，反法联盟决定在这条战线上采取更大的行动。彼得伯格爵士率领六千人的部队从英国本土来到葡萄牙，随行的还有一支颇有战斗力的海军舰队，这支舰队的指挥官是夏维尔海军司令。他们将在里斯本与援军会合后，带上查理大公，打入地中海。

应攻打哪里，指挥官们对此争论不休，最后他们将目标锁定在巴塞罗那。巴塞罗那是加泰罗尼亚省的省会，人口稠密，早就对马德里的统治心怀不满了。

巴塞罗那对法国扶持的菲利普五世也敬而远之。8 月，反法联盟军队在巴塞罗那北部登陆，准备包围这座城市。主要障碍是位于蒙特伊克山，海拔六百英尺的山丘矗立在巴塞罗那城以南的海面上，山顶上雄踞着一座要塞。彼得伯格这个人时而勇敢果断，时而优柔寡断，常常在这两者间游移不定。激烈争吵了一段时间后（这样的争吵不休影响到联盟军队在西班牙的全部后续行动），彼得伯格突然做出大胆的决定：夜袭蒙特伊克山，第二天联盟军队攻克蒙特伊克山。在战斗中，曾经保卫直布罗陀的达姆施塔特阵亡。巴塞罗那打开城门，向查理大公投降。加泰罗尼亚、阿拉贡和瓦伦西亚响应反法联盟的号召，宣誓效忠“查理三世国王”。西班牙东部各省宣布支持查理大公。伦敦洋溢着欢快的气氛。

1706 年春天，马尔博罗向拉米伊村挺进的时候，巴塞罗那城的反法联军成功地打退了一支法国大军的进攻。加泰罗尼亚小股部队游击作战，切断了法军的通信联络。经过持久进攻，法国人终于夺回了蒙特伊克山，但他们打不进巴塞罗那城。当城中守军告急之时，一支英国海军舰队及时赶来增援。法国人只得放弃进攻，向撤往北部的比利牛斯山。法军出现的混乱正是盟国军队挺进马德里的良机。早已从葡萄牙动身出发的戈尔韦于 6 月份到达西班牙首都马德里。伦敦人口中的“胜利之年”在这次战斗之后画上了圆满的句号。

第五章　奥德纳德战役与莫拉克之战

对荷兰人而言，战场上取得的胜利让他们裹足不前。回想1702年，那个时候他们可怜巴巴地蜷缩在内伊梅根城的城垛后，英国的新任指挥官手提宝剑邀请他们携手作战，而这已经是过去的事情了。现在，默兹河直抵那慕尔城门前。整条莱茵河水道和沿岸的所有堡垒全部掌控在反法联盟手中。布鲁塞尔已被盟国军队攻克，战略价值头等重要的安特卫普也不战而降。布鲁日、根特、奥德纳德和奥斯坦德已被盟国控制，纽波特、伊普雷、梅内和阿特也指日可待。再向前走，就是堡垒林立的法军防线了。可是，保卫荷兰共和国真的需要攻克这些法军堡垒吗？荷兰人希望削弱法国的力量，而现在法国的力量确实受到了削弱。路易十四的使节不正通过多种渠道，提议在荷兰保留抗法屏障的基础上与之单独媾和吗？假如马尔博罗只是赢得了拉米伊村战役的胜利，拿下鲁汶，打入布鲁塞尔，照此情形，反法联盟在1706年行动的基础上把胜利之势延续到1707年。然而，此时荷兰人拉拽、撕扯着马尔博罗，他遭到一连串的抵制和阻挠。荷兰人的所作所为必然会令反法联盟再次陷入低谷。

英国国内也有类似反应。当马尔博罗和欧根将军驰骋疆场之时，英国国内彼此竞争的政党和个人准备改写胜利的局面。作为战争的主要推动者，辉格党人要求分享公职，安妮女王领导的政府要倚靠他们在议会的投票。他们选中了森德兰德伯爵，他那摇摆不定的父亲曾在詹姆斯二世时代担任大臣。他正统固执而又精明能干，辉格党人把他当作楔入政府核心圈的钉子。以现在的观点来看，哪一方握有议会上下两院的多数席位，哪一方就有权主导公共事务，而此时掌控议会上下两院多数席位的辉格党要行使这一权力。森德兰德勋爵迎娶了马尔博罗的女儿。辉格党的领袖据此推测："他（马尔博罗）不会认为辉格党会把矛头指向他。"他们明确告知戈多尔芬，如果他不能说服女王接纳森德兰德，他们就会利用议会的权势对政府和他本人发起攻击。没有下议院的拨款，战争就无法进行下去，为了获得下议院拨款，马尔博罗和戈多尔芬只好游说女王接纳森德兰德，吸收他加入政府。女王起初死活不同意，后来拉米伊村大捷改变了她的态度。

不列颠的尚武精神和雄踞欧洲之首的意识开始产生持久的影响。英格兰和苏格兰的合并已接近尾声。安妮女王即位以来，英格兰与苏格兰就一直为合并事宜争论不休，有时吵得非常激烈。最终，英格兰以慷慨的财政援助换取苏格兰人同意接受汉诺威家族入主英伦三岛。作为处理有关事务的委员之一，马尔博罗认为英格兰和苏格兰联合起来是英国强盛的必要之举。苏格兰和英格兰两国不仅要联合起来，两国议会也要走到一起。如果安妮女王死后，苏格兰人选择拥戴其他家族，那么两国在中世纪时期的种种夙愿便有可能死灰复燃。双方判定为了避免两个王国之间再度出现类似的分裂，做出某些牺牲是完全值得的。1707 年，《合并法案》最终获得通过，尽管出现了一些摩擦不和，但人们基本上接受了它。同英格兰及其殖民地的自由贸易中，苏格兰人逐渐获益，而英格兰人对苏格兰人在政治和贸易中发挥的重要作用也渐渐习以为常。随着时间流逝，英格兰和苏格兰合二为一的局面日益巩固。18 世纪后期，苏格兰的思想和文学繁荣起来，出现了哲学家大卫・休谟、经济学家亚当・斯密、历史学家威廉・罗伯逊。不久，还相继涌现出罗伯特・伯恩斯和伟大的威廉・斯科特爵士。毫无疑问，英格兰和苏格兰合二为一创造的和平、繁荣和参与意识有助于思想和文学的勃兴。约莫这个时候，萨拉同安妮女王的关系步入危机阶段。萨拉不得不忍受女主人因接纳辉格党人加入内阁而产生的不快。安妮女王打心底里厌恶辉格党人，但她的大臣明白如果失去辉格党人的支持，只有一半的托利党人作后盾是无法继续进行战争的。萨拉力促安妮女王保持朝野和谐，这一职责消磨掉了她同女王的友谊。与此同时，萨拉和安妮女王之间出现了第三者。萨拉位高权重、百事缠身，权力远超内阁大臣。然而，随着年事渐长，她想着从多年来陪伴女王的压力中解脱出来。安妮女王对女伴们比较严苛，要她们白天陪伴在身边，不离左右，晚上还要她们陪她打牌到深夜。萨拉逐渐设法减轻两人交往的负担。她发现艾比盖尔·希尔，她的这位穷亲戚，是个适合的替补。萨拉把艾比盖尔带到安妮女王的身边做了侍女。过了一段时间，安妮对艾比盖尔热络起来。萨拉如释重负，从此，她可以常到乡间消遣，也可以更多地享受天伦之乐。到 1707 年初，艾比盖尔已能独立影响女王，这将改写欧洲的历史进程。

艾比盖尔既是森德兰德的表妹，又是哈利的表妹。森德兰德入阁令哈利陷入了困境。哈利是一位老练的政治家，他用毒辣的眼光看出这不过是辉格党人进一步扩张势力的前奏。作为托利党温和派的领袖，他感到自己的处境十分尴尬。

一天，哈利收到女王通过园丁转来的密信。在信中，女王向他求援。对十八世纪的政治家来说，没有比这更诱人的了。此外，哈利老谋深算，热衷阴谋诡计，他觉得这封信大有文章可做。他立即着手开始组建影子内阁，将安妮女王喜欢的人聚拢起来，影子内阁包括托利党人和辉格党温和派。为了借助马尔博罗的名望，哈利还希望得到马尔博罗的帮助。这个计划意味着戈多尔芬内阁要垮台。哈利设想这不会构成什么障碍。但是，当马尔博罗知晓这个计划后，他拒绝提供帮助，不愿意同他的忠实同僚和朋友分道扬镳。有鉴于此，哈利的阴谋不可避免地触犯到马尔博罗。此时，萨拉对安妮女王的影响已荡然无存。

1707 年，马尔博罗诸事不顺。他计划将所有后备力量用于增援欧根将军，让欧根将军在普鲁士军团和英军的支援下从意大利突入法国，攻占土伦。马尔博罗的意图是利用土伦这个巩固的海军基地控制地中海，进而在来年大举入侵法国。马尔博罗身居高位，手握重权，他竭尽全力推进这一影响深远的计划。在克服无数障碍、消除各种分歧后，一支神圣罗马帝国的军队在欧根将军的统帅下沿着里维拉向法国土伦挺进。与此同时，在尼德兰的主战场上，马尔博罗与旺多姆元帅指挥的法军优势兵力对垒，并把他们牵制在此地。为了能使战友在南方给予敌人决定性打击，马尔博罗甘愿在北方维持战场态势，挡住敌人的进攻。他将大量兵力调遣到其他方向，以至于无力在战场上向当面之敌发起有力进攻。即便敌众我寡，马尔博罗仍旧想方设法捕捉战机，扭转战局。可惜，旺多姆机警万分，不给马尔博罗留下破绽，使其难以如愿。英法两军在战场上近距离对峙长达数周之久。随后，马尔博罗率军进行快速而危险的机动，可是旺多姆以静制动，除正面接触外引兵避战，而此时马尔博罗无力发起全面进攻。就这样，北方战局陷入了胶着状态。

西班牙战局出现逆转。法王路易十四派遣威名赫赫的贝里克元帅到伊比利亚半岛，重新点燃了菲利普国王的希望。法国的后备力量源源不断地赶来增援贝里克。1706 年初秋，在西班牙腹地作战的戈尔韦爵士麾下仅有一万五千人，明显处于劣势。在马德里，戈尔韦爵士受到冷遇，他焦急地等待着巴塞罗那的查理大公和瓦伦西亚的彼得伯格能与他合兵一处。等了好几个星期他们才动身启程，且只带来微不足道的援兵。卡斯提尔和其他中北部省份都不欢迎来自奥地利的查理大公取代菲利普五世国王，原因是菲利普五世国王已经与他们朝夕相处了五年之久。反法联盟兵力有限，不能以武力强迫西班牙人改变冷漠的态度。戈尔韦、彼得伯格和查理大公不得不撤往地中海沿岸。1706 年底，菲利普五世国王在马德里复辟，而反法联盟则牢牢控制着西班牙的东半部。1707 年，反法联盟军队的将领们犯了分兵大忌。他们只带领一部分兵力进攻马德里。在阿尔曼萨，他们与贝里克公爵统帅的西法联军发生了遭遇战。法军指挥官是一位信奉天主教的英国人，而英国指挥官是一位信奉新教的法国人。两人的宗教信仰使他们的行事方式如此奇特。反法联盟军队遭遇惨败，1706 年近乎全胜的局面此时急转直下，完全反转。在莱茵河流域，巴登总督守卫的著名的斯托霍芬防线遭到法军维拉元帅的攻击，斯托霍芬防线——这条保卫德意志的屏障——一夜之间陷于敌手。随后德意志的大部分惨遭入侵和洗劫。

进攻土伦的行动计划被马尔博罗看得无比重要，也以失败告终。欧根将军指挥作战有失水准，这在他漫长的战争生涯中，似乎还是头一遭。名义上指挥反法联军的萨伏伊公爵更是畏敌怯战。欧根将军是个旱鸭子。他从不喜欢一个如此依赖海上力量的作战计划。一直强大的英国舰队与他在海岸边会合。舰队司令夏维尔深谙马尔博罗的战略精髓。他将舰队沿着海岸展开部署，为欧根将军的部队提供掩护和补给，他还使用舰炮轰击敌军侧翼阵地的结合部。到达土伦前，他派遣数千名水手和海军陆战队员携带数百门大炮登陆上岸。夏维尔一再向威名赫赫的欧根将军保证：如果海陆之间的联系被敌军切断，海军舰队有能力将运载他的军队前往任何他想去的地方。

法国人调集了可观的力量来保卫土伦，并伺机解围。欧根将军数次进攻土伦，但伤亡惨重，没有达成合围土伦的作战意图，神圣罗马帝国的军队只能向意大利撤退。英国舰队炮轰土伦，土伦港大部被毁，被困在港内的法国军舰也被击沉。随后，英国海军启航回国，或寻找避风港过冬。然而，英国海军舰队并没有脱离险境。克劳德斯利·夏维尔爵士率领舰队归国途中，遭遇风暴。在恶劣的天气中，军舰撞上了西西里岛附近锋利的礁石。两艘主力舰和一艘护卫舰被撞得粉碎，一千五百名水手命丧大海。最糟糕的是，英国海军最杰出的司令，马尔博罗可信赖的海军领导人——夏维尔将军客死异乡。遭受上述种种挫折、磨难后，马尔博罗回到了英国国内，一场政治风暴正等待着他。哈德利的计谋已渐露端倪，反法联盟军事上连连失利为他提供了力量。马尔博罗和戈尔多芬两人一道想办法要把哈利赶出内阁。一场严重的政治风暴即将来临。此时，哈利也暴露出弱点：他办公室的书记员格雷格将机密文件出卖给法国政府的时候被抓了现行。哈利在保管机密文件方面漫不经心、粗心大意，他当然要为此负责。由于被排挤出权力中枢而怒气冲冲的辉格党人们想方设法要坐实哈利叛国的罪名。然而，虽然格雷格承认了自己的罪行，在泰伯恩被处以绞刑，但他一口咬定他的上司哈利是清白无辜的，承揽了所有的罪责。据说如果格雷格把罪责引到哈利身上，他自己尚可保全性命。

有鉴于上述种种紧张情势，马尔博罗要求解除哈利国务大臣的职务。安妮女王此时已经与萨拉彻底决裂了。安妮女王与艾比盖尔走到了一起，她不屈不挠地力挺艾比盖尔中意的大臣哈利。马尔博罗拒绝同哈利在内阁共事，向安妮女王提交了辞呈。安妮女王回复马尔博罗：他这样做，倒不如拔出匕首当场刺死她。作为斯图亚特王朝真正的后裔和詹姆斯二世国王的女儿，安妮女王是不会撵哈利走的。于是，马尔博罗告老还乡，回到了故乡圣奥尔本斯。当内阁开会时，哈利站起来宣读一份文件，此时，一位内阁大臣唐突地向安妮女王问道：如果缺少了马尔博罗将军和财政大臣戈多尔芬，他们当如何行事？对于上述质问，哈利无动于衷，漠然处之，而安妮女王气得几近昏厥，当场离席。在一片混乱声中，大臣们各自离去。马尔博罗和戈多尔芬被解除职务的消息四散传播。议会上下两院决定如若马尔博罗和戈多尔芬两人不复职，议会将不处理任何事务。伦敦城人人惊愕不已。安妮女王的丈夫——乔治亲王亲耳所听的事实令他忧心忡忡，亲眼所见的民众情绪强化了他对政局的看法，他请求他的妻子向公众舆论低头。即便如此，安妮女王不肯屈就，反倒是哈利做出了让步。他建议安妮女王接受他的辞呈。在女王的痛哭声中，哈利离职下野。马尔博罗视为养子的亨利·圣约翰也随哈利去职。

通过这场斗争，马尔博罗获得了权力，但这是最后一次了。马尔博罗在很大程度上失去了安妮女王对他的支持，他也失去了来自托利党温和派的支持。此时此刻，他必须同辉格党逐步地深入合作，而他同辉格党人之间的关系每加深一层，同安妮女王的分歧就要加深一步。

在如此危险的政治基础上展开了1708年的军事行动。作战计划原则上是延续恢复反法联盟前一年兵分两路入侵法国的活动。这一次的主攻方向是北路，萨伏伊公爵从南方攻入法国的行动是次要方向，但不可或缺。马尔博罗本希望把欧根将军的莱茵军团调往尼德兰，这样反法联盟军队就能占有优势，在战场上一举击溃法军，摧垮敌军的要塞群。然而，天有不测风云，一些预想不到的事情发生了。莱茵河流域战局吃紧，这迫使欧根将军只得命令军队驻扎原地。比利时若干城市被荷兰人占据，荷兰人在这些地方施行的统治激发了当地居民的不满情绪。根特和布鲁日，这两座控制斯海尔德河和利兹河咽喉的城市，叛变投敌，拱手让给了法国人。旺多姆元帅指挥的野战军（除去城防部队）约有八万人，和他在一起的还有勃艮第公爵、贝利公爵、“觊觎英格兰王位者”年轻的威尔士亲王。

在马尔博罗的职业生涯中，他从没有像现在这样被国内和战场的重重压力压弯了腰。欧根将军只带着少数亲随来到布鲁塞尔附近同马尔博罗会面。欧根将军看到他意志极度消沉。他高烧不退，不得不接受放血治疗。听闻根特和布鲁日陷落的噩耗，看起来他好几个小时都缓不过神儿来，根特和布鲁日是拉米伊大捷的胜利果实，这两座城市控制的水道就像日后的铁路那样重要。值此困难时刻，欧根将军赶来鼓励他的战友。马尔博罗从病床上翻身而起，爬上马背，统帅大军投入战斗。经过长途急行，他们到达莱河附近的勒西纳。7 月 11 日拂晓时分，他们开始向斯海尔德河畔的要塞和奥德纳德的桥头堡进军，法军旺多姆元帅曾试图攻占此地。法国人没有想到会与敌军发生遭遇，他们的主力部队正慢吞吞地从加瓦尔渡河。10 点 30 分，卡多根将军带领先头部队进抵奥德纳德北面的高地。包括要塞的桥梁在内，他们共架设了九座桥梁。在卡多根将军背后，怒气冲冲、杀气腾腾的八万主力部队源源不断地涌来。荷兰军队副将格斯林格写道：“这不是一场行军，而是一次长跑。”由于求战心切，士兵们把军官的行李扔在道路两旁。在到达斯海尔德河桥头前，反法联盟军队十五小时内急行军五十英里。与此同时，卡多根率领前锋渡河击之，袭击了法军分遣队和侧翼部队。

起初，旺多姆元帅压根儿就不相信联盟军队已进入攻击阵位。他策马当前驱，抵近观察，想要亲自看个究竟。随着战事升级，他被卷入两军冲突之中。当联盟军队涌过斯海尔德河之后，法军转向敌军左侧，列阵迎敌。无论从哪个方面看来，奥德纳德河战役都有现代战争的影子。它比十八世纪任何一场重大战役都更像 1914 年的坦能堡战役。马尔博罗将右翼部队交给欧根将军全权指挥，他自己则坐镇中央，对阵敌军优势兵力，而其他部队正在向左翼展开。左翼战线像臂膀一样越拉越长，它伸展到哪里，哪里就战火熊熊、杀声四起。十八世纪的军界认为，当敌我双方势均力敌、旗鼓相当的情况下，我方一个军团接一个军团次第渡河的行动简直就是一场灾难。战斗的速度和变化都让所有既定安排失效。法军作战十分勇猛，但缺乏协调指挥，其相当一部分兵力没有投入交战。傍晚时分，夜幕降临在密布篱笆、村庄、树林和水道的战场上。正当敌我两军胶着在一起、拼死厮杀之时，荷兰老将奥弗科尔克好不容易通过奥德纳德的桥梁，率军杀奔北侧高地。与此同时，欧根将军以惊人的勇气率军突破法军右翼防线。两个进攻方向上的联盟军队几乎靠拢在一起。此时，法军阵脚大乱，他们被断为两截，首尾难顾。四万法军陷入了联盟军队的包围，另外四万法军则站在临近战场的一道山脊上，茫然不知所措。当战斗停止的时候，天已完全黑了下来。敌我两军犬牙交错，联盟军队指挥官下令停火，枕戈待旦。然而，那个时候的武器装备无法对规模如此庞大的军队形成有效封锁，陷入重围的法军大部分趁着夜色，逃之夭夭。在盛怒之下、震惊之余，法军旺多姆元帅下令向根特全线撤退。他的军队有四分之一要么被消灭，要么四散溃逃。7 月 12 日一大早，马尔博罗携手伟大的同伴策马进入奥德纳德漂亮而又古老的广场，与他们随行的是包括高级军官在内的七千法军俘虏以及无数军旗和战利品。

奥德纳德大捷扭转了整个战局。反法联盟重新掌握了主动权。马尔博罗希望向法国腹地进军，绕过坚固的里尔要塞，将它置于身后。他已在怀特岛上屯兵七千，准备夺取阿布维尔，在法军防线后方建立新的基地，作为直接进攻巴黎的跳板。然而，马尔博罗没有能够说服欧根将军。尽管欧根将军比马尔博罗年轻，但老成持重，人称“老王子”。欧根将军认为绕过里尔直取巴黎太过冒险，而且对依靠海上力量支援陆地行动抱有深深的疑虑。于是，他们决定攻打里尔这一法国设防最坚固的要塞。

就作战规模和复杂程度而言，里尔之战当属十八世纪之最。从许多方面来看，里尔之战在军事史上都是独一无二的。布弗勒尔元帅率领一万五千人镇守里尔。欧根将军指挥围城战斗，而马尔博罗负责掩护攻城部队，打击援军，牵制从根特附近区域和法国本土赶来增援的大批增援部队，这些法军增援部队企图化解里尔之围，或者切断围城敌军的后勤补给线。一万六千匹马列队将马尔博罗攻城大炮从布鲁塞尔运到里尔外围阵地。为运输这些数量的重装备，需要出动全部掩护部队提供全力保护。这些重炮万炮齐鸣，轰击里尔城。攻城部队一周复一周频频向突破口发起血腥冲击。后来，法军切断了反法联军与荷兰的补给交通线。但是，马尔博罗又开辟了一条通向奥斯坦德的新线路，从海上获取后勤补给。法国人打开敦刻尔克的水闸，海岸边汪洋一片。一场水上战争就此打响，每运输一发炮弹、一包火药、一袋粮食都要付出极大的努力。从大船转运到小艇，从小艇转运到高轮马车，再从这些高轮马车转运到普通车辆上，攻城部队的后勤保障始终稳定可靠。

旺多姆和法国王侯们引兵绕到里尔南面，与贝里克指挥的军队合兵一处。贝里克此时已从西班牙转战比利时。马尔博罗率军在内线步步紧随，对付他们。欧根将军尽力从攻城部队中抽调兵力支援马尔博罗。里尔城外的法国援军优势兵力呈战斗队形展开向前挺进，与此同时，里尔城内的布弗勒尔元帅对反法联盟军队薄弱的战线展开猛攻。马尔博罗深信恶战不可避免，他一连数日都避战不出，不去巩固自己的狙击防线。然而，他选择的防御阵地却易守难攻，法国人不敢尝试交锋，只能遥望摇摇欲坠的里尔城叹息不已。

一场漂亮的战斗像闪电般打破了秋日阴沉的天空。两万多法军迅猛前进，威胁着英军从里尔战场通往奥斯坦德漫长的交通线。正在向里尔挺进的反法联盟护卫部队身处险境。马尔博罗派遣詹姆斯二世的支持者、托利党人韦伯将军带领一支弱旅前去解危救困。韦伯将军在维南达尔城堡附近的树林设立阻击阵地，迎击来犯的法军。法军发动正面进攻，但在纪律严明的英军士兵面前损失惨重，铩羽而归。这次战斗决定了里尔的命运，10 月，里尔城宣布投降。为了弥补里尔陷落的损失，旺多姆元帅和贝里克将军企图围魏救赵，趁着里尔要塞还在法军手中之时，前去进攻布鲁塞尔。但是，马尔博罗和欧根率军向东北方向运动，强行突破斯海尔德河防线，解了布鲁塞尔之围。里尔要塞是在 12 月被占领的，可是，根特和布鲁日这两座城市还在敌军手中，就此罢手，马尔博罗心有不甘。初冬降临、风雪交加之际，他下令将大炮拖运到根特和布鲁日，前去攻城。12 月底，再次收复布鲁日，1 月初，收复根特。艰苦卓绝的里尔战役到此画上了圆满的句号。感慨于里尔战役的艰难困苦，欧根将军说：“没有见过里尔之战就等于没有见过什么叫打仗。”

与此同时，反法联盟拿下了米诺卡岛。米诺卡岛上的深水良港马翁港为在地中海活动的英国海军提供了一个安全持久的基地。对反法联盟而言，1708 年，年初连连失利，而到了年底实现反转，取得完胜。法王路易十四向荷兰人提出意义深远的媾和建议，马尔博罗为了同一目的也同他的外甥贝里克展开秘密谈判。反法联盟获得了决定性的胜利，而法国的霸权遭受重创，“伟大的国王”也不得不低声下气。一场剧烈的严寒席卷饱受战争之苦的欧洲大地。地里的种子冻死了，田里的耕牛冻死了，洞里的兔子也冻死了。法国人民的痛苦到了忍无可忍的极限。人人寻求和平，但可遇而不可求。此时此刻，辉格党长期为之奋斗的目标终于实现了。辉格党人迫使马尔博罗和戈多尔芬完全依赖他们。辉格党人还制服了安妮女王。他们将内阁中残余的托利党人统统扫地出门，建立起完全由辉格党人构成的一党政府。不过，马尔博罗和戈多尔芬这两位超级大臣仍旧坐镇内阁。此前，尽管对战争的策略多有分歧，但进行战争是共同的目的。此时，战争却变成了一党之策。辉格党人是热衷于议会斗争的大师和能手。当国家最不需要辉格党人咄咄逼人和好斗精神的时候，辉格党人掌管了国家的权力。马尔博罗和戈多尔芬已同安妮女王疏远了，他们现在必须顺从辉格党人内阁做出的决策。身处逆境的托利党人心情烦闷、情绪激昂，他们复仇心切，盼望着昔日的领袖早日倒台。哈利，凭借他的才华和手段，凭借他的挫折和声誉，当仁不让成为托利党的新领袖。老一代政治家罗彻斯特和诺丁汉也加入他的阵营。安妮女王很喜欢哈利，又有艾比盖尔暗中襄助，哈利把手伸向了施鲁斯伯里。长期蛰伏的施鲁斯伯里重返英国政治舞台，他已准备好扮演野心勃勃、权势滔天的中间派。

马尔博罗掌权的时代结束了。从今以后，他只能唯命是从。只要战争进行下去，在欧洲和军队中的显赫地位就是马尔博罗最大的资本，辉格党和托利党都离不开他。马尔博罗先是为辉格党服务，后又在托利党服务。在辉格党内阁，他是全权大臣和将军；在托利党内阁，他只是一名将军而已。1702–1708 年，马尔博罗个人的辉煌时代已然终结。还有三次艰苦的战役等待着他，这三次战役规模空前，然而，他已经丧失独自掌控政策的权力，而这种独自掌控政策的权力对于严峻军事斗争来说是必需的。

考虑到法王路易十四多年来的横行霸道令“强大联盟”下的各国君主担惊受怕、惨遭劫掠，那么当胜利来临之时，就可以充分理解他们不敢相信胜利已经到来的怀疑心理了。不管怎么说，现在法国主动做出让步满足了反法联盟各国的合理要求。荷兰边界的屏障被固定下来；萨伏伊公爵的要求也得到满足；德意志诸侯们在莱茵河流域的地位得到保证。只剩下西班牙问题悬而未决。毕竟，这场战争是由西班牙王位继承问题而引发的，马尔博罗和欧根将军取得一系列胜利无助于解决这一问题。在西班牙，相比反法同盟，法国只是比较走运，但西班牙的斗争已升级为西班牙人民自行决定自己命运的国内斗争。西班牙各阶层纷纷表态拥护安茹公爵继承王位。在激烈的斗争中，他们已放弃了保持西班牙王位世系连续性的希望。现在，他们只想随心所愿选择一位自己心仪的国王。如此一来，反法联盟和法王路易十四之间的一切问题都迎刃而解了。可是，接下来西班牙会发生什么呢？菲利普五世宣布，他宁愿死也不能抛弃支持他的西班牙人民。他甚至做好准备违抗波旁王朝的首领伟大的国王路易十四本人的意志。

我们无从得知在这个紧要的关头路易十四和菲利普五世之间保持怎样的家庭关系和政治关系。但是，在反法联盟中有一种主张似乎很有道理：如果反法联盟继续在西班牙作战，他们就不能心慈手软同法国单独媾和，以免法国东山再起、卷土重来。荷兰人甚至明确表示他们将不介入任何在西班牙发生的战事。荷兰人已经收复了抗法防线，并且他们得到了想得到的一切。与荷兰人的消极态度相反，英国辉格党人决心要把菲利普五世赶出西班牙，他们还提出了脱离实际的口号："不包括西班牙的和平，免谈！"法国外交大臣，著名的科尔贝尔的儿子托尔西问道：反法联盟期望他的主人做些什么？路易十四愿意同菲利普五世断绝关系，从伊比利亚半岛撤走全部法国军队，甚至交出部分法国要塞作为保证。反法联盟的谈判代表以为只要路易十四一下令，菲利普五世就会退位。然而，事情远非看起来这么简单。路易十四最不愿做的事情就是使用法国军队将他的孙子菲利普五世赶下王位。正是这一关键问题令整个和平会议触礁搁浅。

备受辉格党人关注的马尔博罗看出了此中的潜在危险。他认为与法国媾和是上上策，接受法国的要塞作为履行和平协议的保证，而西班牙问题则另行解决。他草拟了征战西班牙的作战计划，由他领兵从里斯本攻入西班牙，而欧根将军从巴塞罗那发起进攻。从后来形势的发展看来，这么做是起效最快、副作用最少的方案。但是，当事各方互不相让。托尔西想要的是即刻和全面的和平，而后来他们得到是四年血腥的战争和最终悲惨的结局。反法联盟一方要求路易十四亲自负责把他的孙子赶出西班牙，否则就会从法国作为履责保证而交出的要塞和基地重燃战火，这一条款破坏了和谈。伟大的国王路易十四，此时年老力衰、心灰意冷。称霸欧洲的事业严重受挫、法国人民生活在水深火热之中，这一切本有可能令他屈服。但是，皇太子义愤填膺地说他的儿子不应被自己的祖父剥夺王位，丧失王国。谈判破裂后，托尔西造访了法军维拉尔元帅的司令部。这位勇武坚毅的元帅恳请他转告国王法军能捍卫国王的荣誉。路易十四受到了鼓舞和激发，他说出了那句著名的话："倘若必须战斗，我也应该是同敌人战斗，而不是同我的儿孙手足相残。"

马尔博罗实心实意为争取和平而努力，但他没有善用尚残留在他手中的个人权力。他为和谈的前景疑虑，但也抱着法国人会屈服的希望。当信使带来法国拒绝盟国最后通牒的答复时，他吃惊地问道："没有什么反建议吗？"他和欧根做出了最后的努力，但和平的前景就此幻灭。反法联盟各国大失所望，他们又气又恼、黯然伤悲地说又被路易十四欺骗和要弄了。反法联盟的军营里战鼓雷鸣，战争年代常见的大军集结出动的情景复现，1709 年的战事和莫拉克战役就要打响了。从此以后，西班牙王位继承战争发生了质的变化，正义之神突然停止支持交战一方，转而垂青另一方。起初，一些民族、议会和新教教会采取松散的、迟疑不决的行动来抵抗蛮横的侵略军，后来它们的行动逐步发生变化，现在作为获胜的联盟，它们公然进行入侵和镇压活动。从这一刻起，法国形成了反对外来入侵和强权统治的民族阵线，西班牙的情形也类似，只是程度稍弱。法国人民和西班牙人民爆发出惊人的爱国热情。十八世纪早期，一股新的力量从不可测度的深处滚滚涌出，令虚弱的贵族、疲惫不堪的职业军队和岌岌可危的财政重新焕发勃勃生机，局面为之一新。

此时，反法联盟军队已达到极盛。马尔博罗和欧根将军在根特以南集结军队，开始围攻图尔内。经过大规模惨烈交战，图尔内及其要塞于 8 月底陷落。马尔博罗接着把兵锋指向蒙斯。这段时期，外交谈判一直在幕后进行，双方仍旧认为他们之间可以随时解决分歧，达成和平。突然，狂躁的好战心理和怨恨的情绪喷薄而出，一下子控制了双方的政府、军队乃至普通士兵。他们不再深思熟虑，把小心谨慎抛到了一边。路易十四授予维拉尔元帅指挥作战的全权，马尔博罗和欧根将军也予以对等的回应。双方各阶层都激发起可怕的狂热情绪，他们渴望割断对方的喉咙，一击毙命，从而结束这场旷日持久的战争。

马尔博罗和欧根将军迅速进抵蒙斯，在蒙斯以南林地的空隙与维拉尔列阵对峙。那里有一座村庄，名叫莫拉克村，位于今天的法国边界上。9月11日，十一万盟军向九万法军防守的阵地发起猛攻。战况极为激烈，几乎无人求饶，也无人手下留情。马尔博罗主要采用了布伦海姆大捷中的战术。首先，他指挥部队进攻法军两翼。左翼的荷兰军队进攻受挫，伤亡惨重。右翼部队在欧根将军的指挥下穿过密林，最终抵达开阔地带。两翼阵地压力很大，维拉尔和他的副手勇敢的布佛莱不得不从中央阵地抽调兵力支援两翼。马尔博罗等待的战机出现了，他命令奥克尼指挥的英军军团向受到削弱的法军防御工事发起猛攻，一击得手。占领这些防御工事后，马尔博罗下令士气高昂的三万多精锐骑兵上阵，这些骑兵部队已经原地待命长达一天。“灰衣”龙骑兵和苏格兰灰骑兵是盟军骑兵部队的先锋，他们在开阔地摆好了阵势，蓄势待发。尽管主帅维拉尔身负重伤，但法军骑兵部队以旺盛的斗志投入战斗，双方骑兵你来我往，展开了长时间的大混战。最终，法军骑兵部队败北，他们步兵部队已经撤退了。数小时后，马尔博罗在给萨拉的信中写道：“我很疲惫，我只能告诉你，今天我们血战到底，我们先是击败了他们的步兵部队，接着打垮了他们的骑兵部队。感谢上帝，我们现在握有媾和的主动权，我们可以为实现和平提出任何条件了。”

莫拉克战役造成的惨重伤亡令整个欧洲为之胆寒。反法联盟军队死伤两万人，法军死伤人数约为敌方的三分之二。这场战斗几乎没有俘虏。胜利的一方在战场上扎营，他们包围并攻克了引发这次大战的蒙斯城。然而，对所有人而言，这场战斗是对和谈失利的严厉惩罚。由于精锐之师丧失殆尽，荷兰共和国步履蹒跚。在英格兰，辉格党人仍然力主将最残酷的战争进行到底，他们在演讲和小册子中宣称取得了决定性的胜利。但是，托利党人指责他们，托利党人也指责马尔博罗，说他们葬送了千载难逢的促和良机，进行了一场欧洲人记忆中未曾有过的一场大屠杀，而这场大屠杀毫无意义。确实，作为十八世纪空前规模、空前惨烈的一次战斗，莫拉克战役只比百年后拿破仑在博罗季诺取得的虚假胜利略逊一筹。

第六章　乌特勒支条约

此时此刻，英格兰宫廷吸引了所有人的目光。全欧洲都知道马尔博罗对安妮女王的影响力荡然无存了。通过巧施手段，再加上艾比盖尔的襄助，哈利力图建立一个托利党人掌权的政府，结束旷日持久、不得人心的战争。

1710 年，两支大军虎视眈眈，针锋相对。它们实际拥有的兵力比以往任何时候都多，但马尔博罗和欧根将军没有能力或没有抓住机会将维拉尔拖入战斗。也许有人认为，马尔博罗为发生在莫拉克的血腥战斗而痛心，为在国内遭遇政敌围攻而灰心沮丧，因此，他从此以后像下象棋一样慎重对待战争。不过，可以肯定的是，马尔博罗和欧根将军所捕捉的是那种能够发挥己方优势、限制敌方发挥军事才能的战机。经过激战，杜埃易手，随后攻克艾尔和圣维纳特，打通了利兹河航道。对一次劳师动众、代价不菲的战役而言，取得上述战果是不够的。

当马尔博罗在前线苦战的时候，安妮女王时代的国内政治危机渐趋恶化，难以挽回。英格兰国教教会采取行动，托利党的教士在布道之时反对战争及其领导人，尤其反对戈多尔芬。在伦敦举行的一次布道活动中，高教派的牧师萨谢弗雷尔激烈地抨击政府、辉格党人以及财政大臣戈多尔芬勋爵。政府以国家的名义起诉萨切维瑞，弹劾他，政府的行为相当不明智。托利党人和伦敦市民都挺身而出，支持萨切维瑞，当时的情景不禁使人想起二十多年前审讯七位主教的场景。陪审团以微弱多数裁定萨切维瑞有罪，法庭处以微不足道的罚金，这使他成为轰动一时的英雄。

有哈利为安妮女王参赞枢机要务，安妮女王感到现在她已积蓄起足够的力量洗雪因辉格党人打入枢密院而令她蒙受的前耻。在一年的时间里，她采取一系列步骤更迭了政府成员。首先，森德兰德被解职。然后，8 月份安妮女王敕令戈多尔芬遣散下属，立即辞职。女王还说："但是，我将每年给你四千镑退休金。"戈多尔芬蔑而视之，拒不领受安妮女王发给他的这笔钱，过起了清贫的隐居生活。其他不怎么显赫的辉格党大臣也相继去职。哈利组织起托利党人主导的政府，追随哈利的亨利·圣约翰出任国务大臣。

所有人都将目光投向了英国宫廷。欧洲人都知道马尔博罗对英国女王的影响已经消失。哈利借助巧妙的手段和艾比盖尔的帮助，致力于建立托利党政府，旨在结束人们早已厌倦的战争。

1710 年，两支大军相互对峙。双方的实际兵力之强前所未有，但马尔博罗和欧根不能或未曾与维拉尔交战。有些人也许认为，马尔博罗因莫拉克战役造成的伤亡而痛心不已，并由于在国内遭到敌视而灰心沮丧，于是他从此只有发动战争，就像这是一场博弈一样。可以肯定的是，马尔博罗和欧根这两位将军只希望参加于他们有利的战役，即维拉尔无法发挥军事才能的战役。他们又发动了一轮猛烈的围攻，占领了杜埃，然后拿下埃尔和圣弗南，打开了利斯河的航道。这场战役范围如此之大，代价如此高昂，仅仅取得这些成就是远远不够的。

正当马尔博罗奋力抗战时，安妮女王统治下的国内政治危机达到了最高潮。英国国教会蠢蠢欲动，托利党的教士对战争及其领导者提出抗议，尤其是反对戈多尔芬。高教会派教士萨谢弗雷尔博士在伦敦发表了一次布道，猛烈抨击政府、辉格党和财政大臣戈多尔芬。政府非常不明智地下令以弹劾的形式对他提出了起诉。托利党人和伦敦的民众都团结一致表示支持萨谢弗雷尔，当时的场景让人不禁回想起二十几年前审讯七位主教的画面。最终法庭以微弱优势赢得多数票，在名义上给萨谢弗雷尔定了罪，他成为了当时的英雄。

安妮女王有哈利的辅佐，认为自己的力量已经足够强大。她由于辉格党人闯入枢密院而感到蒙受羞辱，现在是时候一雪前耻了。她在一年内采取了一连串的步骤，对政府成员进行了大换血。首先是森德兰德被解雇，接着安妮女王在八月命令戈多尔芬解散他的部下并让他去职，还说：“但我每年会给你四千英镑的津贴。”戈多尔芬对此嗤之以鼻，他退出官场，过着清贫的隐居生活。无足轻重的辉格党大臣们也相继被罢免。哈利组建了以托利党为主的政府，支持他的亨利·圣约翰成为了国务大臣。新政府主要以施鲁斯伯里公爵为核心，得到了许多地位显赫、才能出众且野心勃勃的知名人士的支持。在适当时机举行的大选中，托利党在下议院获得了绝大多数席位。

马尔博罗结束了他的第九场战役，回国后发现英国处于他的政敌和个人对手的控制之下。女王要求他强迫萨拉放弃所有职务，他跪在女王面前苦苦央求，但根本无济于事。马尔博罗在当年得意之时曾帮助和重用过的圣约翰，如今却用傲慢无礼的态度与他讲话。哈利非常冷淡地朝马尔博罗鞠躬，他也有旧账要算。但即便如此，在敌视的政府和决意报复的女王心目中，马尔博罗仍然占据着重要的地位。在托利党人成为主要大臣之前，他们认为，只要表达出他们的和平意愿，就能以胜利者的姿态实现和平。如今他们意识到，马尔博罗的垮台就意味着路易十四的重新崛起。他们发现，现在所面对的法国与1709年地位卑下的法国已经截然不同了。参加“强大联盟”的各国都因错失良机而懊恼不已。深感失望和恐惧的它们都将希望寄托在了马尔博罗身上。荷兰人、普鲁士人和莱茵河地区的许多诸侯都宣布，他们的军队只听从马尔博罗的指挥。哈利和他迅速声名鹊起的助手圣约翰如今意识到，他们必须发动战争了。因此，从四面八方而来的各国人士，甚至是最不交好的人，都纷纷力劝、乞求或恳求马尔博罗率兵出征。被击败的辉格党人，欣喜的托利党人，哈利和圣约翰，女王，荷兰议会，普鲁士国王，莱茵河地区的诸侯们，还有情绪最高涨的罗马帝国皇帝，他们都要求马尔博罗支持共同的事业。虽然他对政府的忠诚和好战的行为后来受到了人们的嘲笑，但服从命令是他的职责所在。为了保障前线部队的需要，托利党的大臣们与马尔博罗达成了协定，这位总司令连续第十年率兵出征。

哈利和圣约翰开始抓紧行动。他们派马尔博罗出征后，便协同一致，巧妙且积极地实行托利党的政策。圣约翰派遣了一支指挥不当又运气不佳的庞大远征军，意在从法国手中夺取魁北克。财政大臣哈利则致力于制定财政计划，他打算建立一个大型的“南海公司”，由它承担一部分国债，并通过向南美洲运送奴隶和货物来增加收入。这一计划后来导致了“南海泡沫”骗局的发生。但是，他的首要目标是与法国议和。他通过秘密渠道与托尔西建立了联系，盟国对此一无所知。哈利发现法国态度十分强硬，于是派圣约翰与他们谈判。此次谈判在1711年持续了整整一年，英国国会和所有盟国都被蒙在鼓里。哈利采取的方法是卑劣的，但其目标是正当的。

哈利和圣约翰虽然在共同秘密谋划着，但不久两人之间就出现了分歧。他们的冲突在三月份就已经十分明显了。一个背叛国家，被发现与敌人联系的法国难民在枢密院接受审讯时，用削笔刀刺伤了哈利。大臣们愤怒不已，拔剑刺向行凶者，这个难民由于伤势过重，一个星期后就死了。哈利受伤并不严重，他的声望在全国范围内得到了大大提高。女王授予他牛津伯爵和莫蒂默伯爵的光荣称号，并任命他为财政大臣，这一职位自戈多尔芬下台后就一直空缺着。哈利到达了从政生涯的巅峰。

马尔博罗希望在1711年的战役中，再次与欧根并肩作战，他还在杜埃附近召集了不少于十四万的兵力。但在4月底发生了一件事，对战争各方面的形势都造成了影响，那就是罗马帝国的皇帝约瑟夫患天花去世了。坚持在巴塞罗那顽强抗战的查理大公继承了奥地利王朝的世袭版图，并且一定会当选为皇帝。路易十四为了破坏在法兰克福进行的选举，便派遣维拉尔的一支大部队前往莱茵河地区。这迫使欧根的部队也采取相应的行动，于5月离开马尔博罗的军营。因此，马尔博罗只剩下九万兵力来应对维拉尔的军队，而后者仍然有十二万名士兵。

维拉尔在冬天修筑了一条由许多防御工事和洪水组成的防线，这条防线从海边经阿拉斯要塞和布香要塞一直延伸至桑布尔河畔的莫伯日，他称之为“铜墙铁壁”。维拉尔负责在他的机动部队前面诱敌进攻。整个6月似乎都无所事事的马尔博罗，准备攻破这道坚不可摧的防线。他利用狡猾的伎俩和策略使维拉尔确信，他要在阿拉斯以南发动与莫拉克战役同等规模的正面进攻。

两大军队相互对峙，战线已经划定，所有人都期望着一场猛烈的进攻。

盟军的将领们情绪十分低落，他们以为，因在国内受到不公平待遇而恼羞成怒或精神错乱的马尔博罗会使他们遭到可怕的杀戮。8 月 4 日，马尔博罗亲自对维拉尔部队前线的地形进行了勘察，随行的还有大量军官。他标记了将要放置大炮的地点，指出了将发动攻击的方位。军官们对此不敢提出异议，只因为他具有很高的威望，在场的许多人都因他公开袒露作战计划而心存不满。那天晚上，维拉尔充满了希望，他召集了所有能抽调的部队和大炮。马尔博罗手下的士兵们盲目相信他们的首领，因为他从未在战术上犯过错误。但高级指挥官却坐立不安、充满恐惧。卡多根将军在勘察地形时就偷偷溜走了，但他们对此毫无察觉。阵地上没有了火炮，这令他们感到十分惊讶，他们对马尔博罗在前线的后方所进行的行动毫不知情，对他在杜埃召集庞大军队的消息也一无所知。

军鼓敲响，夜幕降临了。上头命令士兵们拆掉帐篷，准备战斗。很快，参谋人员前来指挥四路纵队，不到半个小时，整支部队便向左进军。那晚月光皎洁，部队整夜都在向东行进。他们穿过了维米里奇和阿拉斯之间地势起伏的辽阔地区，两个世纪后，那里将遍染英国人和加拿大人的鲜血。在这次强行军的途中，他们只稍稍停留了片刻，但整支队伍情绪高涨，因为这终究不会是一场流血战争。马尔博罗这位“老伍长”在暗自策划着自己的战略。5 日早上五点钟之前，队伍抵达了维特里附近的斯卡佩河，他们发现河面上早已架起了一座座浮桥。天色渐亮，他们看见一长列大炮与其一同前进。

黎明时分，率领五十支骑兵队走在部队前面的马尔博罗遇到了一个骑兵，他是从卡多根将军那儿一路飞驰过来的。他带来的消息称，卡多根和普鲁士将军霍姆佩施率领二十二个步兵营和二十支骑兵队，已经于凌晨三点钟穿过了阿尔勒地区的堤道，占领了敌人的阵地。马尔博罗迅速派出他的副官和参谋员，沿路向行军队伍的各团官兵解释他的计划和已发生的一切，并告诉他们，战争的成败完全取决于他们的行军速度。“我们的公爵大人希望步兵马不停蹄地赶路。”随着天色越来越亮，部队可以看见在他们的右方，沼泽地和桑塞厄河对面的法军正与他们平行前进，双方的距离不到炮火射程的一半。然而他们还看见，法军骑兵的先头部队仅仅与联军的步兵并排而行。8 月 5 日，大部分联军已经渡过了桑塞厄河，并在敌人的战线后方严阵以待。上千名精疲力竭的士兵倒在了路边，还有大量士兵在强行军的路途中就死了。

结果，马尔博罗穿过法军的防线，并建立了阵地，陆续到达的维拉尔部队无力对其发动攻击。当时有人就马尔博罗是否应该主动出击展开了争论，直到现在人们对这一问题仍然各执己见。当然，他在布伦海姆战役和奥德纳德战役中遇到的风险更大，但他此时并没有发动攻击，而是快速向左行进，渡过斯凯尔特河，包围了布香要塞。欧洲人对其冲破"铜墙铁壁"防线和围攻并占领布香的行动给予了充分肯定，称赞这是军事艺术的杰出成就。维拉尔的部队与马尔博罗的部队兵力相当，他竭尽全力试图阻止马尔博罗的行动。马尔博罗从佛兰德斯和布拉邦特强行征召了六千名工人，命他们在布香四周建造了一道道城墙，并修筑了两个防御工事以保护与斯凯尔特河之间的交通线。他亲自指导包围行动，并指挥负责掩护的部队。在包围布香的那段时间里，他日以继夜地在自己修筑的如迷宫般的工事中穿梭。8 月 21 日，从图尔内运来的攻城装备到达阵地，30 日正式开火。当马尔博罗连番轰炸布香时，维拉尔也对他发动了猛烈攻击。这是一场发生在包围圈中的围攻，围攻者随时有可能与敌人进行敌众我寡的战斗。马尔博罗的军事才能在此次战役中得到了最好的发挥。9 月初，布香沦陷。一支与他的部队同样庞大的敌军眼看着兵力强大的卫戍部队走出布香，成为了战俘。马尔博罗仍然希望继续战斗，于是他又包围了凯斯努瓦。他的部队在体力方面尚不匮乏，但所有的将领都已丧失了斗志。因此，军队进入了冬季营地，马尔博罗则返回国内。他率领"强大联盟"的军队已经十年了，在此期间，他战无不胜，攻无不克，在战争史上创下了无人超越的功绩。

英国政府已无法再隐瞒一直进行着的秘密和谈了，这一消息传出后，群情激昂的伦敦各界人士都为之震惊。哈利在下议院中控制着托利党的绝大多数席位，但上议院仍然被辉格党人所掌控。托利党的领导人确信，如果能得到马尔博罗的支持，他们就能实现和平。为了使马尔博罗遵从他们的意愿，他们在战争期间对军队的账目进行了调查，目的是要控告他侵吞公款。如果马尔博罗同意与他们携手共建和平并迫使盟国与之交好，或者单独同法军媾和，那么他将不会受到控告，而且还能继续享有“宫廷的保护”。但如果马尔博罗不同意，他们便足以使他声名狼藉。马尔博罗与汉诺威家族的英国王位继承人乔治的关系十分密切，而且还得到了普鲁士国王和“强大联盟”各位君主的支持，因此他无论如何都不会同意单独媾和。

1711 年冬天，英国国会在危难之际召开会议。两大政党在关于长期战争的所有问题上都僵持不下。辉格党人利用他们在上议院的多数席位，以十二票的优势通过了一项反对政府的决议。哈利在下议院中势力强盛，并充分利用女王的支持，坚决地反击了辉格党的进攻。他对马尔博罗侵吞公款的罪行提出了控告，还获得女王的批准，破例在上议院任命了十二位议员，以推翻辉格党的多数席位。他的这些行动都取得了成功，马尔博罗被免除了所有职务，并遭到下议院的谴责。他在担任英军总司令、荷兰军队代理总司令和许多其他职务时获得了巨额薪酬和补贴，由于他素来勤俭节约，理财有道，因此积累了大量财富。他被控告的主要罪行是，在担任联军指挥官的十年期间，将各盟国所支付军费的百分之二点五移作已用。

马尔博罗的辩解很有说服力。他拿出了安妮女王 1702 年签署的委任状，上面授权他挪用这笔军费，这是自威廉国王时代以来，“强大联盟”一直存在的惯例。马尔博罗声称，这笔钱（大约二十五万英镑）全都花费在了军队的特务机关和情报机关。不可否认的是，他建立了当时最完善的情报系统。尽管如此，下议院的托利党人仍然以 276 票对 165 票的优势对他的行为进行了抨击。政府对这位已被罢免的将军提出了起诉，要求他偿还一大笔钱财。然而以汉诺威王位候选人和普鲁士国王为首的各盟国君主，在公文中郑重声明：“他们将军费的百分之二点五拨给了马尔博罗公爵，用于军队的情报工作，而且并未要求他提供资金的使用情况。”汉诺威家族的王位候选人还说：“我们确信马尔博罗公爵每年都将这笔资金投入到了情报工作当中，对此我们也感到十分满意……他的明智之举帮助我们赢得了多场战役的胜利，攻破了敌人的许多工事和防线。除了蒙受上帝的庇佑之外，我们取得的胜利在很大程度上都得益于马尔博罗提供的关于敌军行动及状态的准确情报。”

英国在议和问题上分成了两派。英国如今必须单独媾和，因为所有盟国都认为英国政府无权解除与它们的联盟。在狂妄自大、情绪激动的伦敦社会和欧洲社会，根本不可能达成协议。与此同时，兵力较弱的法国军队因其劲敌的垮台而重新恢复了士气，正在积聚力量。路易十四在作最后一搏，他英勇的臣民们纷纷赶来提供帮助。哈利和圣约翰不可避免地进行了 1712 年的战役。他们任命在加的斯战败的贵人奥蒙德公爵担任指挥官，并向荷兰人保证了自己的绝对忠诚。罗马帝国皇帝将欧根派往低地国家。欧根曾在访问英国时，试图说服托利党政府对联盟采取忠诚态度，但并未取得成效。他还公开宣称自己与马尔博罗之间建立了不可动摇的深厚情谊。此时他率领着一支兵力强盛的军队，投身到了战斗之中。伦敦政府背信弃义的行为激怒了欧根，令其发动了过于冒险的战斗。他对凯斯努瓦进行了围攻，并要求奥蒙德前来支援。然而当时英国政府即将与法国单独媾和，因此圣约翰向奥蒙德传达了秘密禁令，让他不要“参加任何可能引发战争的围攻行动”，就好像这一战术真的行得通似的。

在一个天气阴暗的日子里，一向英勇向前并受到所有盟国赞赏的英国军队离开了联军营地，他们倍感耻辱，并遭到昔日盟友的咒骂。只有一小支英国的雇佣军跟随他们一起离开。大多数人虽然失去了酬劳和拖欠的军饷，但他们宣布，将会为了“共同的事业”而继续战斗。马尔博罗部队的许多老兵恼羞成怒，气倒在地。义愤填膺的荷兰人关闭了城门，将英国逃兵拒之门外。维拉尔迅速前进，对欧根在德南的弹药库发动了袭击，欧根的军队遭受惨败，许多士兵都淹死在了斯凯尔特河里。维拉尔大获全胜，夺取了联军所有的前线基地，并占领了杜埃、凯斯努瓦和布香。他使联军在过去三年里取得的成就瞬间化为泡影，并最终成为了这场残酷战争的胜利者。奥蒙德率领的英国军队凭借与法国签署的军事协议，朝着暂时交由法国统治的敦刻尔克撤退。由于接连遭受失败，“强大联盟”的所有国家不得不尽可能以最优惠的条件与法国议和。

所谓的《乌特勒支条约》实际上是各盟国单独与法国和西班牙达成的一系列协议。罗马帝国则继续孤身奋战。有一个最重要的事实是，成为菲利普五世的安茹公爵掌控着西班牙和印度群岛，因此他一直对英国国会长期坚持的无理要求不屑一顾。英国政府也获得了特别有利的条件。法国宫廷承认新教徒有权在英国继位，并同意将觊觎王位者逐出法国，拆除敦刻尔克的防御工事，割让北美和西印度群岛的部分领土，即赫德森湾、纽芬兰、由马萨诸塞的一支远征军所夺取的新斯科舍以及圣克里斯托弗岛。西班牙提出的条款是，将米诺卡和直布罗陀交由英国掌控，于是，继续保持着海上霸主地位的英国获得了地中海的控制权。英国在西班牙的南美殖民地获得的商业利益是，三十年内有权向新大陆运送非洲黑奴，这些利益终有一天将引发另一场战争。法国和西班牙都反对两国的王位合并。由于法国王室中许多成员离奇去世，反对王位合并这一决定是否有效完全取决于一个柔弱的小孩，即后来为世人所知的路易十五。受到盟国，尤其是英国号召而投身战争的加泰罗尼人紧紧追随着查理大公，他们称其为查理三世。如今，这些加泰罗尼人被以委婉的外交辞令移交给了西班牙胜利的一方，进而遭到了残忍的报复。

荷兰人获得了十分有限的屏障，但尽管如此，这道屏障的外围仍然包括弗内斯、诺克堡、伊普雷、梅嫩、图尔内、蒙斯、沙勒罗瓦和那慕尔。荷兰还得到了与外界联系所需要的根特城，以及守卫斯凯尔特河口的许多重要堡垒。普鲁士获得了荷兰要求得到的盖尔德兰。荷兰屏障以外的其他低地国家要塞都重归法国所有，尤其包括里尔在内。萨瓦公爵得到了西西里岛和阿尔卑斯山脉稳固的边境地区。为嘉奖葡萄牙所作的微薄贡献，它被授予了在亚马孙河上进行贸易的权利。莱茵河的边境地区以及巴伐利亚和米兰将面临何种命运，这要留给以后的战争来决定。以上就是1713年春天在乌特勒支达成的协议，查塔姆伯爵后来宣布这些协议是“这个时代无法抹去的污点”。

查理皇帝因西班牙投降而火冒三丈，1713年，他整年都在继续战斗。法国虽然已经精疲力竭，但仍然占领了兰道这一重要堡垒，并再次进军德意志。1714年3月，查理皇帝被迫签订了《拉施塔特和约》。这项条约规定，法国重获斯特拉斯堡和兰道，并割让出其在莱茵河右岸占领的所有地区，巴伐利亚的王位候选人重新掌权，米兰、那不勒斯和撒丁则归罗马帝国所有。在此基础上，欧洲局势稍有平息，形成了不稳定的和平局面。虽然这些条款比不上盟国在1706年、1709年或1710年获得的利益，但它们毕竟暂时结束了基督教世界长期遭受的磨难。

马尔博罗遭到托利党人的穷追猛打，又因所谓的侵吞公款而受到政府的起诉，这一切令他不堪其扰。于是，他于1712年末离开祖国，在荷兰和德意志开始了自我流放的生活，直到安妮时代结束。他与汉诺威王朝和英国的辉格党反对派保持着密切联系，并准备与卡多根将军和其他昔日的部下一起夺取驻扎在低地国家和敦刻尔克的英国军队的指挥权，然后率领他们回到英国支持新教徒继承王位。

托利党在执政的最后阶段表现得十分卑鄙。晋升为博林布鲁克子爵的圣约翰与牛津伯爵哈利发生了激烈的争吵。圣约翰因私生活不检点和侵吞公款而遭到哈利无情的起诉，然而他通过贿赂获得了艾比盖尔的帮助，从而取代了哈利在女王面前的得宠地位。安妮女王此时因痛风和其他疾病而病倒了，几个月以来都命悬一线。她曾经是何等荣耀，如今却走向了屈辱的末日。多年来，她深受民众的爱戴与拥护，此时却发现自己沦为了声名狼藉的派系所利用的工具。在敌视和谴责的重压之下，这位可怜的女王带着无限的悲痛长眠于地下。但她的精神之光直到生命结束的那一刻才熄灭，她始终密切关注着内阁里的激烈斗争。没有人知道她是否希望由她同父异母的哥哥继承王位。自英国内战以来一直水火不容的两股势力再次发生了冲突，虽然这次双方的面目和角斗场地有所不同，但其主要矛盾并未发生变化。辉格党人有《继位法》作为坚强后盾，又拥有全国新教徒的支持，公开准备以武力反对詹姆斯二世党人的复辟活动。汉诺威王朝的王位候选人在荷兰人的支持和马尔博罗的帮助下，集合部队，准备效仿奥兰治亲王威廉，对英国发动攻击。

1714年的最后几个月里，到处都充斥着对即将到来的内战的恐惧。博林布鲁克子爵虽然占据优势，但他不敢也无力参与这场殊死搏斗。“觊觎王位的威尔士亲王”宣称他永远不会抛弃罗马天主教信仰，这一行为导致他再也无法登上英国王位。他的谨慎态度应该得到所有人的尊敬，尤其是在对国家利益非常有利的情况下。白金汉公爵在下台后感叹道：“上帝啊！这个可怜的国家受到的是怎样的统治啊！在查理二世执政期间，统治我们的是一群法国妓女；在詹姆斯二世执政期间，统治我们的是一群天主教教士；在威廉国王执政期间，统治我们的是一群荷兰步兵；而现在统治我们的是一个卑贱的侍女，一名威尔士律师和一个荒淫无度、臭名昭著、不讲信用的坏蛋。”

许多记载都得出了一个相同的结论：在7月27日召开的内阁会议中，牛津伯爵和博林布鲁克子爵进行了双方长期冲突中的最后一次较量，这导致了安妮女王的死亡。女王当时虽然几乎无法站立或行走，但仍然密切关注着周围发生的激烈政治斗争。她用手势和只言片语通知牛津伯爵交出财政大臣的白色权杖。这个懒惰而又顽强且狡猾的政客曾经打倒了马尔博罗，改写了欧洲的历史，如今他向得意扬扬的敌人发起了最后的攻击。牛津伯爵和博林布鲁克子爵与女王的距离都不到六英尺，牛津伯爵隔着桌子用粗鲁的语气指责博林布鲁克是一个流氓和盗贼，并以含糊但颇具威慑力的口吻表明自己将在议会上告发他。安妮女王深受打击，手足无措。她独自承担着所有压力，如今不知道该如何是好。在他人的帮助下，女王逃离了这场激烈的纷争。两天后，长期折磨着她的病痛开始朝大脑转移。

博林布鲁克依然是当时的主宰者，但他的地位只维持了两天时间。7月30日，女王显然已经奄奄一息，枢密院在宫殿召开会议。当他们正准备商讨事务时，大门开了，萨默塞特公爵和阿盖尔公爵走了进来。他们两人都是枢密院的成员，但并没有收到会议通知。他们声称，由于女王生命垂危，他们有责任贡献一己之力。筹备这次会议的宫务大臣施鲁斯伯里对他们的爱国之情表达了谢意。博林布鲁克像牛津伯爵几年前一样，在挑战面前选择了退缩。大臣们来到女王的病床前，怂恿她将牛津伯爵交出的财政大臣白色权杖授予施鲁斯伯里。这样，施鲁斯伯里就将成为政府的真正首脑了。安妮女王在掌玺大臣的引导下，用最后一丝力气将权杖交给了施鲁斯伯里，然后便陷入了昏迷。

枢密院召开的会议一直持续到深夜。为确保汉诺威家族的成员能够继承王位，会议提出了许多积极措施。他们向四面八方派出信使，通知全国各地的官员履行自己的职责。辉格党人伯克利伯爵率领的舰队也行动起来，奉命在英吉利海峡进行巡逻，并监视法国各个港口。政府从佛兰德斯召回了十个营的兵力，卫戍部队全副武装，民兵也做好了战斗准备。英国还提醒荷兰人不要忘了履行条约的义务。一切都已准备就绪，以确保汉诺威家族的王位候选人能够顺利继位，成为乔治一世。下达这些命令的不仅有施鲁斯伯里、萨默塞特和阿盖尔，还有博林布鲁克和他的托利党同僚。他们除此之外，别无选择。传令官和禁卫军也做好了一切准备以拥护乔治国王。8 月 1 日上午七点半，安妮女王与世长辞。可以肯定的是，天主教不会复辟，王位继承不会发生争议，法国不会入侵英国，内战也不会爆发。

至此，英国历史上最伟大的一个统治时期结束了。马尔博罗取得的胜利及其英明的指挥为这一时期增添了无限荣耀。不列颠岛实现了统一，势力强盛。法国人称霸欧洲的力量被粉碎了，只有拿破仑才能使它东山再起。安妮女王作为斯图亚特王朝的最后一位君主，极大地扩充了英国的国力。虽然她晚年的精神和身体状况都不尽如人意，但她无愧于“贤明女王安妮”这一千古美名。

第八部

不列颠第一帝国

第七章　汉诺威王朝

1714 年夏末，英国举国上下都翘首期盼着乔治一世的驾临。9 月 18 日，他抵达格林威治。这位幸运的德意志王子说不来英语，也看不上属下的这个新王国。在他看来，担任联合王国的国王，是抬举了他的新臣民，行了英国政客的一个方便。但他又希望借英国的势力和财力保护他的汉诺威领地，助他在欧洲舞台大展宏图。行使王职需要他远离故土，到一个此前仅去过一次，他并没有多少好感的岛国。身为假定继承人，过去的这些年，他密切关注英国政界的派系斗争。他厌弃地看着党首们的各种花招和伎俩，却又看不懂他们飞黄腾达的门道以及关乎存亡的原则。如今站在泰晤士河畔，他满腹狐疑、谨慎又不无轻蔑地抬眼环顾前来迎驾的王公贵族和大臣。站在英国国土上的，是个其貌不扬，头脑愚钝、品位低下平淡无奇且固执刻板的德意志人。在之后的执政期间，他虽身为统帅，但在战争中不思进取、庸碌无能；虽为一名统治者，但却缺乏雷厉风行的能力又无宽宏大量的气度。然而，事后精明与日积月累的常识弥补了他脑筋刻板的缺憾。英国王冠并不那么好戴，何况他又是一位从国外来的王子。乔治国王勉为其难地接过了重任，却没尽到自己的本分。他登上王位全凭时运，但他一辈子也没放弃它。

许多前朝的旧臣对这位新国王寄予了厚望。但惶惶不可终日也大有人在。这当中，这时候最犯愁的要数博林布鲁克。他的地位一落千丈。安妮女王刚驾崩的时候，他还是国务大臣。不过，大家都认为，倘若女王再多活几个星期，他怕是已经为詹姆斯二世党人复辟铺平了道路。这位投机家精明圆滑且会见风使舵，如果真的有什么野心，那谁也无从知晓。他擅于明确地阐述当时的政策，尽管对此不甚关心，但不论什么问题，他都能一语切中要害。他一向大张旗鼓，但到了关键时刻却又犹豫不决，拿不定主意。他不指望得到宽恕，其地位无疑也岌岌可危。国王陛下驾临前，他的名字也被剔除了代替执政的摄政团之列。没过多久，他又收到了汉诺威发来的一纸解职令。隐退乡下后，他茫无头绪，又是后悔，又是害怕。新国王的第一届议会提出弹劾他。他走投无路，硬着头皮去求教曾被他毫不留情地赶下台、刚刚结束流亡生涯归国的马尔博罗。两人会面期间，马尔博罗温文尔雅，但却煞费苦心、拐弯抹角地告诉博林布鲁克，他有性命之忧。他暗示，托利党党魁中，只有博林布鲁克一人将为他们的罪行偿还血债。当天晚上，博林布鲁克顾不得斯文，乔装成一名仆从，逃到了法国。一个月后，他横下一条心，出任僭君的国务大臣。他蓄谋已久的圣日耳曼王朝很快就打破了他的好梦。摆在他面前的是八年的流亡。不过，这个虚伪、堂皇的人物并没有从我们的故事中消失。同一时间，他的冤家对头牛津伯爵罗伯特·哈利身陷伦敦塔。他虽未得到应得的惩罚；但等他出了伦敦塔，已是一蹶不振。

安妮女王末年，十七世纪的政治热情已然消退。辉格党人同托利党人的明争暗斗险些将这个国家拖入了内战。争论的核心是由谁继承王位，是詹姆斯二世信奉天主教的儿子，还是信奉新教的选帝侯？如今一切都已尘埃落定。再无大的立嗣争议。乔治一世顺利登基。在辉格党人漫长的统治下，托利党一蹶不振，英国趋于安定，臣民虽有怨言，但也算太平。1714 年之后的数十年间见证了这一风气的巨变。论战的愤慨和怨恨代之以漠不关心和宽容。大道义已退居幕后。政治利益取代了政见。臣民生活因物质享乐主义而腐化堕落，政治不过是辉格党各个派系争权夺势的工具罢了。

君主失去了昔日的风光。无人再提汉诺威历代国王君权神授。由于议会特准，他们才保住了王室这一地位。连王权的派头也今不如昔。王室不再是人人景仰、地位和潮流的中心。朝臣们因循守旧，墨守成规。一个德意志小王侯的华丽衣装和氛围左右了宫廷生活。当时的传略中，基尔曼斯埃格和瓦尔莫登、普拉藤和舒伦贝格等德国妇女拗口的名字也赫然在目，她们一个个在英国名利双收。德意志“帮”在政治圈子里的权势时有耳闻，如乔治一世带来的顾问伯恩斯托尔夫和波斯默，以及信奉胡格诺派的私人秘书罗伯森。

安妮女王时代的辉格党要员很快下野。该党资深创始人沃顿于1715年去世。威廉王战争期间为重建英国财政立下汗马功劳的查尔斯·蒙塔古，如今的哈利法克斯勋爵在同一年紧随同僚而去，勤勉的思想家和忠贞不渝的辉格党人伯内特也撒手西归。前大法官萨默斯勋爵瘫痪在床，又苟延残喘了十二个月。他们当中最大的一个人物马尔博罗公爵约翰在布伦海姆和圣奥尔本兹的家中与世隔绝，长期瘫痪在床，直到1722年去世才得以解脱。冥冥之中，他的夫人萨拉又多活了二十余年，让人想起安妮女王统治下的文学鼎盛时期。只可惜她孤苦伶仃。

沃波尔、斯坦霍普、科特里特、汤曾德等新一代政治家要确保从安妮时代到乔治时代的平稳过渡。斯坦霍普逐渐成了这帮大臣中的领袖人物。战争期间，他出兵西班牙，一举夺取了米诺卡岛。如今他的主要兴趣在于外交。他无心内政，政府这时候面对的都是棘手的事。臣民勉强接受了一个德国皇室的议会课以的税赋。不过，英国各地难忘斯图亚特王朝的旧情。在伦敦、牛津和英格兰西部诸郡，暴动和反对声不断。不信奉国教的家庭和集会场所再次遭到劫掠破坏，新辉格党政权难辞其咎。臣民在伦敦肉市场公开焚烧威廉国王的画像。老僭君得力的支持者，詹姆斯二世与马尔博罗姐姐的私生子马歇尔·贝里克估计，在1715年，六个英国人中就有五个是詹姆斯二世党人。他的话肯定是夸大其词；不过，尽管政府顺利举行了大选，他们无论如何都不敢对臣民的意见掉以轻心。他们凭借出色的领导和组织大获成功，但对博得国人的普遍好感却不敢抱任何奢望。既要迎合一位德国国王，又要迁就一国牢骚满腹的国民，这个两头不讨好的苦差事考验着他们的耐心。他们首次卷入欧洲战事是代表汉诺威王朝的利益。英国舰队奉命开赴德国北部沿海，夺取汉诺威历代帝选侯觊觎已久的瑞典港口。国人对此颇有怨言，说德国人利用英国的资源为自己谋利。不过，辉格党大臣虽提心吊胆，但也做好了万全之策。英国驻巴黎大使第一时间向他们通报了詹姆斯二世党人在法国的一举一动。由于对联合法案的结果大失所望，以至坐卧难安，詹姆斯二世党人这时正酝酿在英格兰和苏格兰发动一场大起义。敌人来袭时，政府已然做好了准备。此外，路易十四9月1日驾崩，对詹姆斯二世党人也是致命的一击。这位大王一直在背后为他们提供支持和庇护。摄政王奥尔良如今以法国事务为重，对他们的计划反应冷淡。

9月6日，马尔伯爵在珀思举起了詹姆斯二世党的大旗。不出几个星期，数万苏格兰人就拿起武器，反抗汉诺威王朝的统治。可惜他们没有周密的方案，也没与流亡法国的人士建立密切的联系。伦敦内阁立即采取行动。为平息英国各个城镇的骚乱，议会通过了“取缔闹事法”。一队骑兵占领了牛津。他们将人身保护令暂搁一旁，把散发煽动性传单、传播煽动性言论者一一缉拿归案。内阁悬赏十万英镑捉拿僭君，不论死活。按保证英国新教徒继承王位的边界条约，英国要求荷兰出兵。荷兰派出一支正规军，神不知鬼不觉地北上平叛。

在英格兰北部，以德文沃特勋爵为首的一小撮贵族起义拥护斯图亚特王朝。他们没有与马尔伯爵建立实质性的接触，不过，仗着四千苏格兰人撑腰，他们孤注一掷，仓促从南边的城镇和乡村寻求增援。军方向马尔博罗公爵求教。“你们将在那儿，”马尔博罗用手指敲了敲普雷斯顿说，“打败他们。”11月13日，叛军在普雷斯顿大败而归。

同一天，辉格党人阿盖尔公爵率领驻苏格兰的政府军在雪利弗缪尔迎战詹姆斯二世党人。这一战不分胜负，但詹姆斯二世党上下士气低落，纷纷开起了小差。由于胜利无望，僭君于十二月一个凄风苦雨的日子登上苏格兰海岸。他既没带钱，也没带弹药。他召集了各路领袖，将他们送上一艘法国舰只，撤回了法国。继几宗叛国罪审判、约三十人被判处死刑后，这次起义树倒猢狲散。尽管起义被成功镇压，但内阁也看到了全国各地各自为政，却一致与新政权对立的力量所在。他们忧心忡忡，认为势必要加强对政权的控制。因此，新通过的“七年法案”将现有下议院的任期又延长了四年，规定议会任期自此改为七年。这是英国史上最大胆，也是最坚决地维护议会权利的尝试。此后，王公大臣们采取了进一步行动。他们企图靠一纸法案阻止国王册封六个以上的新贵族，让辉格党长期垄断议会。此举过于明目张胆。下议院以沃波尔为首的议员纷纷提出抗议，他们反对的不是限制王室的权力，而是反对自己永远被剥夺贵族阶层，并且以绝对多数否决了这一法案。

此后，政府使出了感化这一手段：封官加爵；颁发勋章、闲职、津贴；灵活使用情报部门的经费；为穷亲戚在海关谋一个差事；为小儿子在军队或教会寻一份俸禄。就这样，辉格党人控制了议会机器。虽说他们之间也有嫌隙，但要推翻辉格党这个寡头政治集团，却难成气候。前两位乔治国王的心事全放在了欧洲事务上，不问入籍国的内政。自从博林布鲁克外逃后，托利党人在议会群龙无首。1715 年的叛乱方便了内阁将一应托利党人列为詹姆斯二世党以及捣乱分子。除了少数几个宠臣，由于政治权力和权势受到排斥，人们将眼光转向其他事务和新的投机。

金融投机得到鼓励。近五千万的战争债务让内阁不堪重负，从世界商业繁荣中得益的想法颇具吸引力。1710 年，一位托利党大臣为一家与南太平洋有业务往来的公司颁发了执照，并且谈妥，该公司认购部分国债。这一背景让南太平洋公司的财富陡增，1720 年，一帮董事带着一纸方案去找内阁，旨在收购全部国债，当时国债总额约为三千万英镑。这个方案很快显露出腐败的痕迹，但政客们迫不及待，生怕丢了这块肥肉。这是二十年内还清全部债务的一个机会。据传仅贿赂大臣、议会议员和朝臣就花了一百二十五万英镑。辉格党财政大臣约翰·艾斯拉比向下议院推举方案前，就事先购买了南太平洋公司价值两万七千英镑的股票。英格兰银行担心这个日益强大的金融对手，也争夺起负责这笔大业务的特权。不过，南太平洋公司高价击败了这家银行，揽下了这笔业务。此举遭到了声望与日俱增的罗伯特·沃波尔严词和猛烈抨击："该方案以一改国家重工商业的风气，纵容了股票买卖的恶习；它以得益这个虚假的前景，拿着毒饵引诱毫无戒备之心的人，最后致使他们倾家荡产，舍弃靠劳动积累财富，追求虚幻的财富。"结果，他指出，但这取决于南太平洋股价上涨。"这个方案真正的本质是一个最大的邪恶；它靠点燃全民的痴狂，许以分得不切实际的红利，人为地抬高股票的价值。"可惜议会议员们被一己私利冲昏了头脑。沃波尔还在发言，议员们就已昏昏欲睡。4月2日，该法案以一百七十二票赞成，五十五票反对获得通过，五天后，以同样绝对多数在上议院获得了通过，考珀勋爵将这比作特洛伊木马。

投机热一发不可收。股票在三个月内从一百二十八英镑飙升至三百英镑，几个月内，又蹿至五百英镑。在股票经纪人和投机者的推波助澜下，涌现出一大批真真假假的公司。截至1721年6月，南太平洋公司的股价站上了一千零五十英镑。罗伯特·沃波尔侥幸从暗中投资中掘到了一大桶金。在伦敦的每家咖啡馆，男男女女争着将自己的积蓄投给任何一家愿意接收他们钱财的企业。公众的轻信已经没了底线。一名发起人创办了一家公司，准备生产一种新发明的帕克尔机关枪，“这种枪能发射圆形和方形炮弹或子弹，将为战争艺术带来一场彻底的革命”，圆炮弹旨在镇压基督徒，方的针对土耳其人。另有发起人募集资金，用于海水淡化，建造永动轮，从西班牙进口大公驴改良英国骡子品种等。其中最大胆的要数“一家从事绝对优势担保的公司”，“到底是什么业务，无人愿意深究。”这个讨人喜欢的骗子为接收定金，在康希尔设立了一个办事处。迫不及待的投资者包围了他的办公室，他收了两千英镑现金后，卷款一走了之。

内阁慌了神，着手取缔这些小企业。南太平洋公司如坐针毡，急于消灭它的对手，孰料小泡沫破灭引发和加速了暴跌。人们纷纷抛售股票，截至10月份，南太平洋公司的股价跌至一百五十英镑。倾家荡产的人家成千上万。添置了马车和衣物首饰的杂工和使女们又沦落到了从前的境地。教士、主教、诗人和绅士们一生的积蓄一夜之间化为乌有。每天都有人寻短见。无脑臣民的贪婪天性使他们利欲熏心，现在他们喊着要报仇雪恨。邮政大臣服毒自杀。他的儿子，国务大臣恰好因天花暴毙，才免去了一场官司。首席大臣斯坦霍普紧张过度，一命呜呼。南太平洋公司的董事们被悉数缉拿归案，财产被没收，用于补贴为数众多的投资者。下议院秘密任命了一个委员会，调查这些骇人听闻的交易的内幕。该公司的账目被篡改得面目全非，残缺不全。尽管如此，还是查出四百六十二名下院议员和一百二十二名上院议员与南太平洋公司有牵连。心急如焚的破产者成群结队地涌进议会大厅。当局当众宣读了

《反闹事法》，臣民一致声讨德意志女人的贪婪。“这些婊子害得我们倾家荡产——不，说得难听点，是又老又丑的婊子，连老德鲁剧院最热情的观众都不会喜欢她们。”沃波尔出面力挽危局，他拿出了一套方案，将南太平洋一大部分资产兑换成英格兰银行的股票，重新发行国债。除了董事们的资产，还另有几笔钱款用于补偿大批的投资者。梦想着一夜暴富，吞下的却是一杯难以下咽的苦酒。这位英国第一任首相的当务之急是收拾一个烂摊子。

第八章 罗伯特·沃波尔爵士

南太平洋泡沫的丑闻燃起了托利党人的希望。作为一支政治力量，他们似乎即将东山再起。内阁名誉扫地，流亡国外的博林布鲁克兴冲冲地与国内的支持者接上了头。才华横溢但又尖酸刻薄的罗彻斯特大主教弗朗西斯·阿特伯里四处秘密联系流亡法国的詹姆斯二世党人。汉诺威政权被击中了软肋——政府的财政信用。

1721 年的股市崩盘和恐慌，能保住辉格党寡头政治的唯有一个人，应该是罗伯特·沃波尔，如今他已位极人臣。不久后，他将被册封为嘉德勋章骑士，在下议院，获得这一荣誉的人屈指可数。在马尔博罗时代，这位一周狩猎五天的诺福克（Norfolk）乡绅就已出任陆军大臣，崭露头角。1710 年，辉格党下野后，他被囚伦敦塔，获释后，他一直是辉格党在下议院的领袖。他担任了三年财政大臣，但 1717 年，他与女婿汤曾德双双递交辞呈，抗议某些辉格党人一味迁就国王的汉诺威外交政策。沃波尔见证了公众声讨萨谢弗雷尔为辉格党带来的灾难性后果。他无意重蹈覆辙，迅速解决了政治危机，迅速、不声不响地粉碎了詹姆斯二世党人的阴谋。阿特伯里依法被判处叛国罪，还没来得及施展他的口才和文采，就灰溜溜地亡命国外。同一时间，沃波尔没有从中阻挠特赦博林布鲁克及其回国。据说阿特伯里在多佛碰到从法国回国的博林布鲁克，对他说，“大人，我换你来了。”

甫一出任内阁首领，沃波尔就立即着手重建金融。他是第一任财政大臣，因为此前撤销了第一财政大臣这一职务，将财政大权交给了一个委员会。南太平洋公司最后认购的一笔国债被分摊给了英格兰银行和财政部。1717 年，沃波尔设立了偿债基金，每年从税收中拨出一笔款项，用于清偿国债。短短几个月，局势就出现了好转，英国在另一种辉格党的统治下，恢复了稳定的局面。

由于总理政务的是一名商人，国内的政治氛围格外倾向于实利主义。沃波尔意识到，他领导的内阁的寿命的长短，在于能否避开分裂国家这个大是大非的问题。他明白英国的贵族和牧师家积蓄了太多的敌意，于是他决计不去惹它。

在任免大主教这一问题上，沃波尔慎之又慎。他党内的朋友，伦敦主教埃蒙德·吉布森也在巧妙地操办，在上议院安插了众多的党羽。他不能对不信国教者给予全面宽容，否则可能会在政界引起宗教斗争。虽说他不愿以原则为由乱立法律，但却每年颁布《特赦令》，暗中保护违反了《公职人员宣誓条例》、在地方政府任职的非国教徒，这些人是他的支持者。托利党人只要稍有抬头，沃波尔就会给他们安上詹姆斯二世党这一重罪。不过，他天性仁慈，虽说他掌握着对一些托利党对手的生杀大权，但却从未利用手中的权力草菅人命。

“相比在国王阶下长期任职的其他大臣，”伯克写道，“罗伯特·沃波尔沾不上一贯腐败这个嫌疑。” 他对支持者的品德不抱任何幻想；但却清楚腐败之风不会一路畅通。与他打交道的人，唯利是图的本性也要有所收敛，临到最后，他们表决是因为有所顾忌或一时之气，而不完全是为了一己私利。只要是引发危机的事，他都避之如瘟疫。此外，他凭借为德国贵妇发放津贴，拨给王室丰厚的年俸这一手，取得了国王的信任。

沃波尔的目标是在三十年内稳定汉诺威政权，巩固辉格党的势力。当时的税赋不高；由于厉行节约，托利党乡绅放心不下的土地税降到了一先令。国债逐年减少，议会全面修订了税则，削减了许多过高的关税，用以鼓励和发展贸易。沃波尔与法国签订协约，严格奉行不干涉欧洲政治的政策，从而避免了另一场战争。在他的悉心呵护下，英国从安妮女王统治下的创伤中恢复了元气。不过，人们忘不了曾经的伟大时代，不屑乔治一世时代的无聊乏味的日子。稳妥、繁荣与和平政策提不起他们的兴趣，许多人动不动就抨击内政败坏，外政碌碌无为。

沃波尔执政的二十一年中，即使缺乏远见，也未成功，但始终有人反对他。不赞成他政策，或由于没有谋得一官半职而耿耿于怀的辉格党人与失势的托利党人互相勾结，沆瀣一气。这些失势的托利党人深得人心！沉浸在失去的事业，寄托在国家、历史和富足上的浪漫人士，同时也是博林布鲁克在诋毁马尔博罗那段日子吹捧的"英国绅士"，仍然是这个国家的中坚力量。他们保持着尊严和信心、观念守旧，因失败而痛苦，怀念旧时代，还有名正言顺的国王，或许在他们心中，国王的身影也在被逐年淡忘！

博林布鲁克提过结盟，但沃波尔不肯让他重返上议院。威廉·普尔特尼和约翰·科特里特等小一辈辉格党人聪明过头，没有在沃波尔的权力集团中获得一官半职。沃波尔把持着任免大权，谁也撼动不了他操控下院的权力。唯一的指望莫过于削弱他在国王跟前的地位。他们极尽巴结、继而是贿赂之能事，拉拢德国的贵妇。但在满足她们的贪欲方面，沃波尔总能先他的对手一步。议会反对派的核心人物是威尔士亲王。汉诺威王室的一个传统是父子不和，这位未来的乔治二世也不例外。内阁仰仗国王；反对派却指望他的儿子。人人都关心这个王朝。要不是威尔士王妃卡洛琳的鼎力支持，沃波尔兴许有性命之忧。诚然，乔治二世 1727 年继位时，他一时失宠。新登基的国王将其解职。但反对派却没能力另组内阁。乔治二世第一届议会开幕，临时政府的挂名首脑只得请沃波尔代为捉刀，替国王写开幕词。由于深得卡洛琳王后的信任，沃波尔官复原职，地位比从前更加巩固。

国王的心思不在英国，而是放在汉诺威的事务上，这可能会被那些心存不满、野心勃勃的内阁成员所利用。这是一向存在的危险因素。他们拥护国王热衷的问题，如国王世代生活的故国、欧洲大陆的政治、大同盟、马尔博罗的战争。欧洲政治对沃波尔身边的同僚产生了极大的诱惑，但他无意干一些轰轰烈烈的大事业，只想维护和平、保住职位、玩弄权术，混混日子了事。但其他人却赞成旗帜鲜明的主题。沃波尔只得与他们争斗。1729 年末，他将妹夫查尔斯·汤曾德撤职。之后，他与纽卡斯尔公爵托马斯·佩勒姆·霍利斯密切合作，纽卡斯尔公爵头脑糊涂、喜欢小题大做，但他有大片的领地和财富，能左右选举。用沃波尔的话说，纽卡斯尔出任国务大臣，是因为他“对一位能人在这个职位上制造的麻烦有切身体会”。政敌讥讽沃波尔为“首相”，这个受人尊敬的头衔当初却是一个贬义词。看样子，反对派成功已遥遥无望。一些才华横溢的年轻人聚集在博林布鲁克和乔治一世尚且在世的情妇肯达尔女大公周围——肯达尔女大公同时也是博林布鲁克兴办的报纸《工匠》的资助人，这些人纵有过人的才智、犀利的文笔，仍然对死板、腐败但又稳定的政府无可奈何。

不过，1733 年爆发了一场轩然大波。沃波尔提议由税务局征收烟酒的消费税，以代替关税。这一举动旨在打击吞噬财源的猖獗走私。反对派不惜手段，大肆攻击。信件纷至沓来，议员们应接不暇。民谣和宣传册从门缝里传进了千家万户。全国各地组织了大规模的请愿活动和群众集会。税务员一改可怜兮兮的形象，露出了一副专横跋扈的嘴脸。家庭是英国人的堡垒，但税务局的官员却要不分昼夜地闯入这个城堡，检查是否他们缴纳了税款。传言大抵如此，继而越传越奇，在各级军队也不胫而走，说是他们要为烟草多掏钱，一位军官汇报说，他敢肯定自己的部下反对的是僭君，不是消费税。这场风波席卷了全国，惊动了下院绝大多数阁员。失去既得圈地的担忧压倒了贿赂的效力。沃波尔大势已去，支持者仿佛出了圈门的绵羊，弃他而去。沃波尔在英国历史上最不择手段的运动中一败涂地，只得收回成命，取消税法改革。下议院险些闹成分裂，但最终渡过难关。在此之后，他说了一句名言，“这场舞会办不下去了。”他顺利地摆脱了困境，但他并没有大肆报复，仅仅将几名帮过反对派的军官革职。抨击他的人搬起石头砸了自己的脚，反对派并没有占到长久的上风。

博林布鲁克如今无望重掌政权，1735 年，他再一次隐退法国。丢官罢职的辉格党人又去投靠新威尔士亲王弗雷德里克。他如今成了反对派的靠山。但这些反对派不过是为这个资质平庸的家伙平添了一份王室专款。他们的傲慢向沃波尔证明，臣民渐渐厌倦了他平庸的统治。批评得最凶的要数骑兵部队的青年掌旗官威廉·皮特。在一次进攻中，他因失职被撤了职。1737年，沃波尔坚定的盟友卡洛琳王后去世。全国上下和下议院对这位强硬、不通人情的诺福克乡绅长期独揽大权的反对声一浪高过一浪；再加上他擅于精打细算，又妒贤嫉能，一手遮天，也偶尔谋取私利。

反对派终于看出了沃波尔的高明之处，即回避动摇国家根基的一切论战。反对消费税的运动迎合了不受沃波尔势力左右的臣民，也最终为他的倒台指明了一个方向。在下议院和朝廷这个小圈子，沃波尔位极人臣，但他的名字却触犯了众怒，不招人喜欢。国家死气沉沉。谁都不愿看到这种丑恶、波澜不惊的繁荣。商业财富迅速增长，贸易额大幅上升，但国人仍不满意。他们似乎还缺少什么东西；这些当然不是詹姆斯二世党人，而是比野心勃勃、丢官罢职辉格党人的不满更深一层次的心绪。这就是英国人受到这个卑劣、不思进取的内阁压制的刚毅和不畏艰险的个性。有时候，下议院整个会期一个问题没有表决就混了过去。

要打破沃波尔的统治机制，只有挑起民愤，继而让受过些贿、不声不响的议会议员群起反对这位大臣。西属美洲发生的一系列事件导致了沃波尔的垮台。

1713年签署的《乌特勒支和约》准许英国人每年向新世界的西班牙种植园输送一船黑奴。西班牙政府效率低下，所以违反所谓的《许可合同》非法贩卖黑奴不是什么难事，在这段和平时期，这种非法贸易稳步增长。不过，西班牙政府最终开始整顿和加强了殖民地管理，派缉私队的拦截和搜查在西班牙海域从事非法贸易的英国船只。多年来，缉私队在西班牙殖民地沿海以落后的装备打击贩运奴隶，而不是奴役这一行径，结果收效甚微。所以，一旦在公海上拦截到英国船只，他们通常毫不手软。贩卖黑奴属于暴利，伦敦的黑奴贩子向沃波尔施压，要他质疑搜查权。接着，伦敦与马德里进行了一系列的谈判。

南太平洋公司的董事们早就看上了这些地区。打击英国私运黑奴的贩子并不损害他们的利益，但每年按照《许可合同》向西班牙国王缴纳的税款却令他们十分不满。濒于破产的董事们希望借伦敦的反西情绪逃避税款。他们声称在1719年至1727年这场短暂的战争期间，西班牙缉私队让他们蒙受了损失。此外还涉及其他争端。因扣押和干扰而损失惨重的船只多半来自英属西印度殖民地，它们长期在坎佩奇湾和洪都拉斯湾从事木材生意。沃波尔与纽卡斯尔希望和平解决这一争端。1739年1月，双方在马德里举行了谈判，初步达成了《普拉多协定》。经济同样濒于崩溃的西班牙生怕大动干戈，因此主动做出了妥协，沃波尔也大幅降低了英国商人的索赔。无奈反对派却不买这个账。南太平洋公司不在初步协定之列，只得单独与西班牙内阁理论。同年5月份，西班牙暂缓执行《许可合同》，却拒不支付《普拉多协定》项下的一分赔偿。

与此同时，议会中的反对派大肆抨击内阁与西班牙签订的协定。他们开口闭口英国的荣誉以及伊丽莎白与克伦威尔[1]时代的光荣传统，这下迎合了英国人的偏见与情绪。与西班牙殖民地做生意的船长詹金斯被带到下议院，他拿出一个装着他耳朵的瓶子，说是他的船遭搜查时，西班牙缉私队作的恶。“你作何打算？”议员们问道。“我将我的灵魂托付给上帝，将我的事业交付给祖国，”他按反对派事先教的口径答道。詹金斯的耳朵让臣民们浮想联翩，一时间引起了骚乱。这到底是西班牙人的罪行，还是在某个港口斗殴中的结果，犹未可知，但这个干巴巴的东西却发挥了极大的作用。以普尔特尼为首的一帮演说家大肆宣扬，一时被人们讥为“爱国者”。反对派连与西班牙达成的初步协定的条款都懒得看一眼，就在国内向他们发难。沃波尔的一位支持者写道，“这帮爱国人士连协定的内容都不清楚，就执意要毁了它，煽动臣民反对这一协定，在这一点上，他们如愿以偿。”此外，正如英国驻马德里公使本杰明·基恩一个月后对沃波尔所说的那样，“反对派挑起了这场战争。”

西班牙人可以不理会英国议会中的好战分子，但沃波尔和纽卡斯尔却不能置若罔闻。如果英国要向西班牙开战，大臣们宁愿随波逐流，也不会辞职。签署了《普拉多协定》后，西班牙立即解散了缉私队，以示诚意。英国命在

---

1 奥利弗·克伦威尔，1599-1658，英国将军，政治家。。

地中海的船只返航，但威斯敏斯特发生骚乱后，又于三月份收回了成命。法国的敌意让沃波尔惶恐不安；但他总算还有路可退。1739 年 10 月 19 日，英国对西班牙宣战。教堂的钟声响彻伦敦的上空，人群欢呼着涌上街头。低头望着兴高采烈的人群，这位首相皱起了眉头，“他们现在敲钟欢庆，不过很快就要扼腕叹息了。”这回展开了一场大战，起初仅与西班牙，但后来又因为西班牙与波旁君主的家族盟约，法国也卷入了战争。英国与近邻自此展开了较量，在将近一百年的战争中，见证了查塔姆的辉煌、诺斯勋爵[1]的荒唐、法国大革命的恐怖以及拿破仑的起落。

不出沃波尔所料，接下来的混乱和处置失当让他丢了权。由于海军用人不当，海军作战连连失利。唯一的一次战绩，是反对派英雄弗农上将攻夺巴拿马地峡的波多贝罗。安森舰长率领一支分舰队，满载切尔西的退伍军人驶入茫茫太平洋。舰队没有给西班牙人造成什么损失。但在将近四年的时间中，安森绕地球航行了一周，他一边航行一边绘制航线。一路上，他训练出了新一代的海军军官。与此同时，国人情绪高涨，伦敦发生了多起骚乱。威尔士亲王到处视察，所到之处，内阁反对派欢呼雀跃。他嘴上不离一句新调子，用汤姆森一句掷地有声的话说，是“统治吧，不列颠尼亚”。[2]

1741 年 2 月，反对派议员塞缪尔·桑迪斯提请国王免去沃波尔的职务。老臣沃波尔最后一次智胜了他的对手。他向下议院的詹姆斯二世党人放出风去，让他们以为他支持詹姆斯二世复辟。让人大跌眼镜的是，詹姆斯二世党人都投了他的票。用切斯特菲尔德勋爵的话说，反对派“四分五裂”。不过，按《七年法案》大选在即。威尔士亲王不惜重金拉选票，他的竞选运动由威廉的弟弟托马斯·皮特一手操办，反倒让反对派赢得了康沃尔郡的二十七个

---

1 二代吉尔福德伯爵腓特烈·诺斯，（Frederick North, 2nd Earl of Guilford，1732 年 4 月 13 日— 1792 年 8 月 5 日），于 1770 年至 1782 年出任大不列颠王国首相，是美国独立革命的英方重要人物。

2 英国海军军歌《统治吧！不列颠尼亚！》(又称《不列颠万岁》)，这是英国的著名军歌之一，詹姆斯·汤姆森（James Thomson）作词，英国作曲家托马斯·阿恩作曲。它与英国皇家海军有着密切的联系，但同时也被英国陆军使用，而且，它还是英国的第二国歌。

议席。反对派指望依靠苏格兰的伯爵，凭借他们在选举中的影响击败沃波尔，议会召开期间，沃波尔内阁递交的选举呈请惨遭否决，他愤而辞职（当时有争议的议席纯粹由下院从党派立场裁决）。当时是1742年，罗伯特爵士已掌权英国达21年之久。下台前的最后那段日子，他常常一个人一坐几个小时，默默地回首在唐宁街的往事，暗自神伤。他是第一位入主唐宁街十号的首相，一生取得了许多功绩，和平确立了英国的新教继统。他连哄带劝地平息了沸腾的民怨，让国人接受了新政权。他建立了一个强大的机构，使其在内阁的庇护下发展壮大。他管理国家的日常事务，不让王室染指和阻挠。自从1714年以后，除有大事要事外，国王不再亲自主持内阁会议，这虽不过是一个偶然事件的结果，但却是非同小可的大事。安妮女王身体安康时，一直在肯辛顿宫亲自主持星期天晚上的内阁会议。大臣们认为自己仅仅对女王负责，互相之间并无多少瓜葛。可惜乔治一世不会说英语，君臣之间的交流只好用法语或大臣们从伊顿公学学来的蹩脚的拉丁语。沃波尔在这个至关重要的执行委员会中独揽大权，如今却连这个名义上的首脑都没保住。他意在号令群臣，确立由国王罢免违抗命令的同僚的惯例。可惜他没有确立内阁集体负责制。他倒台后，其中一项罪名就是图谋“唯我独尊”。

他保了英国近二十年的和平。下台后，他以牛津伯爵的身份进入上议院。他在下议院独揽大权的做派招致人们的一致反对，结果，他的政策授反对派以柄，让他们煽动起他苦心安抚的民愤。他是英国历史上首位下议院领袖，如果他在英－西战争前辞职，兴许称得上最成功的一位。

第九章　奥地利王位继承与“1745年叛乱”

沃波尔迫于反对派的压力发动了英－西战争，战火很快就蔓延到了整个欧洲。英国原打算在西班牙海域及其本土打一场海战或殖民地战争。可惜事与愿违地卷入了欧洲战争。挑起这场战争的由头是1740年两位国王驾崩。在易北河东岸，日渐崛起的普鲁士王国有了一位新统治者。腓特烈二世，即后来的腓特烈大帝继承了父王的王位，也继承了一支一度不知如何利用的庞大军队。他雄心勃勃，希望扩张零散的领土，缔造强大的德意志帝国。他精通兵法，擅于用人，而且富有心机，冷酷无情。他的才能很快有了用武之地。当年10月，哈布斯堡王朝[1]的皇帝查理六世驾崩，除了帝位，他还将辽阔的版图传给了女儿玛利亚·特蕾莎。[2]这位皇帝请欧洲列强郑重保证，承认她对奥地利、匈牙利、波西米亚与荷兰南部的继承权。可惜这些对腓特烈却是一句空话。他攻占了自己领土以南的奥地利省份西里西亚。法国一向嫉妒哈布斯堡王朝，怂恿和支持他发动战争。欧洲由此卷入了战火，这场战争史称奥地利王位继承战争。

身在英国的乔治二世为此食不甘味。相比大不列颠王国，他更在乎世袭的汉诺威帝选侯爵位。他看出了侄儿，普鲁士国王腓特烈的野心，担心普鲁士下一步是要吞并他在德国的领土。沃波尔倒台后，在伦敦一手操纵乔治国

---

1 即15—20世纪的奥地利。

2 1717—1780，奥地利女大公；匈牙利和波希米亚女王（1740—1780）。

王内阁的是第一财政大臣亨利·佩勒姆及长期担任国务大臣的王弟纽卡斯尔公爵。他们手握大片的领地，在选举中呼风唤雨，让辉格党在下议院立于不败之地。他们工于党派斗争，但对外交和军事却一窍不通。纽卡斯尔熟悉欧洲，可惜他天性谨小慎微、成不了大器。相比出兵打仗，他更在乎在国内操纵大权。乔治二世只好去求教佩勒姆的对手科特里特勋爵，请他出个主意。沃波尔掌权期间，与其他聪明反被聪明害的人一样，科特里特被贬为爱尔兰总督。罗伯特爵士下台后，他重返议会，官复原职。他凭借维护国王在德国的利益，取代了佩勒姆一党，深得国王的宠幸。科特里特希望汉诺威和英国维护和促进欧洲的力量均衡，认为自己能解开欧洲大陆的危局。他会说德语，是国王的知己。他明白不断发展壮大的普鲁士是一大祸患，普 – 法联盟对英国构成了极大的威胁。1742 年，他奉命出任国务大臣。为对付法国、西班牙和腓特烈大帝同盟，他与玛利亚·特蕾莎达成了一项协定，与荷兰重新签订了一些传统的协约。他答应给予奥地利财政援助，并且着手筹建一支军队支援匈牙利女王（玛利亚·特蕾莎引以为荣的称呼）。早在四十年前，英国就支持过她的父亲争夺西班牙王位，他当时还是查尔斯大公。如今，这个岛国再一次联合奥地利王朝对付法国，但这绝不是最后一次。

可惜科特里特既没有名分又没有政治上的追随者，无法有效地贯彻他的决定。他生性孤僻、不善于拉帮结派，仅仅凭着国王的宠幸。议会中很快就有人与他为敌，为首的是代表古老却又荒无人烟的旧塞勒姆自治市议员威廉·皮特。皮特的祖父曾出任马德拉斯[1]总督，是举世闻名的皮特钻石的主人。皮特从伊顿公学毕业后投身军营。他的上司科巴姆勋爵因煽动反对消费税被沃波尔罢免了团长一职，这位年轻的掌旗官的军旅生涯就此告终。他后来又追随自己的主子加入了反对派阵营。科巴姆是坦普尔家族的头面人物，他们家与格伦维尔和利特尔顿两家沾亲带故。皮特与这帮心怀不满的辉格党人建立了密切的政治同盟，走上了仕途。在支持出兵西班牙这场运动中，他充当了急先锋，大肆抨击纽卡斯尔指挥不当。

---

1 印度港市。

纽卡斯尔的指挥的确差强人意，但皮特抨击的主要是英国将战火燃烧到了欧洲。反对派称，仰汉诺威权贵的鼻息是可耻和不负责任的。皮特在演说中含沙射影地反对用英国的财政补贴组建汉诺威王朝的军队，由此招致国王的长期冷落。在另一次演讲中，他称，如果说沃波尔“因为贪生怕死出卖了祖国的利益，那么，现任首相则以他的冲动将它葬送殆尽。”对科特里特的指责投合了佩勒姆和纽卡斯尔的心意，他们妒忌这位才华出众的同僚，都伺机将他赶下台。有朝一日，皮特的口才将名垂后世，他也因此得到回报。

马尔博罗的老部下斯泰尔伯爵率领三十万英国大军在欧洲大陆作战。1743 年春，国王在小儿子坎伯兰公爵的陪同下走出英国，亲自上阵。联军主要部署在美因河[1]一线，希望斩断法军与其德国盟友的联系。巴伐利亚也趁乱对玛利亚·特蕾莎女王下了战书，巴伐利亚帝选侯仰仗法国撑腰，自立为神圣罗马皇帝。这是哈布斯堡王室三百年来首次丢失王位。但事后证明，这不过是个小插曲。诺瓦耶元帅手下的一支法国精兵就部署在附近，意在切断敌军在荷兰的后路，从正面将他们一举歼灭。两军在靠阿沙芬堡的德廷根村交上了火。迫不及待的法军骑兵冲向盟军的左翼。乔治二世的马一蹿，险些将他摔下了马，他手握长剑，率领汉诺威和英军步兵冲向法国龙骑兵。敌人溃不成军，落荒而逃，在过美因河时淹死的官兵无数。法军步兵也未能挽回败局，经过四个小时的激战，盟军占领了阵地。盟军仅仅损失了两千人，而法军阵亡者却是对手两倍。王子坎伯兰公爵在这场激战中表现出英勇的气概。一位名叫詹姆斯·沃尔夫的青年军官目睹了这一幕。汉诺威王室虽说在战场上英武神勇，可惜缺乏将才。德廷根村大捷没有取得决定性的战绩。

战事已经平息。英国人和汉诺威人只顾斗嘴，却疏于采取行动。德廷根村一战在伦敦激起了短暂的热情，但臣民渐渐地又坚决反对在欧洲打一场大仗。英国又成了一个伟大联盟的领袖和冤大头。法国与西班牙重新签署了《波旁族约》，谍报人员汇报，詹姆斯二世党人在巴黎蠢蠢欲动。伦敦一时谣言四起，说法国即将大举入侵。内阁匆匆将驻扎在荷兰的军队调往希尔内斯。

---

1 德国河流，莱茵河支流。

1744年末，当时的格伦维尔勋爵科特里特被赶下了台。纽卡斯尔再次主政内阁，但他却推脱不掉科特里特和乔治二世强加给他的义务，再说他也没有那么大的能耐，责成国王任用皮特。他向弟弟诉苦，“我们切不可因为掌了权而忘了我们说过要赶走格伦维尔勋爵的话。”

1745年战役，国王任命坎伯兰公爵为驻欧洲陆军总司令。这个刻板的年轻人在德廷根一战的英勇表现让人觉得他颇具将才。用他的一位部下的话说，他身先士卒的作风是“非凡的大将风度”。但他必须与当时大名鼎鼎的军人萨克斯元帅一决高下。法军出动重兵攻打由荷兰人把守堡垒防线，这里是马尔博罗曾经率兵厮杀过的举世闻名的战场。部署好图尔内[1]的防务措施后，萨克斯以紧靠蒙斯公路的丰特努瓦村为中心摆开了一个坚固的阵地。坎伯兰下令手下的官兵摆开战斗队列，冒着炮火推进到距离法军五十步内。敌我的兵力将近二比一。皇家第一禁卫军（掷弹兵）总司令查尔斯·海勋爵走到队伍的前列，他掏出一个酒瓶，高高举起向法国王家军队致意：“我们是英国禁卫军，希望贵军别跑，等我们冲过去，别像上次在德廷根一战跳进美因河一样，跳进斯凯尔特河[2]游泳。”说完，两军阵中欢声雷动。英军继续前进，到了三十步的时候，法军开火。但猛烈的排枪也挡不住联军步兵，他们一举将敌人赶出了阵地。法军骑兵奋战了几个小时，妄图冲破联军的纵队。望着法军中的爱尔兰人投入战斗，坎伯兰公爵惊呼，“真该死，他们竟然与我们为敌。”较之有关他的记载，这句话显得相当大度。黄昏时分，他率领队列整齐的部队撤向布鲁塞尔。

德廷根与丰特努瓦的两次战役兴许起不了多少作用，但在英军参加的十九世纪中叶的战斗中无疑可圈可点。此后，英军在奥地利王位继承战中没有发挥更大作用。1745年10月，坎伯兰公爵班师回国，迎战出兵英国的王位觊觎者。当时，欧洲大陆的联军在各条前线连连失利，只有大西洋彼岸传来了好消息。英国殖民者在一支小海军的增援下攻占了新世界最坚固的法国

1　比利时西部城市。

2　欧洲西部河流，发源于法国北部，流经德国、荷兰注入北海。

堡垒，位于布雷顿角的路易斯堡素有“北美的敦刻尔克”之称，它扼守圣劳伦斯河口，是来往法国和加拿大的交通要冲，为了得到它，法国不惜花费了一百多万英镑。伦敦看出了这一战的重要意义。“我们新近占领的布雷顿角，”切斯特菲尔德写道，“是我国的珍宝，比昔日的直布罗陀还要贵上十倍。”

乔治二世口中的“鲁莽的傻子”纽卡斯尔慌了神。他拿不出战策，用当时臣民的话说，将科特里特赶下台后，他只好“硬着头皮上阵”。靠辉格党家族集团撑腰的佩勒姆政权是空中楼阁，但也并非一无是处。亨利·佩勒姆擅于治理国家，克勤克俭、能力出众，可惜面对一场欧洲大战，他还是不如沃波尔，显得力不从心。纽卡斯尔做事一向不着边际，他将内阁事务看作本阶级的职责，但说到履行职责，他又没了主意。之后出任首相的谢尔本勋爵评论这对难兄难弟：“他们有夺取内阁之才，除了正派、廉政和辉格党的原则，却无治理国家的本事……他们的长处是奸诈、巧于辞令、比较文明；他们知晓宫廷的种种机关；善于玩弄权术；长期掌握着一个党……比起他能说会道，假装糊涂的老弟，佩勒姆先生更胜一筹。

但战争重于一切。为维持一个稳定的内阁，佩勒姆兄弟十年如一日地坚持不懈、不遗余力。威廉国王的英魂始终萦绕在他们的心头。他们的外交政策似乎与二三十年前十分相似，只不过换了行头。奥地利与荷兰这两个欧洲强国早失去了昔日的雄风，伟大的联盟已不复存在。1740 年代的内阁硬撑门面，误打误撞，跟不上欧洲的潮流，不顾英国在海外的远大前程，令国人生厌。但有一个人认为必须制定新政，他就是威廉·皮特。国王能否恩准他进枢密院还犹未可知。

自从 1707 年合并以来，苏格兰一直怨声载道。在山高路险、天高皇帝远的苏格兰高地，臣民一直对斯图亚特王朝与詹姆斯二世党人的事业忠心耿耿。他们世代像土人一样居住在山村，我行我素，部落中打家劫舍这个由来已久的欲望依然不减当年。合并没有让他们脱贫解困。“酋长常常绑架男孩或男人，将他们卖给美洲的种植园，以此增加他们微薄的收入。世代懒散和抢夺成性的生活造就了苏格兰高地人野蛮的恶习。一语不合，他们就能大打出手、以血相见。酋长与酋长、家族与家族之间的你争我斗世代相传，每个苏格兰高地人倒下的地方堆起的石头让他们世代不忘双方的世仇。高地人打起仗来从不发慈悲，长期以来，他们野蛮、残暴成性，一直让他们的邻居不寒而栗。”

长老会的戒律牢牢地管束着苏格兰其他地区，但酋长们却控制着高地，他们既不联合，也不讲和，依然保持着些许的好斗和虚荣心。

1715 年起义失败后，詹姆斯二世党人安分了一段时间，但英国刚一卷入欧洲大战，他们立刻蠢蠢欲动。老僭君当时业已赋闲，他的儿子查理·爱德华亲王成了巴黎和罗马穷困流亡者的首领。他堂堂的仪表、洒脱的举止为他的事业赢得了不少支持。1744 年，他寻求法国内阁的帮助，在格拉沃利讷建立根据地。他指望这一年在法国的支持下出兵英国，虽然希望落空，但却并未灰心，1745 年 6 月，他带领几名追随者从南特启程，在苏格兰西群岛登陆，由此做出了英国历史上最冒失和轻率的行动。他只能博得苏格兰高地人的支持，但那不过是苏格兰全体人口的一小部分。高地人一贯好斗，可惜他们向来不服指挥。查理缺少军火、军费不足，低地人仇视高地军队，商人们视他们为土匪，城里人早已接受了汉诺威王朝的统治。

乔治·默里勋爵率领一千二百人在格伦芬南举旗造反，支持詹姆斯二世党人。约翰·科普爵士率领三千余名政府军集结低地。叛军一路南下；查理王子入主荷里路德宫。科普在普雷斯顿潘斯与叛军交上了火，被打得落荒而逃。截至 9 月末，查理以父亲“詹姆斯八世”的名义统治了苏格兰大部；可惜他高兴得太早。忠于乔治国王的人死守爱丁堡，时不时地放一发闷炮。苏格兰大部分百姓对战事无动于衷，但伦敦人却惊慌失措，纷纷跑到银行提款，谁知却被几个六便士打发了事。大部队仍在佛兰德斯[1]。

小僭君率领五千人马越过边界。英国调集了三路大军予以迎击。韦德据守纽卡斯尔；坎伯兰公爵带兵赶往利奇菲尔德封锁通往伦敦的公路，如果叛军与威尔士山区的詹姆斯二世党人汇合，就西出予以痛击。第三路屯兵芬奇

---

1 中世纪欧洲一伯爵领地，包括现比、法、荷等地区，为第一次世界大战激战地。

利[1]，扼守伦敦，霍格斯[2]的画生动地讽刺了当时的一幕。这幅画招致了国王的不满，他自以为是名武士，认为画家不该取笑军人。

高地人行动神速，他们一路南下，所到之处，打家劫舍，攻城略地，一路占领了卡莱尔、彭里斯、兰开斯特和普雷斯顿。但加入他们队伍的英国人寥寥无几。他们本指望在曼彻斯特招兵买马。他们进城的时候，由一名少年打着鼓和一名妓女在前面开路，以吸引人入伍，可惜使尽浑身解数，才招了区区二百人。南下途中，许多高地人开了小差，跑回了家。利物浦坚决拥护汉诺威王朝，他们自费武装了一个团。

酋长们提出撤回苏格兰。查理听说伦敦出现了恐慌局面，指望借机坐收渔利，无奈他指挥不动追随者。乔治·默里巧施调虎离山之计，将坎伯兰公爵引离了伦敦，通往首都的公路这下门户洞开。无奈正值十二月份，英国掌握着制海权，法国又远在对岸，远水救不了近火；再加上荷兰与黑森[3]派兵驰援英国。伦敦加紧招兵买马，凡是应征入伍的都发放六英镑的奖励。

查理王子在德比下令撤兵。两天后传来消息，詹姆斯二世党人准备在威尔士起事。查理率领人马冒着寒风撤往苏格兰北部的要塞。英军仿佛秃鹫，穷追不舍，紧紧咬住叛军的殿后部队和两翼。默里撤退途中指挥有方，在殿后战中，他手下的官兵从未失过利。他率领人马在福尔柯克[4]掉头反扑，重创追兵。无奈条顿人不达目的誓不罢休，坎伯兰公爵集中兵力，准备决一死战，1746年4月，他在克罗登荒原将斯图亚特王朝复辟的最后一线希望扫入历史的尘埃。斯图亚特王朝留下的不过是历代国王谦和善良的传说，传说虽站不住脚，但却富有感情色彩。战场不讲人情，坎伯兰从此得了“屠夫”这个抹不掉的头衔。查理·爱德华带着寥寥的几名亲信逃出了莽莽荒原。他乔装成一名妇女，由当时的传奇女英雄弗洛拉·麦克唐纳偷偷送往斯凯岛，从那里登船逃亡法国，在流亡中度过了余生。弗洛拉·麦克唐纳由于在此次事件中

1 英国英格兰东南部城市。
2 威廉·霍格斯，1697-1764，英国绘画家和雕刻家。
3 德国一个地区。
4 英国苏格兰中部城市。

的英勇仗义，被关押伦敦塔，过了一段铁窗生活。

残酷的镇压反映了汉诺威内阁对政权的担忧。他们解除了高地人的武装，废除了残存的封建制度。詹姆斯二世党人的复辟从此退出了英国的政治舞台，韦德当时已升任陆军元帅，他率兵攻入高地腹地，并且派兵留守因弗内斯等地，等到七年战争爆发，皮特又巧用高地人的好斗为他的帝国梦效力。沃尔夫率领的高地旅在魁北克为苏格兰赢得了荣誉，从此成为英军的精锐部队。瓦尔特·司各脱爵士[1]的作品再现了高地传统以及詹姆斯二世党人的故事。苏格兰高地至今还有一个白玫瑰联盟。

佩勒姆这对难兄难弟在叛乱的危急关头得出了最终结论。他们要么将皮特纳入自己的麾下，要么双双辞职。1746年，皮特出任军需大臣，这可是战时的一个肥缺。按公认的惯例，军需大臣可将军费余额存入自己的私人账户，坐享其中的利息。此外，他还要从补贴外国盟军作战的经费中抽取成头。不过，除了薪水，皮特不肯多占一个便士。他的做法深得民心。他凭本能、而不是算计赢得了中产阶级、伦敦商业区、新兴贸易城镇和乡村地主的钦佩和信任。他是一名天生的演员，依靠这一姿态赢得了臣民的关注，并且将他们牢牢地掌握在手中，这一点无人能及。皮特担负了九年的日常行政管理工作。1748年，一纸《亚琛和约》结束了令人失望的战争，和约没有为英法两国解决任何问题。唯一的赢家是腓特烈大帝，他伺机参战、又见好就收，如今仍占领着西里西亚。

为调整外交政策，皮特这回与纽卡斯尔打了几个小时的嘴仗。他指出了轻视普鲁士的危害。他说，“如果没有持久、稳定的和平，那么英国和欧洲都难生存；如果普鲁士不介入，目前的这个联盟恐怕无力为之。”法国始终是他的心腹大患。出任军需大臣这个职务期间，他形成并厘清了这个观点。这位新近纳入的部下令佩勒姆欣喜若狂。“要我说，在我们之中，数他能力出众、是位栋梁之材；他清正廉洁、为人正直。”但皮特犯愁的是，身为内阁的一员，他左右不了也不能批评政府的政策。他靠频频尖锐的抨击跻身内阁，

1 1771–1832，苏格兰诗人及小说家。

谁知却不讨国王的欢心，一时没了斗志。靠惯常的手段，他恐怕难以掌握大权，要实现这一目标，他必须投国人所好。可惜在1748年至1754年这段和平时期，由于情况过于复杂，要采取大动作，势必要痛下杀手。1751年，反对派名义上的领袖威尔士亲王弗雷德里克去世。皮特等青年政客原以为这个无足轻重的人一旦继位，他们就能掌握大权。谁知弗雷德里克的去世却削弱了一个潜在内阁的团结。1754年，亨利·佩勒姆任期届满，岌岌可危的政府摇摇欲坠。皮特积极参与派系斗争。依仗政治盟友科伯姆和格伦维尔两个世家的支持，以及莱斯特堡威尔士亲王残余的亲信的拥护，皮特如今是要职的有力人选。可惜国王对皮特极其反感，同时，拥有政治势力的坎伯兰公爵成功将皮特的劲敌亨利·福克斯（Henry Fox）安插进了内阁。

威廉·皮特飞黄腾达的希望化作了泡影。威尔士王妃的笑脸也好，纽卡斯尔絮絮叨叨的许诺也好，他自己一派有限的支持也好，都给不了他什么。用他写给利特尔顿信中的话说，“总之，下议院的重要和意义只能出自一两个方面，即国王的庇护或在国内的影响，而这一影响却往往出自反对国家的政策。”无奈之下，皮特只能走后一条路。皮特退出了纽卡斯尔以沃波尔方式经营的狭隘的政治圈子，试图重新激发起马尔博罗战争中鼓舞英国人的民族情感。他撇开无足轻重的小派系，争取到了国人的支持，最终打破当权政客不堪一击的派系，为政界带来强劲的务实作风。可惜精通当下政治手腕的福克斯入主内阁，让皮特万念俱灰。他在下议院发表了一篇精辟的言论后，于1755年被免去了军需大臣一职。

两个月后，欧洲发生了一场四大强国一直寻求的外交革命。英国与普鲁士签订了一份协约，法国与奥地利紧跟着也签署一纸协定。两大联盟从而彻底被打乱。第三次英法战争，英国有了一个强大的新盟友，即普鲁士国王腓特烈大帝，只可惜英国内阁铸成了大错。战争最初几年指挥不当，再加上生性好战的坎伯兰公爵草率发动战争，给了皮特东山再起的机会。米诺卡岛）失守在全国引起了一片哗然。面对国耻，内阁一时六神无主。坎伯兰公爵的宠臣亨利·福克斯匆忙隐退。内阁转而将责任推到了宾元帅头上，怪他装备低劣的海军未能解米诺卡岛守军的围。英国内阁为推脱责任出了一个史上最卑劣的下策，给宾安了一个贪生怕死的罪名，将他枪毙在自己旗舰的后甲板。皮特代他向国王求情。“阁下，下议院希望从轻发落。”国王答道，“你让我学会了到下议院以外的地方寻求民意。”皮特即将东山再起。约翰逊博士说过，“沃波尔是国王强加给臣民的首相，皮特却是臣民向国王推举的人选。”不过，他切身体会到，如果不在纽卡斯尔公爵操纵的议会中站稳脚跟，“国人的支持”也远远不够。公爵被全国的抗议吓坏了，他明白，如果国人执意追究他的责任，他的关系和背景也保不了他。皮特与纽卡斯尔公爵结成了联盟。皮特打算将抛头露面的事交给公爵，公爵却准备依靠皮特的成就和杰出的口才退居幕后，过上平静的生活。

第十章 美洲殖民地

皮特上台以及他成功指挥的一场世界性的战争将对北美历史产生深远的影响。我们再看一看悄然、稳步发展了一百五十年的美洲殖民地。十七世纪上半叶，英国人蜂拥到美洲大陆。从法律上说，他们定居的殖民地是特许地区，隶属于国王，但国内几乎不管他们，所以他们很快学会了自治。由于连年内战，母国尚自顾不暇，更别说眷顾他们了。克伦威尔的共和政体虽然宣称议会是英语世界的最高权力机构，但政令一直形同一纸空文，继而又被复辟吹得烟消云散。但 1660 年以后，英国内阁拿出了一个明确的新计划。此后的五十年中，历届英国政府千方百计地在美洲殖民地推行王权，在海外领地巩固王权和任免权，借此名利双收。为处理美洲事务，议会成立了名目繁多的委员会，它们在卡罗来纳和宾夕法尼亚开辟了新殖民地，又从荷兰手中夺得了新尼德兰。委员会事先采取了措施，确保了新殖民地的王权，同时又废止或修改了老殖民地的特许权。此举必然导致各个委员会与殖民地议会冲突不断，殖民地议会不愿见到委员会将殖民地纳入英国的统治。这些议会中多半是自由民的代表机构，它们主张和行使与英国议会一样的权利、议事程序和特权。许多议员是在仇视英国国王的环境中长大的。他们的父辈宁可流落他乡，也不愿屈服国王的暴政，他们同样认为，自己在与当年英国议会与斯特拉福德和查理一世决裂的同一类问题进行斗争。他们一致抵制贸易和殖民委员会的干涉，认为此举直接侵犯了殖民地特许状当初保障的权利和特权，粗暴地干涉了他们的既得利益。

长期以来，英国议会并没有插手这一纷争。斗争双方其实是殖民地和枢密院的大臣们。这些大臣执意要叫停美洲自治。1682 年，殖民者请求枢密院颁发一纸特许状，允许他们在与西属殖民地佛罗里达接壤的空地定居。枢密院一口回绝了这一要求，称国王有令，“不得在美洲新辟殖民地，也不得授予可能导致有损殖民地皇权的权力。”詹姆斯二世在位期间，臣民愈发倾向于王室。1685 年，纽约州成了皇家的一个行省。英国又效仿法国在加拿大的做法，借口联合抵制法国的扩张，将新英格兰的几个殖民地合并成“新英格兰自治领”，但这一步遭到了激烈的抵制，1688 年的英国革命预示着“新英格兰自治领”土崩瓦解。

英国的动机并非全然出于一己私利。法兰西帝国主义隐隐地在其领地的边界露出了狰狞面目。路易十四的首相科尔贝尔推行的改革巩固了法国的实力和财力，英国政客与商贾在海上和国际市场面临着你死我活的竞争。他们看到，在中央政府集权的支持下，法国殖民地和商业企业稳步发展。但英国议会派系林立、殖民地议会不安分、委员会名目繁多，大英帝国又如何抵御这一威胁？

于是英国采取了切实可行的措施。殖民地贸易必须由伦敦统筹安排。其中的一个主要目的是扶持英国商船队，为战时储备船只和船员。这一整套制度的基础是一系列法令和法规，即《航海法》。殖民地贸易货物只能由英国商船运输，船只只能使用英国船员，且来往英国港口。殖民地不得从事有碍英国航运发展的对外贸易。此外，当时的经济理论也遏制了殖民地的独立。当时普遍的贸易观出于自给自足的需要、经济国家主义，或者说商业本位。一国的财力取决于国家的贸易差额。贸易逆差意味着黄金外流、经济衰退。国家繁荣需要掌握丰富的自然资源。殖民地事关国家的大业，要生产重要的原材料，如海军需要的木材，为国内日益发展的制造业提供一个广阔的市场。大英帝国必须是一个独立的经济单元。殖民地的制造业应有所限制，以免引起内部竞争，殖民地之间的贸易应严加管理。简而言之，这就是十七世纪立法活动中体现的经济理念。上述方案没有殖民地独立发展的余地。它们只能为英国的制造业提供原材料和市场。

殖民地并没有不折不扣地执行这套制度。在十七世纪，没有哪一国的内阁能在远隔数千英里的领地推行这样一部法令。美洲殖民地议会满腹牢骚，各行其是，挖空心思地回避议会的制约。

1688 年的英国革命一改全局。此前，殖民地一直将英国议会视为反对王室的盟友。但议会一旦在立宪斗争中战胜了王室，立即换了一副面孔，意欲统治美洲殖民地，只不过西班牙王位继承战暂缓了这场冲突。由于在欧洲同法国连年征战，英国不得不避免与其他地区产生重大冲突。为了集中英语民族的力量解决主要矛盾，英国内阁放弃了在新世界树立权威的一切努力。贸易和殖民委员会不再剑拔弩张，殖民地多半由他们自己治理。

臣民期望的友好和睦化作了泡影，其原因不一而足。殖民地的观念和传统脱离了母国的羁绊，走上了稳步发展之路。殖民地出生的一代在美洲殖民地安居乐业，同时也在与大自然的斗争中得到了磨炼，他们从海滨向西迅速推进，扩展领地，并决心捍卫自己的独立和权利。相比国内，英国革命和十七世纪辉格党的思想在新世界的影响更为深远。朝气蓬勃的美洲人发现，他们在开发自己资源的时候处处碰到法令这一纸障碍。这些问题让他们反感代表英国采取的一切措施。另一方面，尽管很快了解了自己的潜力和财富，但却迟迟未能组织起来。此外，他们仍本能地忠于自己的民族，意识到边界对面法国的威胁，但却与英国一样，尽量避免大的冲突。1717 年，他们积极参与远征法属加拿大，可惜群龙无首，最后以失败告终。不过，他们不仅猜忌母国的内阁，而且互相猜忌，没过多久，他们就在不休的争执中陷入了孤立的境地。

这种局面贯穿了沃波尔执政的始终，沃波尔认为要不惜一切代价避免冲突。可惜在此期间，殖民者愈发得寸进尺，十八世纪中叶，殖民地议会肆意挑战大英帝国的权威，谋求自主权。为掌握几个殖民地的内政大权，摆脱伦敦的一切控制或干涉，殖民地立法机关与英国委派的总督之间发生了无数次冲突，双方都有道不尽的委屈。国王将海外的职务视为他对官吏的恩典，内阁则认为是对支持者的赏赐。因此，整个殖民地都沾染着英国公众生活中无处不在的腐败气息。殖民地总督、参事、法官等众多官员都由国王委任，难得有人是为了殖民地的利益选任的。用一位英国史学家的话说，“美洲是为大不列颠腐败的议员和失宠的朝臣开办的一座收容所。”不过，英国派来的官员并非个个都是这种人。尤其是在北美，总督往往出身殖民地名门望族，殖民地政府中才华出众的官员多半属于这一类。不过，殖民地之间也免不了互相倾轧。总督们在财政方面往往处于劣势。他们的薪水由议会定，议会却常常不予表态。久而久之，官员们与议会之间的怨越积越深。日常的行政管理发生了天翻地覆的变化。1688 年英国革命后，王室权力在英国受到了很大的限制，但在新世界却依然权威不减。尽管殖民地议会执意照搬英国的模式，但还是处处碰壁。它们受到特许状或法规的制约，而且还有特设海关、各种机构和海军法庭在殖民地执法，虽说英国内阁竭力避免明中干涉，但情况却每况愈下。英国仍认为设立美洲殖民地是为了英国的经济利益。美洲大陆殖民地为海军提供补给和烟草，西印度群岛则向英国各个港口输送整船的糖。但随着美洲的势力越来越强，人口越来越多，各殖民地有意要自己发展制造业，不再为联合王国提供市场。早在 1699 年，议会就立法禁止在新世界发展工业。美洲殖民地的经济形势日益严峻，尤其是在新英格兰地区。美洲殖民地只能将产品卖给近邻、英国及其在西印度群岛的海外领地，再花大价钱从英国进口所需的商品。这种做法有违《航海法》的条款。来自英国的经济压力逐年加大，殖民地渐渐出现了贸易逆差，到十七世纪中叶，每年的贸易赤字高达三百万英镑。殖民地的商人只能通过不法手段筹集现金。在未来的第一次世界性大战期间，资金外流为英国的偿债能力助了一臂之力。伦敦商业界清楚；皮特也心中有数，在伦敦市政厅皮特的纪念碑上，至今记载着他执政期间，通过战争统一管理和振兴贸易的事迹。不过，新世界的贸易却因此遭到了重创。美洲殖民者没有造币厂，也没有统一的货币。滥发纸币、结果导致纸币迅速贬值，让事态雪上加霜，英国的商人纷纷抱怨殖民地信贷变化无常。

十八世纪初，十三个殖民地中的最后一个殖民地成立。慈善家詹姆斯·奥格尔索普看到，那些欠债不多又无力偿还的债务人在英国监狱中受尽磨难，对此感到十分痛心。他左思右想，终于想出了一个主意，即允许这些人移居一个新殖民地。他向内阁提出建议，1732 年，英国成立了一个理事委员会，负责南卡罗来纳以南广袤的领土的管理。第二年，第一个殖民点在萨凡纳[1]成立。人们在那里开辟了一个个种植园，并且宣布，除天主教外，人人享有宗教自由。第一批殖民者都是英国的罪人，不过，这让欧洲各地受压迫的人看到了新生活的希望，大批大批的犹太人接踵而至，继而是萨尔茨堡[2]的新教徒，德国的摩拉维亚人和苏格兰斯凯的高地人。这个名叫佐治亚多民族地区很快吸引来虔诚的传教士，约翰·卫斯理[3]就是从这里走上传教事业的。

世俗的纷争很快玷污了一开始纯洁的道德氛围。这些定居者与其他殖民地的兄弟一样贪图朗姆酒和奴隶，委员会对此厌烦不已。长期以来，他们与萨凡纳的商人争吵不休，最后收回了特许权。1752年，佐治亚收归英国管理。这块殖民地是母国在未来的美国领土上最后一个落脚点。移居殖民地的英国人逐年减少，但其他各国的移民却纷纷而至。十七世纪末，由于英国议会的法案扼杀了苏格兰和爱尔兰的工商业，两地难民蜂拥而至。到了新家园，他们结成了强大的仇英势力。德国移民源源不断地流向宾夕法尼亚，人数很快就超过了二十万人。吃苦耐劳的胡格诺派教徒[4]为逃避宗教迫害从法国逃到了这里。各个殖民地之间也常有人口流动。各个风景宜人的沃洲从此相通，人口不断翻番。西部一望无际的土地为第一代移民的子孙提供了栖息之地。有待开垦的大片土地吸引着更多家庭来此定居。开垦处女地开阔了他们的眼界，赋予他们冒险精神。在周围环境的影响和熏陶下，一个自力更生的社会形成了自己的生活和文化。以德裔和阿尔斯太爱尔兰裔为首的宾夕法尼亚人翻山越岭，拉开了西部寻找新土地的序幕。这些人形形色色，与印第安乡村接壤的西部农场多半是粗眉大眼的拓荒者和身强体壮的自耕农，在新英格兰，则多半是自信的商人、律师、乡绅以及商人的子女。卖身为奴、从英国城镇绑架来的劳工，以及南方一船船从非洲运来的大批奴隶组成了多元的北方社会。在此期间，欧洲发生了许多大事，虽说多半不为美洲人所知，但却悄然决定了十三个殖民地的命运。

---

1 美国佐治亚州东部港市。

2 奥地利北部的一个州。

3 1703–1791，英国传教士，基督教新教卫斯理宗创始人。

4 十六、十七世纪法国的加尔文派教徒。

第十一章 第一次世界性大战

1756 年 11 月，皮特出任国务大臣，第一次进入内阁。用腓特烈大帝的话说，“英国多年怀胎，终于诞生了一位伟人。”

自从马尔博罗以后还没有出过这种局面。皮特在克利夫兰街的办公室运筹帷幄，指挥和赢得了一场范围东到印度、西至美洲的战争。他一个人肩负战争重任，并独揽财政、行政和军事大权，集各项权力于一身。他不愿与人平起平坐，其地位完全取决于战场上的胜利，因此政敌众多。他容不得别人插手自己的工作，连内阁同僚的忠言也听不进；他既不与人商量，也不争取别人的支持，还因为插手财政事务，开罪了纽卡斯尔和财政大臣。但在执行作战计划方面，皮特却能慧眼识英才，他撤下庸碌的海陆两军的将军，换上沃尔夫、阿默斯特、康韦、豪、凯珀尔和罗德尼等几位可以信赖的年轻人，并且一举成功。

不过，皮特的成功并非一蹴而就。他曾反对议会将宾上将送上军事法庭。他与同僚意见不一，坎伯兰公爵凭借自己的权势与他作对。时至今日，伦敦商界仍看不懂与普鲁士的盟约。1757 年，国王撤了皮特的职，但他早已深得民心。英国各个城镇和团体对他表达了深厚的感情和支持。接下来的三个月，虽然皮特还掌握大权，处理日常事务，但内阁却名存实亡。直到当年六月份，英国才组建了一个稳定的战时内阁，但在此后的四年中，皮特始终独揽大权。

皮特并不囿于某一个战场。英国在世界各地主动出击，不让法国集中兵力，打乱了他们的作战计划，消耗了他们的兵力。皮特激烈抨击过科特里特在欧洲的作战方案，但他此刻认识到，如果像他 1740 年代提倡的那样，单纯靠海战和殖民地战争，英国恐怕难以取得决定性的胜利。如果不在欧洲、新世界以及东方打垮法国，它终有一日会东山再起。法国在北美和欧洲如日中天，是英国在海上的劲敌。在印度，如果一个欧洲大国立足莫卧儿的废墟，那么，它的旗帜上应是百合花[1]，而不是圣乔治的十字架。法英战争是历史上第一场世界性的大战。其战果不仅是重新划定疆界，以及重新划分要塞和产糖的岛屿。

皮特是否具有战略眼光，他发动的远征是否是全局的一环，都尚且存疑。一如往常，他的政策仿佛有一面大屏幕，将他敢作敢为、霸气的性格呈现在人们的眼前。尽管他不讨国王欢心、阁僚从中作梗，但他仍一步步地跻身议会的高位，如今他总算时来运转、有了底气，再加上国人的信任，给了他一个施展才华、暴露他缺点的舞台。振作英国低落和消沉的情绪；发动英国的财力和人力，打造一台威震多瑙河到密西西比的战争机器；挫一挫波旁王朝的锐气，让英国国旗飘荡在每一个大洋，为征服、号令世界，不计财力或人力损失，这就是皮特的气魄，他同时将这种气魄灌输给举国上下，上至各路将领、富商巨贾，下至弹药手和小商小贩；灌输给战场上最年轻的军官，皮特让他们感到，在自己亲自指挥的战争中，吃败仗情有可原，但临阵不前绝不轻饶；这种精神也同样灌输给曾在普雷斯顿潘斯冲锋陷阵的苏格兰高地人，他们如今正横渡太平洋，为在卡洛登对自己的兄弟们痛下毒手的国王打江山。奥地利、俄国和法国联手对付英国在欧洲大陆的盟友普鲁士大帝腓特烈。瑞典也要报旧仇，算旧恨。腓特烈迅速行动，横穿萨克森，直捣波西米亚，要打破敌人的包围圈。可惜在 1757 年 被赶回了老巢；坎伯兰公爵奉命到欧洲保护汉诺威和布伦瑞克[2]，谁知却吃了法国的败仗，拱手交出了这两个地区。俄国也不甘落后；瑞典军队又一次踏入波美拉尼亚。[3] 米诺卡岛早已失陷。蒙卡尔姆从加拿大挥师南下，直逼美洲的前沿要塞。这一战争开局不利，可谓绝无仅有。皮特大显身手的时

---

1 象征法国王室的百合花徽。

2 德国原中部州名。

3 亦称“波莫瑞”，旧地区，即今波兰西北部从奥得河下游起，东迄维斯亘河之间的波罗的海沿岸地区，现分属波兰和德国。

候到了。“我知道，”他告诉德文郡公爵，“我能拯救这个国家，舍我其谁。”他遣散防御外敌入侵的雇佣军，不承认坎伯兰公爵交出这两个地区的决定。一潭死水般的英国政府又恢复了生机。到了当年年底，仿佛命运女神认出了主人，一改当初的不利局面。腓特烈得到了皮特年轻时声讨的特别津贴，分别在罗斯巴赫和洛伊滕一举击溃了法国和奥地利。

皮特与他的祖国迎来了一个令人欣喜的辉煌时代。法国人被赶出了汉诺威；指望在东方阴谋中浑水摸鱼的荷兰人被克莱夫当头棒喝，乖乖地在钦苏拉交船投降；英国夺回了布雷顿角，宾夕法尼亚匹兹堡地图也盖上了这位“伟大议员”[1]的大名。法国的两支主力舰队在地中海和英吉利海峡被各个击破。如果这两支舰队汇合，或许能掩护法国出兵英国。刚刚攻占了路易斯堡[2]的海军上将博斯科恩奉命盯着土伦舰队的动向。他在直布罗陀海峡截住并击沉了五艘舰只，将其余的舰只赶进并堵在加的斯湾，进退不能。三个月后，在一个风高浪急的十一月天，海军上将霍克在一片辨不清暗礁和浅滩密布海域一举歼灭了布雷斯特舰队。战争接下来的日子里，英国海军在基伯龙建立了基地，英国水兵在这片法国土地上修养生息，种植卷心菜。上述几次战争的同时，沃尔夫兵败魁北克，交由阿默斯特征讨加拿大，克莱夫与爱·库特消灭了法军在印度的残余势力。英国似乎还要完成更大的伟业。皮特提出征讨西属东、西印度群岛，截获西班牙每年一次的运宝船队。无奈在他事业如日中天之际，世界和平与安全尽在他的掌握之中的时候，内阁却拆他的台，他愤然辞职。

我们必须仔细研究一番最近的几次胜利和灾难。皮特在美洲要面对一个艰难和复杂的任务。英属殖民地的总督早就清楚边界对面的威胁。法国人沿水路绕过了阿勒格尼山脉[3]这道屏障，与北美印第安人结盟，意在连接南方路易斯安那的殖民地与北方的加拿大。倘若如此，英国的殖民地将囿于沿海地区，断了向西扩张的道路。两国于1754年爆发了战争。布拉多克将军奉命重树英国

1 百姓对皮特的称呼。
2 加拿大东南部新斯科舍省布雷顿角岛东南部海港。
3 北美阿巴拉契亚山系西部的分支。

在阿勒格尼山脉以西的威信，可惜却在宾夕法尼亚被法国人和印第安人打得落花流水。在这场战役中，弗吉尼亚一位名叫乔治·华盛顿的年轻军官初露锋芒。新英格兰殖民地东临哈德逊流域，等于为敌人敞开了大门。殖民地各自为政，希望靠各自的民兵赶走印第安人和法国殖民者，却一致不信任母国的内阁，除此之外，再没有别的共同点。虽说英国在美洲的殖民者高达一百多万，人数远远超过了法国人，可惜他们争执不休、形同一盘散沙，让这一优势荡然无存。多亏了皮特从中斡旋，他们才相互协作，即便如此，殖民地的商人们仍不顾政府的禁令和共同利益，源源不断地供应法国人一切必需物资。

对美洲殖民地的英国人来说，1756 年是个灾年，对各条前线尤其如此。英国人设在五大湖地区的唯一一个要塞奥斯威戈失守。1757 年的战局也一样不利。1740 年代，英国殖民地军队攻占了扼守圣劳伦斯湾的路易斯堡，但 1748 年一纸《亚琛和约》又将其还给了法国。英军这次又奉命去把它夺回。指挥这支军队的是无能、保守的劳顿勋爵。劳顿准备集中殖民地能抽调的一切兵力攻打哈利法克斯[1]，此举无异于向法国人敞开了哈德逊河谷的大门。河谷的入口是克朗波因特、爱德华、与威廉·亨利三座要塞。加拿大总督蒙卡尔姆手下的法国人和印第安盟友翻过树木茂密的崇山，越过边界，包围了威廉亨利要塞。这个小小的殖民地要塞坚守了五天，最后被迫缴械。蒙卡尔姆未能管住印第安盟友，俘虏们惨遭屠杀。这场惨剧让新英格兰人终生难忘。但怪只怪劳顿。英军保护不了他们，新英格兰任法国人宰割，本应保护他们的军队却在哈利法克斯浪费时间。到了七月底，劳顿认为路易斯堡易守难攻，放弃了进攻。

皮特如今专注于美洲殖民地的战争。整整一个冬季，他都在研究地图，向官员和总督们发号施令。他拟订了作战方案，准备于 1758 年分三路进攻，同时还召回了劳顿。接替劳顿的阿默斯特和沃尔夫准将在海军的支援下，从哈利法克斯沿圣劳伦斯河北上，直取魁北克。阿伯克龙比的另一支军队攻占哈德逊河口的乔治湖，在攻打魁北克前与阿默斯特和沃尔夫回合。第三路由福布斯准将指挥，从宾夕法尼亚沿俄亥俄河谷北上，占领沿俄亥俄

---

1 加拿大港市。

与密西西比河的一座法国要塞杜魁斯。另外又部署了一支海军舰队，切断法国的增援。

英国人如今可以坐镇白厅，运筹帷幄、指挥战争，但在航海年代，要监管远在三千英里外的战场，实属鞭长莫及。阿默斯特与沃尔夫北上攻打加拿大边界。同年七月份占领路易斯堡。但从提康德罗加出发的阿伯克龙比却在茂密的森林中行动迟缓，手下的军队受到重创，只得停止了进攻。宾夕法尼亚这一路较为顺利，他们攻克了杜魁斯要塞，更名为匹兹堡；可惜兵力不足，组织混乱，仗没打完就被迫撤兵。在给皮特的急信中，福布斯愤慨地描述了这一情况："在下窃以为从弗吉尼亚与宾夕法尼亚抽调的是精兵强将，谁知却遗憾地发现，除屈指可数的几位主要军官，其余人等都是一帮破产的客栈老板、赛马骑手和西印度群岛的商人组成的乌合之众，他们手下的官兵与他们的长官如出一辙，也好不到哪里去，因为他们都是来自各个国家的垃圾中的垃圾……"这番话反映了英国军官与美洲殖民者之间的关系日益恶化，彼此严重缺乏了解。

各路人马进展甚微，但皮特并不气馁。他认为，局部攻打法属殖民地起不了作用，要联合各路人马，发动从新斯科舍到俄亥俄的全线进攻。1758 年 12 月 29 日，阿默斯特又接到了一道意在阻止法国人扩张的新指示，指示中同时提到，"望各位尽量将安大略湖一线的行动推进到尼亚加拉，着手进攻该处要塞，如果能成功，将极大地有助于我们控制五大湖，同时有效地斩断加拿大与南方法属殖民地之间的联系。"

新指示还详细论述了争取北美印第安人的重要性，但阿默斯特却不以为然。几个月前他还致信皮特，称一大批印第安人愿意与他结好，"他们是一群懒骨头、酗酒成性、一无是处，只是在我们采取进攻的时候，或许还有些用处。法国人需要他们，更怕他们；人数越多越可怕，也许能发挥积极的作用。"但令英国人庆幸的是，在英法殖民地之间的五大湖附近占据战略要地的六个易洛魁部落普遍比较友好；他们与美洲殖民者一样，担心法国打俄亥俄与密西西比的主意。

按新制定的作战计划，海军将在来年进攻法属西印度群岛，尽管有前车之鉴，他们仍出兵沿劳伦斯河北上，猛攻加拿大。自从 1711 年一仗以来，英军曾沿这条大河北上发动了数次进攻。沃尔夫汇报，海军都“不愿领”这趟苦差，这也的确是冒险。这次行动由另一支部队配合，沿哈德逊河北上攻打五大湖地区的法属尼亚加拉要塞，皮特在指示中点明了此举的意义。

这个方案一举成功。1759 年，英国军队威震全球。同年五月份，海军占领了瓜德罗普岛，它是西印度群岛中的产糖大岛。同年七月，阿默斯特占领提康德罗加和尼亚加拉要塞，将美洲殖民地的边界推进到五大湖区。同年九月份，英军沿圣劳伦斯河北上，远征魁北克。沃尔夫趁着夜色亲自侦查了这条河的地形，并且背诵格雷的《挽歌》逗军官们开心：“荣耀的唯一归宿是坟墓。”在海陆两军的密切配合下，沃尔夫趁着夜幕的掩护率领官兵悄悄上岸，沿着偏僻的小路攀上亚伯拉罕高地陡峭的悬崖。沃尔夫身负重伤，一直撑到胜利在望才去世，临死还喃喃地念道，“感谢上帝，我能安心归天了。”

不过，要想为英语世界争取加拿大，还需要一年的战斗。1760 年 5 月，英国魁北克驻军被困一个冬天后才突围。阿默斯特经过慎重、周密地筹划，集中兵力攻打蒙特利尔，并于同年 9 月攻下该城，法属加拿大辽阔的行省从此易手。英军这几年的确连年顺利。

法军海军无所作为是此战的一大重点。要是在英国海军舰只 1759 年集结哈利法克斯期间，法国海军封锁纽约，兴许能粉碎阿默斯特进攻蒙特利尔。如果在沃尔夫率英海军舰队开赴圣劳伦斯河期间突袭哈利法克斯，法国海军兴许能赢得魁北克一役。可惜一切都为时已晚。英国海军源源不断地增援新世界。1761 年，阿默斯特率领人马远征马提尼克岛。占领了这个富饶的岛屿后，英国举国欢腾。霍勒斯 · 沃波尔在一封信中写道，“要我说，是（皮特）的辩才征服了马提尼克岛……罗马人用三百年才征服世界，我们却以三仗定全球，而且版图扩大了一倍。”

英语民族从此在北美安居乐业。皮特不仅夺得了加拿大、丰富的渔业资源、与西印度群岛的贸易，而且断绝了法国人建立一个从蒙特利尔到西奥尔良的殖民帝国的美梦和威胁。可他没想到，排除了法国的威胁却最终导致英属殖民地脱离大英帝国。

皮特成功了，但也栽在成功上。恰如马尔博罗与戈多尔芬在马尔普拉凯一战后面临的日益高涨的反战情绪，皮特如今也在自己掌握大权的内阁成了孤家寡人，自从1759年大捷后，他遇到了迅猛的反战热潮。但在大部分人的眼中，他仍是“伟大的议员”。这位孤僻、傲慢的人受到公众的追捧。他打破了贵族政治这个狭隘的圈子，他的魄力和口才赢得了公众的好感。他一反当时的传统，将下议院当作为国效力的平台。他颇具古风、措辞严谨的演说针对的不是纽卡斯尔公爵的支持者，而是广大的听众。皮特瞧不起党派和党派组织，他走上仕途是得到了一个人的青睐。他不辞辛苦、专心一志的工作作风令与他打过交道的人生厌。他年轻时身患严重痛风，只得强忍病痛解决战时内阁的烦恼。他从不花心思与阁僚走动，除了每周与纽卡斯尔公爵和财政大臣的例会，为他的作战方针筹措经费，为沃尔夫和克莱夫拨放军费和增派援兵，拨发腓特烈大帝津贴，他几乎足不出户，在办公室处理一切事务。可惜他的权势如过眼云烟。不仅内阁的阁僚与他为敌，连威尔士王妃及其莱斯特王朝等从前的政治盟友也看不惯他傲慢和遮遮掩掩的作风。小王储从小就受到母亲及其亲信比特伯爵反对意见的熏陶。他们如今认为皮特是个叛徒，指责他1746年出任首相是背叛。将来要担任要职的比特是皮特最危险的对手，他煽风点火，反对这位首相的战争政策。

皮特的位置岌岌可危。他铲除了法国在印度和北美的势力，夺得了法属西印度群岛。大不列颠似乎已经如愿以偿。如今只剩下投在普鲁士上的这笔不得人心的开销，比特认为要利用厌战情绪反对皮特易如反掌。连一些忠贞爱国的阁僚也怀疑是否要继续打下去，英国占领的领土超出了它的保护能力。此战恢复了英国自拉米伊大捷之后的国际地位。打仗势必要有开销。这一战早就出现了连最辉煌的战绩也免不了的后果，工人和农民担负着苛捐杂税，股票经纪人和承包商却大发横财。皮特费尽口舌，称一日不在欧洲打败法国，就没有长久或圆满的和平，结果也是枉然。拖垮法国之前与它讲条件，恐怕要重蹈托利党人在乌特勒支的覆辙，充其量是为下一次较量赢得了喘息的机会。认识到自己的处境，皮特不禁五味杂陈。他的帝国战争政策太过一帆风顺，余下工作是给普鲁士一笔人人反感、数目客可观的补贴，但他清楚，只有这样才能最终消灭法国。

1760 年，乔治二世驾崩，他向来不喜欢皮特，但器重他的能力。皮特直言不讳地说过，“侍君兴许是一种责任，但对有此荣幸的人来说，却是最辛苦的一项差事。”新君乔治三世的脾气与父亲截然相反。他清楚地明白自己想去哪里，要做什么。他想当一位国王，一位英国人臣服和敬重的国王。在辉格党政权的长期统治下，下议院俨然成了一个不负责任的独裁机构。乔治三世年少气盛、品德高尚，从外表上看，无疑是一位彻头彻尾的英国君主，将英国的自由交付在这样一位国王手中，难道不比某派系依靠腐败不堪的下议院治理国家更加保险？他要终结派系操控的内阁，亲自任命阁员，给他们撑腰，一举肃清政治上的腐败。但在这样一个君主国家，能否容得下皮特这种人？他的成就既不靠腐败，又不靠国王，而是靠臣民的支持，以及他独揽下议院的大权。只要他仍然在任，就难免与恺撒分庭抗礼。他情非得已，虽然发自内心地尊重皮特和乔治三世，但谁都看得出，皮特才华出众，国王平庸无能。“幕后大臣”比特如今独揽枢密院的大权。纽卡斯尔早就不满同僚严厉、盛气凌人的作风，恨不得将他扳倒为快。当时有人主张议和。英法两国在海牙举行了谈判，但由于皮特不肯撇开普鲁士，双方不欢而散。法国国防大臣如五十年前的托尔西那样看准了机会，他知道，皮特大势已去。1761 年，法国与西班牙结盟，同年九月，与英国的和谈破裂。有西班牙在美洲做后盾，法国或许能重振新世界的霸权。

皮特希望与西班牙一仗能像 1739 年一样重振国民的精神。借机夺取几个西班牙殖民地说不定能投伦敦金融界的所好。他向内阁提出向西班牙宣战，却发现自己成了孤家寡人。他向阁僚发表了一篇慷慨激昂的演讲，“我对我的行为负责，但对不曾插手的事概不负责。”这番话遭到被他毁了仕途的老冤家，已成为格伦维尔勋爵的科特里特的猛烈抨击。“这位先生说到对人民负责，却满口下议院的口气，他忘了身在这个内阁，他只对国王负责。”皮特别无选择，只能辞职。

1689 年至 1789 年这一百年中，皮特是堪比马尔博罗的英国伟人。“在世界史上，”卡莱尔写道，“他当了四年英国事实上的国王。”他不是第一位放眼世界，将威廉三世的政治理念放之四海的英国政治家，但他却是第一位以实现大英帝国主义为己任的伟人。皮特还利用民意影响政治，削弱了一手遮天的几大辉格党派系。他的英雄时代已成过去。他命令各个派系说，“要团结一心”。五年后，他将受命危难，抱病重掌大权。那时，他以雄辩的口才将继任者驳得体无完肤。

仰仗不了皮特的威望，纽卡斯尔这下成了人家的砧上肉，大权轻易落入了比特勋爵之手。比特万贯家私，掌握着苏格兰的选票，但要说到称职，也是当年在王太后懿驾前做侍从官的时候。自从白金汉公爵遇刺以来，英国内阁第一次交给了一个没从过政的人，他与议会唯一的关系是二十年前代表苏格兰上院坐过几天议会的板凳。伦敦市民以一幅画着长筒靴和一条衬裙的画，表达他们对国王任命比特的不满。

皮特辞职不到三个月，内阁迫于无奈，对西班牙宣战。英军此后在西印度群岛等地连连告捷。英国海军舰队占领哈瓦那港，钳制了西班牙本土的贸易命脉，以及来往的运宝船队。在太平洋，一支舰队从马德拉南下菲律宾，占领了马尼拉。英国成了除欧洲以外海上和陆地的主人，只可惜这些战绩多半付诸东流。

继《乌特勒支和约》五十年后，英国又与法国签订了一纸和约。比特委派贝德福德公爵（Bedford）赴巴黎商谈具体条款。这位公爵担心英国占领的土地太多，欧洲盟国会对它虎视眈眈，心怀不满，伺机出手。他认为应采取绥靖政策，慷慨地交还占领的土地。但皮特的意见却截然相反，他认为，除非置法国和西班牙于死地，否则就难有长久的安定与和平。他无缘和谈，只能狠狠地斥责这纸和约破坏了国家的安全。

不过，按1763年《巴黎和约》的条款，英国也收获颇丰。它获得了加拿大、新斯科舍岛以及相邻的岛屿，还有对北美印第安人贸易有着重要意义的密西西比河通航权。此外还收获了西印度群岛的格林纳达、圣文森特、多米尼加和多巴哥。从西班牙手中接管了佛罗里达，非洲的塞内加尔。在印度，东印度公司保住了英国征战来的广袤领土，尽管将贸易重镇归还了法国，但却彻底挫败了法国人在南亚次大陆的政治野心。在欧洲，米诺卡岛又纳入了英国的版图，并且拆毁了敦刻尔克的防御工事。

这个定鼎大英帝国的和约受到史学家们大肆吹捧，但他们却对其战略上的不利之处视而不见。和约充分体现了贝德福德公爵的观点。法国保住了海军，收回了位于圣劳伦斯湾的圣皮埃尔和密克隆两座岛屿的主权，以及纽芬兰沿海的捕鱼权。这几个地方是法国海军发家之地，法国在此部署了约一万四千名官兵，每年从此获得的商业利润近五十万英镑。法国或许还能在此建成海军基地，或建立一块向丢掉的加拿大殖民地走私法国货物的集散地。西印度群岛最大的战利品，盛产食糖的瓜德罗普岛，外加马提尼克岛、贝尔岛和圣卢西亚也被悉数奉还了法国人。瓜德罗普岛物产丰富，英国内阁甚至考虑留下此地，将加拿大归还法国人。上述诸岛也是法国人将来对付英国的理想的海军基地。

西班牙收复了扼守加勒比海的战略要冲哈瓦那港，此外还收回了对华贸易中心马尼拉。如果英国人不肯松这两个地方，法国和西班牙两国的海军恐怕永远要看英国的脸色。在非洲，内阁不顾皮特的反对，将格雷岛奉还了法国，格雷岛是海盗的老巢，经常打劫来往东印度的商船。此外，和约丝毫不顾及腓特烈大帝的利益。这个联盟只剩下了他一个孤家寡人。这位普鲁士领袖认为这是背叛，此后一直耿耿于怀，一辈子也不肯原谅英国。

国人虽说普遍渴望和平，但这些条款却与他们的期望相去甚远，议会是否会批准，似乎还是一个疑问。要获得多数通过，内阁必须不惜一切手段，这些手段再熟悉不过了。他们在议会中耍尽了阴谋和诡计。明着与内阁作对的上下院议员都丢掉了各自有幸担任的职务。皮特严词声讨和约，称这是要将英国拖入战火，结果白费口舌。和约最终以三百一十九票对六十五票获得通过。绥靖与妥协占了上风。皮特眼睁睁地看着人家蓄意糟蹋自己的战果，但他消沉的结论却道出了一个真谛。他认为和约的条款中埋着战争的种子："和平并不保险，因为它纵虎归山。和平存在欠缺，因为我们得不偿失。"

第十二章　与美洲殖民地的冲突

乔治三世继位为英国政治生活带来了重大变革。从理论和法律上来说，君主在制定国策、任免大臣和官员、国家开支等方面仍掌握着决定权。几百年来，国王在上述大事等方面的许多决策始终影响深远，得到臣民的普遍认同，但自从汉诺威王朝以来，代为行使王权的却是议会中的辉格党人。沃波尔和纽卡斯尔是大臣，更是摄政王。他们与支持者夺得和执掌大权达五十年之久，这有着诸多方面原因。乔治一世和乔治二世都不懂英语，在观点、秉性、意见等方面都与英国人格格不入，他们任用的朝臣也多半是日耳曼人，其关注点只在汉诺威和欧洲大陆，另外他们能登上英国王位，也离不开辉格党人的支持。如今时过境迁，乔治三世至少自认为是一位地道的英国人，也努力做一名英国人。他在英国受到母亲和比特公爵的悉心教育，比特公爵是苏格兰人，在对手的眼中，他也是一个托利党。乔治三世有据可考的最早作品，是少年时期写作的一篇关于阿尔弗烈德大王[1]的文章。据说，他的母亲对他说过，“乔治，你要做一位国王”。乔治听从了母亲的教诲。在位期间，他在一些根本问题上连连失策，但从长远来看，却让英国臣民有幸得到彻底的自由。在随后发生的灾难中诞生了如今的议会制，但这场灾难却令人生畏、撼天动地。乔治三世驾崩前，美洲殖民地已脱离了英国获得独立，当初的大英帝国解体，国王气得大发雷霆。

---

1 849—899 年，英格兰韦塞克斯王国国王，在位时间为 871—899 年。

乔治登基之初，前途似乎一片光明，当时是收回皇权的一大契机。只要有人反对汉诺威王室继承王位，辉格党人就会给托利党人扣上一顶詹姆斯二世党人的帽子，将他们赶下台，不过，到了1760年，斯图亚特王朝僭君彻底死了心，继承权已无可非议，乔治三世在反对辉格党独揽大权的保皇和爱国主义高潮中登基为王。一大批支持托利党的"乡村党"终于归顺了君主，将国内痛恨辉格党贵族独揽大权的臣民团结在国王和他们周围。乔治三世从而得到了许多"国王自己人"的支持，他们忠心耿耿、贪图权力，一心要帮他"赶走老帮派"。他和比特着手安排此事。1761年，英国举行全国大选，纽卡斯尔再无权分封官爵，新国王将许多官职赏赐了拥护自己的亲信。同年3月份，比特奉命出任国务大臣，翌年春天，怨气冲天的纽卡斯尔被罢了官。继位不到两年，"国王自己人"就主宰了下议院。他们虽算不得现代意义上的政党，但只要是国王委任的政府，他们一概拥护。国王再一次主政，年少气盛的他让辉格党人搬起石头砸了自己的脚。不过，直到1770年，他才牢牢地掌握政治机器，在此之前，他一直在苦苦物色可靠的大臣。

他在位的头十年，议会中的各个帮派钩心斗角，形同一团乱麻，有人顺应新形势，有人却消极抵制国王的新政。各个派系的领袖们争执不休，让乔治又气又恼，伤透了脑筋。皮特当时仍担任议会议员，"他既无朋友，也无人搭理"，心情低落。许多人赞成约翰逊博士对这个苏格兰人的评价，积怨甚多的比特于1963年初下台。继任的乔治·格伦维尔是一位执拗的律师，依仗的是贝德福德这座大靠山，一个化名"朱尼厄斯"的人在匿名信中写到，"他怕是收买和出卖了英国一半以上代表的正直。"格伦维尔虽不甘心充当"幕后大臣"，但却恋栈了两年，美洲殖民地独立，他想必逃脱不了责任。

其他纷争也接连不断。1763年4月23日，一份叫《北布立吞人》的报纸抨击大臣们是"专治和腐败的走狗和工具……他们将互相倾轧的风气传遍了全国，我敢说，他们一日不下台，这种风气一日不会根绝。"格伦维尔的内阁被斥为与不得人心的比特勋爵是一路货色。作者含沙射影地说，与法国的和谈不仅无耻而且下作，连国王也难辞其咎。乔治三世勃然大怒。一个星期后，国务大臣签发了一纸逮捕令，下令查出和逮捕《北布立吞人》第 45 期（均未署名）的作者、印刷者和出版人。当局大肆搜查，查封了报纸，近五十名嫌犯被抓获归案。议会议员约翰·威尔克斯一贯放浪形骸，他也是嫌犯之一。他被关进了伦敦塔，但却拒绝回答一切问题，并且提出抗辩，称逮捕令不合法，议会议员享有豁免权。国内一片哗然，纷纷质疑没有列明嫌犯名字的“空白”逮捕令是否违规，一时间成了涉及宪法的一个重要问题。威尔克斯的罪名是煽动性诽谤。再度竞选议员的时候，他的问题成了全国性的大事。思想激进的伦敦人难得见有人不买内阁的账，1768 年 3 月，他当选米德尔塞克斯郡[1]议员。翌年 2 月，下议院取消了他的资格，进行补选。威尔克斯再度胜出，获得了一千一百四十三票，而内阁的对手仅得了二百九十六票。伦敦人点起篝火以示庆祝。议会宣布此次补选无效，威尔克斯再度被捕入狱，罪名是模仿教皇的“论男人”，出版了一本诲淫诲盗的“论女人”，这反而让他成了伦敦人的偶像。内阁最终宣布他的对手合法当选米德尔塞克斯郡议员。威尔克斯 1770 年 4 月获释那天，伦敦张灯结彩，夹道欢迎。经过漫长的斗争，他终于当选伦敦市长，继而又当选议会议员。

十八世纪国家机器的腐败暴露无遗。内阁不承认威尔克斯议员资格，等于否认选民选举代表自己的议员，明摆着议会是一个水泼不进的特权机构。这时候，威尔克斯的事业得到了一位英国人的强力支持。如今已是查塔姆勋爵的皮特激烈抨击空白逮捕令的合法性以及政治腐败，他认为增加各郡的议席将增加选区，减少小城镇更容易滋生的腐败。他的演说是十八世纪最早的议会改革诉求。不过，要在这方面取得进展，还有待时日。

不过，抗议空白逮捕令的呼声迫使法官们就人身自由、内阁权限与言论自由表明了态度。威尔克斯等受害人一纸诉状将执行逮捕令的官员告上了法庭。法官们判定逮捕令非法。官员们认为自己实属冤枉，因为他们不过是奉内阁的命令行事。首席法官卡姆登撰文驳斥了这一冠冕堂皇而又荒谬绝伦的借口，这段文字至今仍是有关法治的经典名言，“说到谈论国是，”卡姆登

---

1 英国英格兰东南部旧郡。

勋爵说，“与危害国家及其他罪行的区别，习惯法没有此依据，法典中也不曾提及。”如果一位大臣下达一条非法的命令，那么，他和执行的官吏都要担负与普通人一样的责任。闯入威尔克斯家、抢走文件的副国务大臣、与逮捕印刷商的钦差大臣是擅闯民宅，都要受到相应的处罚。陪审团判定他们非法拘禁，要支付巨额赔偿的时候，法官们都未予干涉。国务大臣自掏腰包，赔偿了威尔克斯四千英镑的损失。另一位原告仅仅被拘留了几个小时，而且有牛排吃，有酒喝，也拿得了三百英镑的赔偿。首席法官说，“陪审团认为，在法庭上，原告受到轻微伤害或他们卑微的地位，无关于自由受到侵害的重大法律问题。”

这的确是针对独断专行的大臣和唯唯诺诺的官吏的有力手段。人身保护令兴许也保护了臣民免遭非法拘禁之忧，至少保证了他们尽快获释出狱，不过，对非法拘禁提起民事诉讼却击中了当局的要害，陪审团自由裁量自认为合适的金额，震慑了企图打着“国策”的幌子强奸民意的家伙。这个惩戒影响深远。连后来的黑暗时代，英国与拿破仑连年交手，内阁不得不采取种种手段镇压真假卖国贼的日子，议会仍严控和监督侵犯臣民自由的执政权。直到二十世纪两次世界大战期间，才能凭大臣一句话，合法拘禁一名英国人。

出版和言论自由同样不为人关注，却又在稳步地发展。早在乔治一世登基前，议会就否决了修改《许可证法》。一度由星室法院[1]行使的出版审查制度从此不复存在，从此以后，英国人不必事先得到内阁或别人的许可，便可以享有以文字发表意见的普遍自由。议会做出这一决定，并非出于什么大原则，而在于无孔不入的许可证法招致了社会的不满。英国并不是有心确立出版自由。赋予出版自由出于许多无足轻重的缘故。不论怎么说，不必事先批准发表言论并不等于可以口无遮拦，如果一个人发表诽谤、煽动、亵渎、淫秽言论，或者侵犯他人的权利，事后都要为此负责，这就是延续至今的言论自由的限度。言论自由的限度是由众多刑罚和民法条款的定义确定的；这些定义经过不断扩充，以适应时代发展的需要。扩充后的定义又根据以前的原则加以甄别，

---

1 以滥刑专断闻名于世，1614 年被废除。

以此严格限制言论自由。要纠正这种严格的法律，一般做法是靠法官灵活把握，不能死抠字眼。不过，如果遇到民愤，仅凭这一点还远远不够，比如十八世纪，批评内阁的人往往以煽动罪论处，后来陪审团的权力扩大，言论自由才有了保障。多年来，民众在众多审判中坚决主张，陪审团不仅应裁量被告是否发表了指控中提到的言论，而且应裁决该言论是否涉嫌诽谤，福克斯最终将这一民意写入了《诽谤法》（Libel Act）。从此，审理每一起案件，法律的含义由陪审团自行裁量，因此到了十八世纪末，“只要十二名乡亲认为一个人的话无可指责，他可以畅所欲言。”历史不会否认，这里面也有约翰·威尔克斯副市长一份功劳。

在此期间，与美洲的冲突也占据了英国的政治舞台。七年战争后，大片的领地沦为了王土。从加拿大边界到墨西哥湾，美洲殖民地整个腹地都纳入了英国的版图，这些新土地的分配加剧了英国与殖民者之间的矛盾。乔治·华盛顿等一大批人成立了公司，准备从印第安人手中购买边疆地区，但王室却一纸公告，禁止他们买卖和定居。华盛顿等人不理睬这道禁令，他致信地产经纪人，要他“买下（俄亥俄河畔）国王辖区内最肥沃的土地，”华盛顿说，“尽管眼下禁止买卖土地和殖民，但过了这阵风后，也许会予以承认；依我看，这纸公告不过是安抚印第安人的权宜之计（我们不过私下说说而已）”。英国内阁整顿殖民地的尝试引起了殖民者的不满，尤其是在中南部殖民地。

乔治三世也认为殖民地应负担大英帝国和新世界驻军的一部分开支。对此，他有充分的理由。在与法国人的战争中，英国出兵出钱，才保护了他们，或者说他们的生存之地；只可惜英国内阁采取的措施效率低下、轻率。英国决定对殖民地进口的货物征税，1764 年，议会对《糖浆法案》进行了补充。这项法案于 1733 年出台，目的是保护西印度群岛的甘蔗种植者。该法确立了西印度群岛垄断大英帝国的食糖贸易的地位，同时对殖民地的进口货物课以重税。殖民者规避这项法案由来已久，他们只能与法属和西属西印度群岛以货换取糖浆，才能赚到偿还英国债权人的硬通货。新规对他们是个沉重的打击。用一位商人的话说，“议会对我们加以的限制让我们只好利用船舶打主意，再说我们在本岛没有市场，在别处也换不来货物。”

大西洋两岸对这一结果都有怨言。英国内阁发现征收进口税收效甚微，早就关注美洲债务人窘境的英国商人也不愿殖民地的金融出现波动。鉴于间接征税收效甚微，格伦维尔和副手查尔斯·汤曾德征询司法官们的意见，准备对殖民地直接征税。司法官们表示赞成，格伦维尔于是提议殖民地的法律文件一概要贴花纳税。殖民地驻伦敦代表得知这一消息后，致信美洲殖民地议会商讨对策。虽说殖民者一向反对直接征税，但这一次，反对的人却寥寥无几，1765 年，议会通过了《印花税法》。

除了上述两点，印花税并没有增加过重的负担。法律文件贴花无论如何都带不来大的进项。印花税一年给英国带来三十万英镑的收入。在美洲执行印花税有望再增加五万英镑。但印花税也涵盖了报纸，许多报社记者是美洲极端党派中的极端分子。殖民地商人一筹莫展，因为印花税必须以黄金缴纳，而他们本来要用黄金弥补对英贸易逆差。这一争议激化了矛盾，更多的暴乱分子开始崭露头角，并借机进行有组织的抵抗。弗吉尼亚的亨利·帕特里克、马萨诸塞的塞缪尔·亚当斯、南卡罗来纳的克里斯多夫·加兹登等未来的革命领导人出面抨击内阁政策的合法性，同时指责大多数殖民地商人一贯逆来顺受。一小股井然有序的激进势力脱颖而出。尽管殖民地一片哗然，并且派代表召开了一场印花税法大会，可惜美洲殖民地内部却意见不一。发放印花的人被打，住宅和办公室遭到抢劫，但这不过是少数商人和青年律师所为，为的是挑起权利遭到侵犯的民众情绪。英国商人是最得力的反对势力，他们意识到印花税法影响他们收回商业贷款，斥责该法有违大英帝国的商业利益，危及殖民地的财力。

乔治三世的个性决定了事态的发展。他堪称英国史上最正直的一位君王。他嗜好不多，态度谦和，乍一看，仿佛一名典型的小地主。不过，他具有汉诺威王室的头脑，擅于处理琐碎的小事，然而却驾驭不了大事和原则性的问题。他坚持正义，又固执己见，他的固执又让内阁的态度更加强硬。美洲殖民地最终脱离英国，他要负主要责任。他理解不了大臣们居然担心高压政策的后果。

以下是他说的一句直率言语，“我的臣民居然助长了美洲某些殖民地不幸存在的犯上倾向，着实令人震惊。我相信议会，或者说王政厅的才智，我将坚定不移地落实他们为维护大不列颠的立法权和王国商业利益提出的措施。”

格伦维尔及其党羽独揽大权，他早就心有嫌隙，但又担心国内日益高涨的不满和乱象。到了这个时候，他终于认识到不该排斥辉格党阁员，于是他寻求和解。1765 年 7 月，罗金厄姆侯爵这位腼腆、善良的辉格党人为乔治的诚意打动，奉命组建内阁，侯爵还带来了自己的私人秘书，埃德蒙·伯克。这位年轻的爱尔兰人在文学圈子早已小有名气，是一位优秀的作家和演说家。不仅如此，他还是一位伟大的政治思想家。作为一名外族人，他不偏不倚地旁观英国的政治斗争和英格兰人的性格，并对当时局势做出深刻分析，这令那些深陷其中且受传统观念束缚的人们望尘莫及。

1714 年后，党派逐渐衰落瓦解。1760 年以后，国王亲自主政，再加上相继出现了几个原则性的大问题，辉格党失去了靠山，分裂成几个互相倾轧的派系。国王略施小计，打垮了他们。罗金厄姆的追随者多半为人正派，只可惜人少势微，又缺乏主见。伯克想笼络他们，组建一个高效的政党。他可以为该党出谋划策，但他首先要让辉格党人相信，一个共同的原则可以组建和凝聚一个政党。此外，他还要消除一个普遍的偏见，那就是将政党本身视为一个声名狼藉的组织，这种偏见又因为皮特瞧不起党派和党派斗争愈发根深蒂固。下野的政客不必出席议会，而是退隐归乡，等待有朝一日再得到国王的恩宠，赏一个肥缺，这是一个由来已久的老传统。谢尔本与亨利·福克斯等各个派系向来我行我素，坚决反对伯克将他们组成一个党。亨利·福克斯曾致信罗金厄姆，“你以为继续做个一事无成的反对派，也能为国效力。我却认为除了执政，其他道路都行不通。”

伯克认为，党应该有一个固定的党纲，在野期间宣传，执政期间实施，目前的新形势显然需要一个这样的党纲。伯克在爱尔兰、美洲和印度等问题上态度明确。他和他的党主张同殖民地和解，放宽对爱尔兰贸易的管制，以治理英国的道德基础治理印度。至于内政，他建议议会摆脱国王的从属地位，废除众多的闲职，遏制腐败。用他自己的话说，可惜没有一个强大、组织严密的党为他提供“权力和门路”。多年来，伯克仿佛一个在旷野中呐喊的声音，频频发出愤怒的狂叫。他是一位堪比古人的雄辩家，一位杰出的政治理论家，只可惜他缺乏判断力，自制力差。他或许是爱尔兰史上最伟大的一个人。凭他的才能，再加上稍许英格兰人的懒散和尖刻，亨利·福克斯大名鼎鼎的儿子查尔斯·詹姆斯·福克斯正是深谙此道，伯克若能向他借鉴一二，兴许能成为英国最伟大的政治家。

罗金厄姆的内阁维持了十三个月，此间通过了三个法案，一举平息了格伦维尔挑起的大西洋两岸的仇恨。他们废止了印花税法，敦促下议院宣布空白逮捕令和查封私人信件属非法行为。与此同时，他们又通过所谓的《公告法》，重申了议会对殖民地征税的权力。不过，乔治三世决意要废除这几个法案，病糊涂了的皮特经不住国王的好言相劝，再加上他对政党一向没有好感，居然答应挂名那个无政治原则的新内阁。他傲慢如故，但权力却非同往昔；“伟大的议员”这一名望也因为他突然受封查塔姆伯爵而黯然失色。实权悄然落入了查尔斯·汤曾德、克拉夫顿公爵（Grafton）和谢尔本勋爵的手中。1767年，汤曾德不顾谢尔本的反对，提出对美洲进口的纸张、玻璃、铅和茶叶征收进口税的提案，在美洲引起轩然大波。殖民地的货币储备日渐耗尽，新岁入即使有盈余，也不会如原来说的那样，用于维护英国驻军，而是给殖民地的英国官员发薪水。这样一来，官员们将不再依附殖民地议会，因为议会对付强硬的总督的一个撒手锏是停发他们的薪水。即便如此，各地仍没有起义的想法。

马萨诸塞总督哈钦森等有识之士认为，如果征税行不通，还不如不强征，他们说，事后再收回成命只会“助长企图独立的人的野心”。宾夕法尼亚总督约翰·迪金森在《农民来信》这本当时广为传颂的小册子上公开提出了异议。信中措辞谨慎，在这个阶段，希望脱离联邦的人的确寥寥无几。他们嘴上说不承认议会对殖民地的权力，但对国王和大英帝国忠心耿耿的却大有人在，反对者多半是有身份的商人，他们认为在商业层面有组织又有节制的抵制才能让英国内阁明白道理。

马萨诸塞议会会同其他殖民地机关提议联合请愿，抵制新税。殖民地有组织的抵制如今遍及北美大陆，各自逐渐放下了地方主义和互相妒忌这两道藩篱。各殖民地达成了不进口协议，有组织并且成功地抵制了英国货物。殖民地群情开始高涨。1678 年 5 月，皇家海关官员在沿海拦截并搜查了波士顿头号富商约翰·汉考克的一艘小帆船“自由号”。殖民者强行将船救走。截至 1769 年，英国对美洲出口下降了一半。内阁虽不十分担心，但却也不能不以为意。英国答应降低关税，但茶叶例外。这项提案以一票反对获得多数通过。议会保留一磅茶叶征收三便士税的法案，以此宣示对殖民地的宗主权。

仿佛神来之手，萦绕查塔姆脑际的迷雾突然间烟消云散。1768 年，他因身体欠佳辞职，克拉夫顿接了他的班。他清醒过来后看到的局势足以让人退避三舍。我们都知道，国王及其议会中的亲信鬼迷心窍，一心想把约翰·威尔克斯赶出下议院，此举实际是侵犯了全国选民的权利。不知是何人的“朱尼厄斯”不放过一个惹恼了他的大臣。美洲虽未发生流血冲突，但帝国瓦解的种种迹象却摆在了明眼人的眼前。经历了十二年的钩心斗角，乔治三世终于找到了一位言听计从的首相。1770 年，诺斯勋爵出任第一财政大臣。诺斯仪表堂堂、能力出众、性情随和，但英国丧失美洲殖民地，恰恰是他在任期间。

起初看似风平浪静。美洲商人们见废除进口税，欣喜万分，截至 1770 年年中，除了波士顿，各地看似实现了全面和解。塞缪尔·亚当斯是一位经验丰富的抵抗组织者以及脱离英国的煽动者，他看出斗争到了关键阶段。迄今为止，这场纷争说到底是一场贸易纠纷，美洲商人也好，英国的大臣们也好，谁都不赞成他的观点。亚当斯担心，要是不激起更多的矛盾，殖民地的抵抗运动恐怕就此土崩瓦解，英国人将重新确立他们的权威，于是他和其他激进领袖开始着手制造事端。

取消进口税的消息刚刚传到美洲，就发生了第一起流血冲突。英国驻军多半在波士顿。颇不得当地民心，再加上亚当斯到处散布谣言，对他们恶意中伤，于是，一身大红军装的“龙虾”[1]所到之处，都会遭到民众的侮辱和奚落。1770 年 3 月，波士顿几名顽童一再用雪球砸向海关门口的一名哨兵，从而引发了一场暴乱。几名士兵在混乱和喧嚣声中开了枪，造成了伤亡。“惨案”

---

1 对英国兵的蔑称。

这种事正中亚当斯的下怀。但有产阶级中的温和派却惶惶不安，殖民地内部也意见不一。激进派怎肯善罢甘休。1772 年 6 月，暴徒纵火焚烧了停泊在罗德岛对面的英国缉私船皇家海军“加斯比”号。

马萨诸塞各地成立了“联络委员会”，到该年年底，“联络委员会”遍及二十五个城镇。以年轻的帕特里克·亨利为首的弗吉尼亚煽动分子在议会设立了一个常务委员会，负责联络其他殖民地，许多类似的机构很快应运而生。他们悄然且迅速地成立了起义组织。

不过，激进派仍属少数，反对草率与英国决裂的却大有人在。殖民地驻伦敦首席代表本杰明·富兰克林晚在 1773 年还写道，“……我们当中一些极端人士似乎赞成立刻决裂；但我认为，如果我们谨慎从事，我们的力量将不断发展壮大，我们的诉求必将得到满足，如果仓促上阵，也许会被打垮，不得翻身……在统治者与被统治者之间，政府的每一个错误，每一次侵权都不值得起义，……加之这是一个信仰新教的国家（尽管它冷酷无情，但毕竟是我们的母国）是值得维护的，它在欧洲的分量和安全很大程度上取决于我们与她的统一。”尽管发生了波士顿“惨案”、公海暴力、贸易纷争、再加上亚当斯等人的煽风点火，但骚乱却逐渐平息，恰恰在这个时候，诺斯勋爵铸成了一个大错。

东印度公司濒临倒闭，无奈之下，内阁只得出手相救。内阁通过了一项没有引起议员注意的法案，授权该公司将大批积压的茶叶直接运往殖民地，无须缴纳进口税，通过其在美洲的代理商经销。该法案实际是授予了东印度公司垄断权。大西洋彼岸顿时一片哗然。激进人士谴责此举侵犯了他们的自由，茶商们面临破产之忧。从英国海关进口茶叶的货主及其销售茶叶的中间商都要关门大吉。该法实现了亚当斯没有办到的事，统一了殖民地反对英国的声浪。

自称“爱国者”的激进派趁机制造事端。1773 年 12 月，第一批货物抵达波士顿。激进分子化妆成印第安人，登船捣毁了茶箱。“昨晚，”塞缪尔的表兄，未来的第二任美国总统约翰·亚当斯写道，“有三船武夷山茶被倒入大海……这是独一无二的壮举。对爱国人士最后一搏的威严和崇高，我深表钦佩……销毁茶叶这一壮举大胆、果敢、坚决、无畏，必将影响深远，我不禁认为这是划时代的一件大事。此次行动只是摧毁了物资，下次类似的民运兴许要牺牲人命。许多人希望漂浮在港内的不是茶箱，而是密密麻麻的尸体。其实，用不着牺牲那么多生命，就能消除我们一切困苦和不幸的根源。”

消息传到伦敦，内阁主张采取高压手段的强硬派占了大多数。伯克与查塔姆主张和解，但无人理睬。议会颁布了一系列“强制条例”，勒令马萨诸塞解散议会，宣布这块殖民地收归国王直接管理，关闭波士顿港，规定这里的法官一概由国王任免。这些法案仅限于马萨诸塞；只有“驻军法案”适用于其他各殖民地，法案宣布，为维护秩序，各殖民地都要派遣驻军。英国指望靠这一手孤立抵抗势力，结果适得其反。

1774 年 9 月，各殖民地在费城召开了一次代表大会。激进派暂且不能放手行动，代表们讨论的还是贸易抵制。此次会议设立了一个委员会，决意断绝与英国的一切贸易往来，除非他们废除强制法案，各地的联络委员会负责执行这一方案。大会还宣读了《权利宣言》，要求废除英国议会自 1773 年以来颁布的十三个贸易法案。发往伦敦的这份文件措辞恭敬、委婉，但伦敦却顾不得谦谦风度，下议院中对殖民地在西印度群岛的竞争耿耿于怀的“食糖利益集团”；瞧不起殖民地军队的英国军官；财政吃紧、一味坚持殖民地存在是为了母国利益的内阁三者联合起来，打破了最后一线和平的希望。议会不屑地驳回了诉状。

情况这时候急转直下。马萨诸塞军政总督托马斯·盖奇将军打算实施戒严令，可惜力不从心。盖奇是一位出色的军人，无奈他手下只有四千人马，出了波士顿就没了立锥之地。爱国者的殖民地民兵却有近一万人。同年10月份，他们成立了“安全委员会”，多数殖民地都在加紧训练和武装，采购武器装备和弹药。他们从英国驻军那里夺来了大炮，又派人出国采购武器。法国和西班牙一口回绝了英国内阁禁止向美洲出售火药的要求，荷兰商人将火药装进贴着“白酒”的大玻璃瓶，运往美洲。

爱国者们在距离波士顿二十英里的康科德囤积战争物资。被英国议会宣布非法的马萨诸塞议会也在这里召开了会议。盖奇决定查封他们的军火，逮捕亚当斯及其同谋约翰·汉考克。不过，殖民者早有防备。他们每晚派人沿波士顿的大街小巷巡逻，监视英国军队的一举一动。盖奇召集人马的时候，康科德的议会就接到了消息。他们将军火分散转移到康科德以北各个偏僻的小镇，亚当斯与汉考克则转移到了列克星敦。[1]1775 年 4 月 18 日，八百名英军出发，摸黑赶往康科德。不过，秘密很快传了开去。有人从诺斯教堂的尖塔用提灯通风报信。巡逻人员保罗·里维尔快马加鞭地赶往列克星敦，从床上喊起亚当斯与汉考克，催他们快跑。

上午五点，列克星敦七十余名民兵在村前的草坪集结。太阳冉冉升起，三名军官骑马率领的英军先头部队映入了眼帘。为首的军官挥着手中的军刀吼道，“闪开，你们这帮叛贼，快闪开！”民兵队长命令手下解散。殖民地委员会非常担心，生怕他们开第一枪，严令不得与英国正规军发生正面冲突。但混乱中不知谁开了火。英军还以一阵排枪。民兵官兵有死有伤，现场一片混乱。英军纵队撇下残存的民兵，开赴康科德。但乡村这时候已经武装起来，将大批的军火转移到了安全地带。英军好不容易才仓皇撤回波士顿，后面还有敌人穷追不舍。波士顿成了一座孤岛。列克星敦和康科德的消息传遍了其他殖民地，各地的总督和英国官员相继遭到了驱逐。爱国军在“青山仔”队伍领袖，佛蒙特人伊顿·阿伦与康涅狄格商人贝内迪克特·阿诺德的率领下，占领了哈德逊河谷入口处的几个战略要地。加拿大不肯施援手，美洲从此打响了独立战争。

---

1 美国马萨诸塞州东部城镇，1775 年 4 月 19 日美国独立战争的第一次战役在此打响。

第十三章　独立战争

1775 年 5 月，美洲殖民地代表齐聚宾夕法尼亚恬静的小镇费城，在卡彭特厅召开了一次大会。代表们多半是德高望重的律师、医生、商人、地主，他们生怕冲突愈演愈烈，似乎不是一个革命委员会的人选。第一枪已然打响，洒下了鲜血，但希望和解的却不乏其人，他们担心举兵造反可能会重蹈克伦威尔铁甲军的覆辙，反被其害。除了反对贸易政策，他们没有共同的民族传统，缺乏组织，没有工业、国库、外援，也没有军队。许多人仍希望与英国修好。但威廉・豪将军正率兵跨大西洋而来，殖民者面临着一场自相残杀的激烈武装冲突。

波士顿是抵抗的中心，角逐的战场，新英格兰的一万六千名商人和农民将盖奇和美洲大陆唯一一支英军围困在那里。在城内，不仅爱国者与军队之间，连爱国者与亲英分子之间也摩擦不断。军营外被人贴上嘲讽的标语，全城一片混乱。5 月 25 日，豪将军在克林顿与伯戈因[1]两位将军的陪同下，率领援军抵达波士顿港，英军总兵力这下增至六千人。

有了援军的盖奇先发制人。与波士顿北面一水之隔的是一座小小的半岛，由一条狭长地带与大陆相连，岛上的布里德山与邦克山居高临下，俯瞰全城。殖民者只要占领并守住这个制高点，就能用炮将英国人轰出波士顿。6 月 16 日夜，盖奇决定先下手为强，抢占这两个高地，可惜第二天一早，高地上露

1 1722—1792 年，美国独立战争中的英军将军、剧作家。

出了一排工事。爱国军接到波士顿城内的情报，连夜挖出了一条战壕。但他们的阵地并不保险，英国舰队可动用大炮，将他们轰出港口，或者派兵登陆狭长地带，斩断他们与后方的联系。但盖奇决定炫耀一下他的武力，这两手他都没用。他手下有英国最精锐的部队，在以前的战斗中，他和他的同胞极其轻视殖民军。他决定从正面向山头发动进攻，好叫挤在窗口、爬上屋顶的波士顿人亲眼瞧一瞧英军官兵列队大踏步地冲向叛军工事这一奇观。

6 月 17 日下午，烈日当空，豪将军奉盖奇的命令，率领约三千名英军正规军登陆。他召集人马，对他们进行了训话。“你们必须将这些农夫赶出那座山，否则我们就无法在波士顿立足。但我希望你们冲锋时不要超过我一步。”英国官兵排成三列纵队，缓缓向布里德山头进军。四周鸦雀无声。波士顿全城都在观望。到了距离阵地一百码的地方，前方的战壕仍没有动静。但到了五十码的时候，古董猎枪发出一阵大大小小的弹雨，狠狠地打击来犯者。战场上喊叫声和骂声响成一片。阵地后的爱国者喊道，“北方佬难道都是胆小鬼吗？”白丝马裤上沾满血迹的豪将军重整队伍，但又被一阵齐射打得落荒而逃，灰溜溜地跑回了船上。豪将军虽威望顿失，但也看出山头上叛军的弹药即将打光。他率正规军呈一列纵队，向山顶发动了第三次冲锋，将农夫们赶出了阵地。此刻已是傍晚时分。半岛上波士顿一侧的查尔斯顿村陷入了一片火海。一千一名英国官兵倒在了山坡。把守高地的三千农夫，死伤达六分之一。大小马车忙了一夜，才将伤员拉进波士顿。

惨烈的行动在殖民地引起了轰动，其影响堪比八十六年后的布尔溪（Bull Run）[1] 战役。叛贼如今成了英雄，他们打败了训练有素的正规军，一举歼灭了敌军三分之一的兵力，用鲜血洗清了北方佬是胆小鬼这个传言。英国人占领了山头，但美国人却赢得了荣誉。盖奇没再发动新的攻势，同年 10 月，他奉诏灰溜溜地返回了英国。豪将军接过了大权。大西洋两岸的人都感到，一场殊死搏斗即将来临。

爱国人士眼下必须组建一支军队。马萨诸塞已经向费城议会求援，请求

---

1 美国弗吉尼亚州东北部小溪，曾是美国南北战争中的重要战场。

派一名总司令抗击英国人。布里德山行动两天前，议会就批准了他们的请求。但提到人选，代表们却各执一词。他们对新英格兰人没有好感，但又嫉妒他们是这一战的主力军，出于政治上的考虑，他们觉得应任命一名南方人。亚当斯的眼光落向身穿深棕色服装的代表中的一名军人。他就是乔治·华盛顿上校，弗吉尼亚芒特弗农人。这位家道殷实的农场主参加过1750年代的战役，解救过出师不利的布拉多克残部。虽说只不过在边界打过几场小仗，但却是代表中唯一有过从军经历的人。华盛顿这次奉命指挥美洲殖民地的所有军队。伟大的号召靠的是意志，他的号召力却是天生。

殖民地总共有二十八万余名壮丁，但独立战争期间，华盛顿的手下从未超过两万五千人。各殖民地之间互相妒忌，缺少装备、形同散沙，这对华盛顿来说是严峻考验。眼下的当务之急是整顿波士顿这帮乌合之众的纪律，提供弹药。为此他耗费了1775年一个秋冬的心血。不过，大陆会议决定发动进攻，派一支人马远征加拿大。后来遗臭万年的贝内迪克特·阿诺德以及沃尔夫的老部下理查德·蒙哥马利奉命率领这支队伍。他们走的是英军在1759年战役中的行军路线，两人手下只有一千一百名官兵。蒙哥马利不费一枪一弹就攻占了蒙特利尔。然后与吃尽千辛万苦、率领一帮狼狈不堪的队伍赶到魁北克的阿诺德会合。当时时值隆冬，大雪纷飞，两人率兵进攻盖伊·卡尔顿爵士与手下区区几百人把守的亚伯拉罕高地。蒙哥马利阵亡，阿诺德大腿骨折。尽管这次大败，残部仍顶着凛冽的寒风坚守河对岸的阵地。但春天说来就来，圣劳伦斯河面冰雪开始融化之际，敌人的第一批援兵从英国赶到。由于死伤过半，这些爱国者只得一路长途跋涉，退守缅因与提康德罗加堡。加拿大因此躲过了革命的浪潮。法裔加拿大人基本满意英国国王统治下的生活。不久后，许多效忠乔治三世的美国难民涌入了加拿大。

与此同时，豪将军仍被困波士顿，不敢贸然采取报复行动，战争头两年，他至少还抱着和解这线希望。他和手下的部将都是辉格党议会议员，与其他辉格党人一样，他们认为与殖民者这场战争胜算渺茫。他在战场上是一员出色的猛将，只可惜他一向悲观消极。他现在的任务是震慑美国人，但这要英国增派大批的援兵。由于援兵迟迟不到，而波士顿也缺乏战略意义，于是他于 1776 年春撤出该城，转移到大西洋沿岸唯一的英军基地，新斯科舍岛的哈利法克斯。同一时间，克林顿将军奉命率领一小支军队，南下增援查尔斯顿的亲英分子，指望收复中南部的殖民地。爱国者的抵抗日益顽强，尽管大陆会议中的温和派不同意正式发表独立宣言，但英军撤军波士顿却引发了更加强硬的抵抗运动。如果不取得交战国身份，爱国者便不能从国外采购军事物资，只能依靠偷运，而他们亟须军火。保守派渐渐向激进派让了步。最近抵达美洲的英国激进人士汤姆·佩恩出版的一本小册子《常识》（*Common Sense*），成功地阐明了发动革命的理由，这本小册子的影响，远远超过了亚当斯等知识分子的著作。

不过，在解除英美宗主关系的道路上，英国内阁又迈出了一步。1776 年初，内阁颁布《禁止条例》，禁止了与叛邦的一切往来，并且宣布封锁美洲海岸。与此同时，由于一时征不到足够的新兵，英国从德国招募了雇佣兵，派往大西洋对岸的美洲。此举在美洲殖民地引起一片哗然，反而为极端分子助了一臂之力。6 月 7 日，弗吉尼亚人理查德·亨利·李在费城提出了如下决议案："联合殖民地从此成为而且理应成为自由独立的合众国；它们应解除对于英王的一切隶属关系，理应断绝与大不列颠王国之间的一切政治联系。"但十三个殖民地，有六个仍不赞成立刻公布独立宣言。他们担心英国大举出兵，而殖民地却外无盟友，许多人认为，公然反抗怕是要毁了他们的事业，失去支持者。不过，大会终于成立了一个委员会，由托马斯·杰弗逊起草了一份文件，1776 年，美洲殖民地大会一致通过了《独立宣言》。

这份彪炳史册的文件公告了起义的缘由，列数了大不列颠国王二十八条"屡屡巧取豪夺"的罪状。文件的开头部分脍炙人口，成了不朽的名言，"在有关人类事务的发展过程中，当一个民族必须解除其与另一个民族之间的政治联系，并在世界各国之间依照自然法则和造物主的意旨，接受独立与平等的地位时，出于对人类舆论的尊重，他们不得不宣布独立的理由。"

我们认为这些真理不言而喻：人人生而平等，造物主赋予了他们若干不可剥夺的权利，其中包括生命权、自由权和追求幸福的权利。为了保障这些权利，由一部分人组建了政府，由被治理者赋予它们正当的权力。如果哪个政府与这些目标背道而驰，民众有权改组或推翻它，按上述原则组建一个新政府；并且运用它的权力，最大限度地保障民众的安全和为民众谋求幸福。”

总的来说，《独立宣言》重申了鼓舞辉格党人反对末代斯图亚特王朝统治以及引发 1688 年英国革命的原则，《独立宣言》成了爱国运动的象征和号召，造成的直接结果是亲英分子大幅增加，他们被这种公然的挑衅吓破了胆。不过，宣言阐明了殖民地的宗旨，犹豫不决的人只得拿定一个主意。他们如今已无路可退。

这期间，英国人一直待在哈利法克斯等待英国增派援军，苦苦思索对策。军事上的胜利取决于控制哈德逊河流域。如果他们能夺取并掌握这条水路，扼守这条河的要塞，就能一举斩断新英格兰与中西部殖民地的联系，掌握它三分之二的人口以及大部分粮食和财富。但第一步是要占领位于哈德逊河口的纽约。豪可以从这里一路北上，攻克这几个要塞，再与从加拿大南下的一路军队会师。之后，在海军舰艇的支援下，制服多半沿河设立的南方殖民点。这套方案看似胜利在望，因为殖民者没有海军，大不列颠按说能封锁大西洋沿海。可惜这支舰队早已失去了查塔姆伯爵麾下将领们组建它时的雄风。它虽能运送援兵横渡大西洋，但新英格兰私掠船却在沿海的战斗中大显身手，劫下了他们的运输和补给船。1776 年 6 月，豪带兵开赴纽约，出动重兵攻打该城，同年 7 月，他的弟弟，海军上将豪率领一支由五百多艘舰只组成的舰队与援兵从英国驰援。豪手下的官兵一下增至二万五千余人。新世界从未见过这么庞大的一支武装部队。不过，华盛顿早做好了准备，随时准备应战。他集中兵力，部署在纽约周围，这支部队由于开小差和天花，只剩下区区二万人。殖民者阵地部署在长岛山嘴和俯瞰东河[1]的布鲁克林高地，与英军阵地隔海湾相望。到了 8 月份，豪发动了进攻。邦克山一战曾让他吃了一堑，这次他放弃了正面进攻，首先佯攻长岛，接着调集主力部队绕到殖民军左翼，

1 美国纽约州东南部的海峡，位于曼哈顿岛与长岛之间。

突袭其后背。此战告捷，华盛顿被迫退守纽约城。由于逆风阻挠了英国海军舰队的行动，他率领手下的官兵安然渡过了东河。

在这场灾难中，华盛顿请求大陆会议公断，据守纽约似乎无力为之，但弃城又恐挫了爱国者的士气。但大陆会议认为，他应不战而退，撤出纽约，在哈莱姆山打了几场小规模的战斗后，他率兵缓慢地向北撤退。在这个关键时刻，胜利唾手可得。豪控制了纽约及其以上的四十英里哈德逊河。如果他有八十八年后格兰特追赶李将军的本领和魄力，穷追华盛顿，兴许能一举全歼殖民军。但将近一个月的时间，华盛顿平安无事。10月末，他在怀特普莱恩斯[1]的一场激战中再度失利；可惜英国人又无意乘胜追击，华盛顿急欲探明豪到底是朔哈德逊河而上，还是横穿新泽西直取费城。豪决定先取费城。他挥师南下，沿途攻城略地，拿下了纽约附近的几处要塞，费城的代表闻风而逃。成千上万的美国人涌向英军阵地，宣誓向国王效忠。爱国军唯一的退路似乎只有效仿十九世纪的布尔人，率众翻越阿勒格尼山脉，进入一片新土地，逃避英国人的统治。连华盛顿也准备出此下策。“我们当时（如若失败）必须退守弗吉尼亚的奥古斯塔县。凭借人多势众才能保我们的平安，我们要打一场恶战。如果我们失败，只有‘阿勒格尼山脉’这一条退路。”与此同时，他横渡哈德逊河，挥师南下，去保护费城。

英军紧随其后，一举占领了新泽西。爱国者的大业眼看着就要前功尽弃。但华盛顿英勇无畏、时刻待命，命运好歹不负他的一片苦心。由于英军表现出的难以理解的轻率，很快受到了惩罚，英军前哨杂乱无章地分散在新泽西各镇。华盛顿决定赶在豪将军过特拉华河前攻打这几个孤立的堡垒。他相中了由一支德国雇佣军把守的特伦顿村。殖民军于圣诞夜杀入戒备松懈的该村，以两名军官和两名列兵的代价，打死打伤一百零六名黑森雇佣军。并且生擒了其他雇佣军士兵，带到费城游街示众。这次胜利的影响远远超过了它的军事意义。这是此战最关键的时刻。豪的部下康沃利斯勋爵打算在普林斯顿报一箭之仇，结果大败而归。有关康沃利斯的故事，留待下文详述。

---

1 美国纽约州城市。

华盛顿紧追不舍，要断了他的补给线。这一年以英军在新泽西过冬结束，鉴于这两次行动失利，他们只能退守特拉华河以东。英军军官混迹纽约的社交界，过了一个愉快的冬季。与此同时，美国第一批外交官本杰明·富兰克林与塞拉斯·迪恩横渡大西洋，去向法国求援。

我们别让后人误以为英国全民支持美洲殖民地的战争。伯克就不抱此错觉。他在邦克山一战后写道，“谁也不赞成我们奉行的策略，无人指望眼下的准备工作能带来什么好处，民众态度倦怠、冷漠，就好像他们发现事不关己……商人们辜负了我们，也背叛了他们自己……他们当中的头面人物拿到了各种合同、汇款和买卖，赚得盆满钵满，偏偏又千方百计地打压别人的声音……他们，或者说他们当中的绝大多数人嗅到了有利可图的战争散发的腐臭。战争确实也从某种意义上代替了贸易。由于要承担庞大的运输业务，货运业空前地繁荣。粮食和各种物质的巨大需求……振作了商界的精神，他们认为美洲战争不是一场灾难，而是一场在所难免的不幸中的一条财路。”英国的显要政客不仅指责海陆两军指挥不当，而且反对向殖民地动武。

对英国征战美洲殖民地的每一次挫折和不幸，都有人幸灾乐祸。“有人见到祖国失利便乐不可支，这种叛逆心态让我怒不可遏，”内阁的一名支持者写道。“他们毫不掩饰这种态度。一位同情殖民者的公爵几个星期前告诉我，一些舰只在北美沿海的一场风暴中倾覆，他眼中闪烁着喜悦的神色说道：‘一千名英国水兵溺水身亡，无一生还……’在下议院中，说到外省人，有人常常称其为‘我们的军队’。”这种怪诞的行径只能使事情雪上加霜。诚然，要不是反对派歪曲事实掩盖了国人的真实看法，诺斯勋爵的政府或许很快土崩瓦解。独立战争期间，诺斯一直掌握着下议院的绝大多数议席。反对派并非人人愚不可及或那么极端，但在国王眼中，个个都是卖国贼。乔治三世变得愈发偏执，态度愈发坚决。他对顺耳的良言置若罔闻，与许多亲英分子一样，两党中有不少人预言和谴责他的政策或将招致灾难，担心母国和殖民地卷入内战，这些人统统被国王排斥在内阁之外。诺斯勋爵也对战争不甚积极，只不过他对国王忠心耿耿，外加像当时许多政客那样秉持传统观念，认为大臣的职责是执行国王个人的意志，他才没有请辞。尽管身兼第一财政大臣和财政大臣，他并不掌握实权，而是由国王和各部大臣处理政府的日常工作。乔治三世不知疲倦地监督具体的战争组织工作，可惜他却协调不了大臣们的行动。大臣们才智平庸，海军大臣是威尔克斯那位放荡不羁的朋友桑威奇伯爵。他一向声名狼藉，但最近的调查表明，海军的情况要比陆军好了许多。

英国的政策从未这样漏洞百出。要么违反、要么无视军事准则和原则。“寻敌并一举歼灭之”是一条正确的原则。“集中兵力”是一个合理的手段。“咬定目标”是一个简单的常识。敌人是华盛顿手下的军队。兵力一是驻扎在纽约的豪将军的部队，二是伯戈因此刻集结在蒙特利尔的纵队。目标是一举歼灭华盛顿的部队，打死或生擒华盛顿。如果能将他押上战场，让他的人马倒戈，英国几乎胜券在握。可惜豪将军的帐内却各执己见、意见不一，反而掩盖了这些再明白不过的道理。豪仍执意要拿下革命会议的所在地和政治抵抗的源头费城。伯戈因却偏要从加拿大挥师南下，到哈德逊河的上游，与纽约的内应里应外合，占领扼守这条水路的要塞。一旦控制了哈德逊河，就能孤立新英格兰，将它一举击破。1776 年秋，伯戈因告假回国，到伦敦向内阁呈报了自己的意见，乔治三世批准了他的方案，并亲笔予以批复。伯戈因要率部队从蒙特利尔穿过边界茂密的丛林，夺取紧邻哈德逊河源头的提康德罗加要塞。一支部队同时从纽约北上，攻占最近由法国工兵援助巩固的西点要塞，再到阿尔巴尼与他会师。

这是伦敦内阁的如意算盘，但协调这些行动的重任最后却落到了陆军大臣乔治·杰曼勋爵的肩上。杰曼的军旅生涯以蒙羞落幕，但他的从军经历兴许不能如实反映他的能力。二十年前，他在明登战役中拒不从命，率领骑兵冲进敌阵，结果被军事法庭判定不胜任军职。但他却深得少年国王的宠幸，因此跻身政界。内阁明明知道豪的打算与伯戈因背道而驰，即南下攻打费城，却无人劝阻。他们没有指示他到阿尔巴尼会师，也不给他派援兵。“这下出现了一个旷世奇观，”一位美国历史学家写道，“一名部将跑到伦敦请国王批准一条作战方案；国王的一名大臣详细向一名将军下达了指令，却对另一位要予以配合作战的将军只字不提；这位将军只好自己制定作战计划……”不过，一返回加拿大，伯戈因就给豪写了不下三封信，告知在阿尔巴尼会师的计划，无奈豪没有接到英国的明确指示，认为没有理由放弃他攻打费城的计划，仍按自己的方案行事。他施计与华盛顿交手，但未能如愿，于是留下八千人马，交给亨利·克林顿爵士留守纽约，于 1777 年 7 月率领手下的大部启程开赴切萨皮克湾。英军非但不集中兵力，反而将部队分散在五百英里的区域，伯戈因在加拿大，豪在切萨皮克湾，而克林顿却在纽约。

华盛顿连忙率兵离开新泽西边界的冬季驻地莫里斯敦，南下保护费城。上次虚晃几枪就弃守纽约，这次在大陆会议的所在地，他再也不能故伎重演，无奈他手下的部队纪律涣散，人心浮动，成批成批地开了小差，如今只能指望拖延英军的步伐。豪 9 月初出征时手下只有区区一万四千名官兵。华盛顿将同等的兵力部署在布兰迪万河[1]北岸，封锁了通往费城的道路。豪看出眼前这支部队装备低劣，决定利用它官兵素质低下、补给不畅的劣势，像在长岛那样采取声东击西的战术。9 月 11 日早晨，他兵分两路，留下一路精兵从正面进攻，他自己则与康沃利斯率兵沿河而上，过河突袭华盛顿的右翼。他的战术有条不紊，一一实现。进攻进展顺利，敌军乱作一团，溃不成军，对岸的一路英军涉水渡河冲进了美军阵地。日落时分，华盛顿全线溃退。用一名年轻的法国志愿兵马尔奇·德·拉法耶特的话说，“逃命的殖民军、大炮和辎重乱哄哄地挤上了公路。”可惜豪在这里又重蹈长岛的覆辙，没有乘胜追击。他心满意足。9 月 26 日，他手下的先头部队开进费城。两军在日耳曼敦[2]城北展开了一场混战，但英军步步紧逼，费城不久沦陷。

然而在北面战场，伦敦政府的作战计划却连连受挫。伯戈因手下有几百名印第安人与七千正规军，且一半是德国雇佣军，他率领官兵穿过加拿大茂密的森林，指望与从纽约北上的英军会师。他一路跋山涉水，进逼提康德罗

1 美国特拉华州北部和宾夕法尼亚州东南部的河流。
2 美国宾夕法尼亚州费城的西北部，1777 年英国人击败美国人的战场。

加要塞。殖民军丢下大炮，闻风而逃。伯戈因急欲南下，乘胜追击。如果豪能乘胜北上攻打西点，他们想必能稳操胜券。然而豪这时身在何处？伯戈因向下一个敌军要塞进军的当天，豪却从纽约扬帆南下。大家都认为攻下费城后，豪会立即返回纽约，北上与加拿大的部队会师。可惜他却恰恰相反，让伯戈因付出了惨重的代价。

伯戈因进逼新英格兰的途中遭到了民兵的拼死抵抗。他是一位深得人心、气宇轩昂的指挥官，无奈身在异乡，又苦于敌军的骚扰。部下开始人心浮动，开起了小差。只要豪从纽约驰援，他尚且有获胜的希望。驻守纽约的官兵减少了一半，因为豪命克林顿赶去增援。克林顿北上占领了西点以南的两个要塞，谁知当时秋雨绵绵，伯戈因被困在萨拉托加[1]无法动弹，眼睁睁看着实力与日俱增的新英格兰人步步紧逼过来。他距离阿尔巴尼仅三十英里之遥，那里本应是他与从纽约赶来的纵队会师之地，可惜他却前进不得。继而，伯戈因又在林中进行连日苦战，物资渐渐耗尽，敌众我寡，力量悬殊。殖民军在自己的土地上，按自己的方法作战。他们一个个藏身灌木丛、树梢，多半主动出击，重创了欧洲的精锐部队。伯戈因手下训练有素、阵法严密的部队都拿他们没办法。据一名殖民军逃兵交代，克林顿正挥师北上。可惜为时已晚。德国雇佣军罢战，1777 年 10 月 17 日，伯戈因向殖民军指挥官霍雷肖·盖茨投降。大陆会议违反投降条件，将伯戈因手下的大部分官兵关押到停战。伯戈因返回英国，他指责内阁，也饱受内阁的指责。

这时候，旧世界开始介入这场战争，支援新世界。尽管萨拉托加一战在美洲殖民地无足轻重，但却立刻在法国引起了轰动。从严格意义上来说，法国虽与英国有一纸和约，但一直向爱国者提供武器，殖民军中也有法国志愿兵。本杰明·富兰克林和塞拉斯·迪恩在凡尔赛劝说法国人与他们公开结盟，但双方犹豫了一年，举棋不定。法国政府不愿支持国外的自由事业，同时又打压国内的自由，而许多美国人又担心法国向英国宣战后，对自己大开狮口。

---

1 美纽约州东部一村落。

如今一切疑虑烟消云散。没有法国的物资，殖民者难以为继，法国人多半跃跃欲试，要雪七年战争之耻。法国海军已经强大，英国海军却日渐衰退，萨拉托加大捷的喜讯传到法国，路易十六决定正式结盟。伦敦惊慌失措，反对派辉格党人早就警告过内阁，不要苛刻对待殖民者，英国内阁开出了一个慷慨的和解方案。可惜为时已晚。1778 年 2 月 6 日，不等议会权衡一下新条件，本杰明·富兰克林就迫不及待地签署了与法国的盟约。

又一次世界性的大战再次爆发，英国这次成了孤家寡人。一支军队如今成了殖民地的俘虏。德国再无雇佣军可雇。法国入侵这个由来已久的担心将恐慌传遍了全国。内阁名声扫地。除了国王，为此食不甘味的人都把目光投降了查塔姆。4 月 7 日，查塔姆拄着拐杖在议会做了最后一次演讲，驳斥反对派所要求的召回驻美洲殖民地的军队。他一向赞成和解，但不赞成投降。裹着法兰绒绷带，他尸体一般的身影摇摇晃晃地站起身。议员们看出他不久于人世，顿时鸦雀无声。他一阵怒气上冲，低声表示“反对瓜分这个古老、高尚的君主国家”。他要英国提防法国插手，采用雇佣兵。他谴责国人惨无人道。“先生们，倘若我是一名美国人，一如我现在是一名英国人，外敌入侵祖国的时候，我绝不放下手中的武器——绝不，绝不，坚决不。”提到外敌入侵，他嗤之以鼻。回答了反对派领导人里奇蒙德公爵的提问后，他挣扎着想再说几句，孰料突发中风，栽倒在地，不省人事。5 月 11 日，查塔姆伯爵听着儿子威廉朗读《荷马史诗》中赫克托[1]葬礼和特洛伊这悲壮的一幕辞世。乔治三世反对为查塔姆立碑，显得他心胸狭窄，说立碑“对我本人来说是个冒犯”，但伦敦金融界没有理睬他，伯克为纪念碑题了一句中肯的悼词：“上帝凭借塑造一个德高望重的伟人，让一个国家繁荣昌盛。”然而在诺斯勋爵执政时期的英国，这样的人实属凤毛麟角。

1《伊利亚特》中一勇士名。

第十四章　美利坚合众国

1777 年，华盛顿在费城以北的福吉谷（Valley Forge）过冬。每场战斗结束，都有许多人开小差，如今他手下只剩下区区九千人，到了来年春天，另有三分之一的人不见了踪影。他们缺衣少食，缺少帐篷，牢骚满腹地挨过了天寒地冻的几个月，而在二十英里外的费城，近两万装备精良的英军却过着逍遥自在的日子。当时正值社交旺季，费城的亲英分子千方百计地要让豪将军与部下过得满意、开心。英国人没有对爱国军采取进一步的行动。华盛顿日日为第二天的粮草发愁的时候，豪却在费城轻歌曼舞、赌兴正浓。一如在长岛、怀特普莱恩斯、布兰迪万河等几次战斗中那样，他无意在战场上乘胜追击，一举歼灭他的敌人。也许是邦克山惨剧使他丧失了勇气，同时他仍旧抱有和解希望，所以才按兵不动。议会对他消极厌战的态度早有耳闻，总之，法国与叛军结盟的消息年初刚传到英国，议会立即批准了他的辞呈。

接替帅印的是驻纽约前指挥官亨利·克林顿爵士，他的对敌态度与豪截然相反。他看出两军对垒、围城、攻城的欧洲那套战术对一个分散行动的民间武装根本行不通。他认为只有占领并派兵驻守全美各地才是上策。他一改以前的策略，决定放弃北方的攻势，改为征服南方。这里人口稠密，物产丰富，是从欧洲大陆进口物质的集散地。此外，这里亲英分子众多，应将他们组织起来，振作他们的士气。另外还要新建一个基地，因为纽约路途遥远，克林顿的眼光落在了查尔斯顿和萨凡纳。如果他有机会一试身手，兴许能留下许多故事，取得不菲的战绩，谁知这时候冒出了一支新军队，突然阻止并最终彻底毁了他的宏图大略。萨凡纳距离纽约八百英里，五十天的路程。英国迄今仍牢牢地掌握着制海权，经海上调兵，要比爱国者经陆路快了许多，可惜由于法国和法国海军插手，局势发生了根本性的变化。制海权此后在美国独立战争中发挥着决定性作用，克林顿很快幡然醒悟，英国的制海权如今面临挑战。

1778 年春，十二艘法国军舰和护卫舰满载八百余门大炮和四千名官兵从土伦启航。舰队逼近的消息传来，克林顿的当务之急是不让他们夺取他设在纽约的大本营。如果法国人占领纽约港，哪怕封锁哈德逊河口，他在美洲大陆的处境就岌岌可危。6 月 18 日，他弃守费城，率领一万名官兵匆匆穿过新泽西。华盛顿的部队经过春季征兵而人员大增，兵力已经与克林顿旗鼓相当，他率兵与他齐头并进。两军在蒙茅斯县府展开了一场混战。克林顿击退了美国人，但自己也伤亡惨重，到 7 月初才赶到纽约。他到的正是时候。他刚到不久，德斯坦率领的法国舰队就出现在纽约市的对面。迎战法国人的是前任英军司令的弟弟，海军上将豪率领的一支英国海军舰队，两支海军在港外周旋了十天。法军企图占领罗德岛，但以失败告终，豪在一系列的行动中挫败了敌人的一次次干涉，并且赢得了美国海军史学家的高度赞誉。同年秋天，德斯坦无心恋战，启航前往西印度群岛。克林顿这次又先法国人一步，派兵赶往圣卢西亚岛。德斯坦迟了一步，这个具有战略意义的海岛沦为英国人的基地。

纵然取得了这些战果，但也掩盖不了克林顿为征服南方耽搁了一年之久，以及英国不再无可置疑地掌握制海权这两个重要事实。法国海军控制着英吉利海峡，不让英国向纽约增派援兵、运送物资，与此同时，新英格兰私掠船频繁骚扰英国商船，而且战果颇丰。美洲的军事行动渐渐陷入了僵局，虽说克林顿手下的三千名官兵于 12 月 29 日占领了佐治亚的萨凡纳，然而他在南方一个亲英分子的基地的平叛计划却因受阻而被迫取消。亲英分子和爱国者在这些地区爆发了激烈的内斗，但他却爱莫能助。1779 年，双方僵持了一年，战争的主战场一度转移出了新世界。在美洲厮杀的两支军队都筋疲力尽，殖民者财政混乱，经济拮据，英国人则亟须增援。英国内阁担心外敌入侵本土，将准备派给克林顿的援兵留在了英伦诸岛。法国人认为，只要在公海与英国人打一仗，就能在美洲得到他们想要的一切，相比支持共和国起义，这一手更能迎合凡尔赛独裁政府的口味。除了为数不多的志愿军，他们在这个阶段没有派一兵一舰支援大西洋对岸的盟友；不过，他们提供的军火和服装使爱国者的事业免遭覆灭。同年 6 月，这场世界性的大战进一步激化、扩大，另一个欧洲强国加入了争斗。法国的外交政策将西班牙拖入了这场战争。英国的实力每况愈下，海军在地中海的活动也受到了威胁，不出数月，西班牙封锁了直布罗陀海峡。在新世界，英国还要时刻提防西班牙出兵佛罗里达，以新奥尔良港为据点的殖民地私掠船频频骚扰来往加勒比海的英国商船。

在欧洲海域，一艘私掠船上演了一段精彩的插曲。苏格兰裔美国船长约翰·保罗·琼斯从法国人手中购得一艘东印度公司的旧商船，又在法国船厂将船改造成一艘军舰，并且给这艘船起名“好人查理号”，同年 9 月，琼斯舰长与操着不同语言的船员，率领三艘小船，驾驶这艘永载史册的船驶入北海。他在弗兰伯勒角截住了一队来自波罗的海来的商船，对英国护卫舰“塞拉皮斯号”、“斯卡伯勒号”展开了进攻。商船纷纷逃走，23 日夜，“塞拉皮斯号”与“好人查理号”展开了较量。英国战舰的构造、装备和大炮都胜出一筹，但琼斯将船贴近敌舰，痛击对手。两舰战作一团，炮口几乎贴着炮口，双方动用舷炮、毛瑟枪和手榴弹杀了一个通宵。两舰同时燃起了大火，琼斯的三艘小艇围着火海打转，分不清敌我，向两艘舰开火。英美两位舰长顽强作战，拂晓时分，“塞拉皮斯号”弹药库一声轰天巨响，舰上的大炮被炸毁，主桅以后的官兵全部阵亡。英国人被迫投降，但“好人查理号”也受损严重，两天后葬身海底。这场遭遇战在法美两地掀起了一股热潮，琼斯被奉为英雄。

这期间，华盛顿一直无力参战，只能监视克林顿的动向。不过，单凭他保住手下的这支军队，也堪称为国家事业立了大功一件。殖民地领导人无出其右。12 月份，克林顿决定一试身手，再次出击，平定南方的叛乱。他决心拿下查尔斯顿，12 月 26 日，他率八千名官兵登船南下南卡罗来纳。海军上将罗德尼（Rodney）在西印度群岛大败法国海军的喜讯使其信心倍增，他一时春风得意。无奈恶劣的天气耽误了他的时间，直到 3 月末英军才大举展开围攻，

1780 年 5 月，查尔斯顿失陷，五千名殖民军投降，这是殖民者迄今为止遭受的最大损失。克林顿恰恰在这个时候转了霉运。他赢得了一个重要基地，面临的却是一场内战。他发现，战场上与他对垒的不是一支正规军，而是无数游击队，他们骚扰他的补给线，谋杀亲英分子。英军显然需要一支大部队占领、平息这个地区的叛乱。然而制海权再起波澜，传言法军再次横渡大西洋，克林顿匆匆移师纽约，留下他的副手康沃利斯在南方尽力而为。华盛顿命萨拉托加大捷的指挥官盖茨率领一支小部队出击。康沃利斯在卡姆登一战大败盖茨，长驱直入北卡罗来纳，他所到之处，游击队无不丢盔弃甲，但大军过后，这片乡村又举起了武器。一路之上都没有可以进攻的要地，他辛辛苦苦的唯一战果，恐怕要算摧毁了叛军与欧洲交换武器的大批作物。

到了北方的克林顿再次陷入险境。另一支从法国赶来的舰队已经抵达美洲，他这次慢了一步，未能抢先登陆。罗尚博伯爵率领五千余名法军于 7 月份登陆罗德岛新港。时刻保持警惕的华盛顿屯兵哈德逊河谷的怀特普莱恩斯，本尼迪克特·阿诺德曾于 1776 年率领人马远征加拿大，在萨拉托加一战立下了赫赫的战功，他这次坐镇要塞西点，法军随时可以从沿海向纵深推进，与他会师。克林顿的纽约大本营眼看不保。但敌人反水暂时扭转了英国人的危局。阿诺德早就不满爱国者们的所作所为。他新近娶了一名亲英分子为妻，加之债台高筑，最近军事法庭又追责他侵吞政府资产。盖茨在卡姆登失利的消息让他愈发不满，心绪难平，他向克林顿开出两万英镑的价码卖出西点要塞。一旦丢掉西点要塞，华盛顿不仅会丧失哈德逊河流域的控制权，恐怕还要全军覆没。克林顿认为这次反水是他挽回北方局面的一个机会，于是派了一名青年少校安德烈，乔装去商谈投降事宜。

1780 年 9 月 21 日，安德烈登上一艘多帆单桅小船朔河而上，当天深夜在离斯托尼波因特不远处的西岸与阿诺德接上了头。阿诺德将要塞的部署、装备、弹药、兵力情况图纸，万一交火时的口令，最近在西点举行的军事会议纪要授予了安德烈。回来的途中，在穿过两军阵地间的无人地带时，安德烈落入了巡逻的民兵之手，被就近交给了殖民军指挥官。殖民军从他的靴子里搜出了这些文件。指挥官不敢相信阿诺德变节，于是派人到西点要一个解释。

阿诺德和妻子闻风而逃，投向敌营。他在乔治国王军中获得将军军衔，指挥一支英军。二十年后，他在贫困中了却了不光彩的一生。安德烈被以间谍罪论处。他写了一封措辞得体又不失面子的信，请求华盛顿改判绞刑为枪决，结果没有成功。他是一名英俊的小伙子，穿着一身大红的军装，站在绞刑台上，亲手将绞索套上了脖子，这一幕令人动容。赶到刑场围观执行死刑的人们见他视死如归，不禁软下了心肠，潸然泪下。尽管战争使人们怨气深重，尽管阿诺德的叛逃激怒了每一名爱国者，但谁也不肯亲自行刑，最后一个不知名、脸上抹了黑灰的人绞死了安德烈。四十年后，安德烈被重新安葬在威斯敏斯特大教堂。

阿诺德的变节虽说被及时发现，即便是暂时，也对殖民军的情绪和团结产生了重大影响。险些让他们蒙受重大损失。许多美国人坚决反对这场战争，全国各地的亲英分子明中暗里地支持英国人。南方卷入了内讧，美洲人相互残杀，人人怀疑自己的邻居。这种骇人听闻的局面会席卷迄今坚守独立事业的北方么？如果西点司令是个叛徒，那还能信谁？爱国者在海上的失利又加深了这些焦虑和恐慌。罗德尼上将率领一支庞大的舰队赶到纽约，将新港内的法军一直封锁到战争结束。接着罗德尼又展开了进攻，这次是在西印度群岛，荷兰人卖给爱国者武器弹药，并借此发了一笔横财。他们的贸易中心在背风群岛[1]的圣尤斯泰希厄斯。同年秋天，荷兰加入反英联盟的消息传来，罗德尼奉命夺取该岛。他于1871年初发动进攻，发运给华盛顿将军的一大批弹药和货物落到了英国海军的手中。

克林顿与康沃利斯的战略分歧使英军和亲英分子蒙受了损失。康沃利斯早就不满克林顿命他驻守查尔斯顿，难以施展自己的抱负。克林顿认为守住南卡罗来纳是南方一战的主要目标，深入内地取决于海军是否控制了沿海。康沃利斯却急于出击。他认为，北卡罗来纳的游击队妨碍了英军占领南方，他们一日不除，英国人只能守在查尔斯顿城内。他认为弗吉尼亚是独立运动

1 西印度群岛中小安的列斯群岛北部的群岛。

的心脏和中心，应该集中一切兵力征讨、占领这座城市。因此第一步是占领北卡罗来纳。他的判断显然有误。南方的军事要地是查尔斯顿，不是弗吉尼亚。那里有南方唯一的重要港口，他能获得补给，同时斩断叛军的补给线。他不仅能控制以南的佐治亚，而且还可以在北卡罗来纳和切萨皮克湾构筑几个小据点，用华盛顿当时的话说，“保持着控制了沿海四百英里这个面子，以及以这个借口向欧洲各国议会提出不利于美国的要求。”卡姆登一战后，康沃利斯在军中的威望与日俱增，还得到了英国内阁的支持，但成功与否，主要得倚靠南方的亲英分子。尽管他们在上一战中表现欠佳，尽管华盛顿任命手下的得力干将弥敦内尔·格连统领南方的爱国军，康沃利斯还是铁下心开战。他从此走上了灭亡之路。

1871 年 1 月，他率兵推进到北卡罗来纳边界，1 月 17 日上午，他手下的先头部队在考佩斯与美军交上了手。英军战术简单，伤亡惨重。康沃利斯领教过美洲边民的枪法，知道手下的火枪队不是他们的对手。因此他这次要拼马刀和刺刀。殖民军指挥官将这支纪律涣散的乌合之众部署在布罗德河畔，准备背水一战，免得被敌人一冲而散。华盛顿一向不信这些部队的战斗力，他曾公开说过，民兵绝不会“具有对阵正规军的素”。但这次在殖民军的鼓舞下，他们狠狠地教训了一顿英国人。

康沃利斯步步紧逼，但他现在已远离大本营，格林仍率兵坚守阵地。他唯一的指望是引蛇出洞，将格林一举歼灭。3 月 15 日，两军在吉尔福德政府大楼附近遭遇。美国民兵的确不堪一击，但格林手下训练有素的精兵坚守在栅栏后面，重创了英国正规军。英军在指挥官们的带领下一次次猛攻敌军阵地。一名英军中士在日记中记录了这场战役，“我们立即发起了冲锋，我们队形整齐，行动神速，边冲边开枪；等到了敌军阵地五十码内，才发现他们个个端着枪，架在美洲人家常见的栅栏上。他们的枪法奇准。”这支英勇无畏、纪律严明的部队最终将殖民军赶出了阵地，可惜没有重创他们。殖民军依然频频出击，英军远离基地，人马损失了近三分之一。康沃利斯被逼无奈，只能转战沿海，希望得到海军的增援。格林放了他一马。他与部下战果累累，仅仅八个月的时间，他们就在荒凉的沼泽地转战九百英里，以敌三我一的劣势收复了除萨凡纳以外的佐治亚全境，以及南卡罗来纳大部。他吃了败仗，却赢得了这场战役。格林弃守广袤的北卡罗来纳，火速转战南下，要发动全国抗击英军。

爱国者与亲英分子，即当地人口中的辉格党与托利党在这里展开了激烈的内斗，再加上如今在爱尔兰司空见惯的半夜打劫、抢夺牲口、暗杀、伏击和暴行，内斗愈演愈烈。格林亲笔写道："（南卡罗来纳）州托利党人和辉格党人之间的仇恨让他们陷入了悲惨的境地。每天都有人成为这种暴虐的牺牲品。辉格党人也好，托利党人也好，似乎都执意要将对方赶尽杀绝。数千人因此丧生，暴虐之行前所未有。如果不制止这些惨剧，不出几个月，这里恐怕就成了荒无人烟之地，因为托利党人和辉格党人都无法生存。"在格林铲除南卡罗来纳几个孤零零的英军据点这段时间，康沃利斯却赶往弗吉尼亚。他所到之处，乡民无不惨遭蹂躏，以拉法埃脱为首的一支势单力薄的殖民军对其进行着顽强、巧妙的骚扰。

克林顿这几个月一直待在纽约，眼看着康沃利斯越来越近。此时克林顿可以撤出北方大本营，集中英军全部兵力，保住在南方殖民地的势力。如果这一着得手，恐怕早粉碎了爱国者的大业，因为大陆会议已经土崩瓦解，华盛顿的军队已有分崩离析之势。但法国海军再次扭转了危局，这一次一劳永逸。

法国海军驻西印度群岛司令格拉斯（De Grasse）见殖民军深陷绝境，便于同年 7 月通知华盛顿，他要进攻弗吉尼亚沿海，请华盛顿将该地所有兵力集结起来。华盛顿此时正在怀特普莱恩斯，罗尚博已从新港赶来与他会师。华盛顿哪肯放过这个机会，事先采取了周密的防范措施，瞒过克林顿，撤出哈德逊河，与罗尚博会合后立即挥师南下。

与此同时，康沃利斯亟须补给，鉴于补给线越拉越长，无奈之下，他只好移师沿海，希望从海上与克林顿直接联系。同年 8 月份，他抵达濒临切萨皮克湾的约克镇（Yorktown），并在这里摆开阵势。在接下来的几个月中，他的指挥饱受非议。该镇陆路一侧缺少天然的屏障，他也不曾主动出击城外集结的敌军。殖民军和法军的作战方针讲究把握时机，各个点的兵力遥相配合。近九千名殖民军与八千名法军兵临约克镇城下，格拉斯同时率领三十艘舰只封锁了沿海。康沃利斯坐等了将近两个月，白白浪费了大好时机。9月末，联军出兵围攻约克镇，法军围城的炮火摧毁了康沃利斯的土筑工事，康沃利斯打算孤注一掷，杀出重围，战到最后，英军只剩下一门大炮。1781年10月19日，英军约七千余名官兵全部缴械投降。同一天，克林顿率领英军舰队从纽约启程，但一听说这一灾难，立刻掉转船头，望风而逃。

主要战役就此告终。制海权再次决定了胜负，要不是法军封锁，英军的消耗战或许已经大功告成。

同年11月，完成使命的格拉斯返回西印度群岛，留下华盛顿独自对付纽约的克林顿和虎视眈眈的加拿大。美洲殖民地两年后才实现和平，但这期间未发生重大的军事行动。

英军在约克镇投降立即轰动了英国，诺斯勋爵获悉这一消息后，一反温文尔雅的常态，他在房间内走来走去，愁眉苦脸地喊道，“哦，上帝，完了，一切都完了！”

下议院中反对派的势力渐涨。伦敦举行了声势浩大的集会。一项抨击海军管理不力的议案提交议会后，内阁多数派立刻一哄而散。同年3月份，诺斯通知下议院，说他准备辞职。议会仅以一票多数否决了停止美洲殖民地战争的请愿。“这一天终究躲不过，”国王写道。诺斯总算将面子保到了最后。掌政十二年后，他灰溜溜地走出了下议院。1872年3月的一个黄昏，议员们正站在雨中等候各自的马车，只见诺斯走下台阶，径直上了事先接到通知、等候在此的马车。他礼节性地对周围落汤鸡似的政敌们鞠了一躬，说道：“先生们，这就是参与秘密的下场，”说完登车扬长而去。

乔治三世不甘失败，大发脾气。他说他要退位让贤，退隐汉诺威。国内群情激昂，断了他顺利举行大选的最后一线希望。出于无奈，他与反对派达成妥协。漫长的美国独立战争期间，罗金厄姆与伯克一直耐心地等待诺斯内阁垮台。如今他们终于等到了机会。罗金厄姆与国王谈妥条件：允许美洲殖民地独立，限制国王干预政治。无奈之下，乔治三世只好答应，罗金厄姆上台，与同僚接过了挽救风雨飘摇的大英帝国的重任。

第十五章 印度帝国

十八世纪见证了英国在印度地位的巨变。英国东印度公司当初不过是个贸易机构，如今却飞速发展成了一个幅员辽阔的帝国。1700年左右，算上妇女、孩子与路过的水手在内，在印度的英国人也没超过一千五百人。他们各自住在屈指可数的几个代理点，或者商栈内，互不往来，也无心印度的政治。一百年后，在总督的统领下，成千上万的英国官兵控制了广袤无垠的海外殖民地。从某种意义上来说，这一令人瞩目的发展是英法两国斗争的结果，两国斗了一百多年，战场遍及全世界。法国在美洲如愿以偿，帮美国实现了独立。英国人在那片战场铩羽而归。但在印度却又另当别论，英法两国虽在印度时常交火，在欧洲却相安无事。不过，只要欧洲各国插手的时机尚未成熟，英法两国的纷争就绝不会蔓延到印度。庞大的莫卧儿帝国分崩离析。帖木耳大帝（Tamburlaine）的穆斯林后裔用了两个世纪的时间夺得并平定了相当于目前一半美国国土的疆域。他们以德里为中心，凭着才华出众的总督们的支持，以东方人的风格确保了一方的平安，维护了八千万南亚次大陆人井然有序的安定生活，这是以后的一百年见不到的。十八世纪初，一场王位继承纠纷削弱了这个强大的王朝。不久，北方的侵略者大举越过边界。波斯王洗劫了德里。莫卧儿的几位亲王起兵造反，向他提出帝国各省的主权。觊觎王位的藩王纷纷起兵向篡位者发难。印度中部骁勇好战的马拉塔部落结成松散的联盟，趁机烧杀抢掠。一时间全国一片混乱，战火纷飞。

英国人、法国人、葡萄牙人与荷兰人等欧洲商人在印度迄今一直互不相让，不过，有“莫卧儿大帝”在德里统领江山，他们的竞争还算相安无事。英国东印度公司已发展成了一个实体，资产达一百二十五万英镑，年利润百分之九。查尔斯二世1668年以十英镑一年租给该公司的孟买，人口已翻了六番，达六万余人。英国于1639建立并驻军的马德拉斯[1]如今成了东部沿海地区的贸易重镇。东印度公司1686年在胡格利河口设立商栈前，加尔各答还荒无人烟，但它如今已发展成了一个繁华、祥和的商业中心。法国设在本地治里[2]的印度公司也生意兴隆，与英国对手不同的是，它实际是一个政府机构，不是一个私人商行。然而这两个机构都抱着同一个目标，促进贸易，牟取利润。英法两国都无意、也不打算占领土地，长期以来，英国的董事们对土地，或者说承担商栈以外的一切责任毫无兴趣。1740年前后，他们迫于无奈，只好改变了初衷。马拉塔人杀害了东南沿海绵延五百英里的卡纳蒂克省的太守（相当于总督）。他们要挟马德拉斯和孟买，袭击孟加拉的腹地。欧洲的商人们再也不可能袖手旁观。他们要么拿起武器，要么与印度投资者结盟，否则只能退出印度。大部分荷兰人撤到了富饶的东印度群岛；而葡萄牙人早就在这场竞争中一败涂地；英法两国执意要留下来。因此这个战场只剩下了两个欧洲大国。

纵观法国历史，每逢危急关头，都要出一位伟人，这次是1741年担任本地治里总督至今的约瑟夫·迪普莱，他早就预测英法之间必有一场大战。他看出印度需要一位新统治者。莫卧儿帝国气数已尽，马拉塔帝国看来也难以取而代之。法国何不夺下这个丰厚、诱人的宝贝？奥地利王位继承战在欧洲爆发之际，迪普莱就当机立断，果断出手。他请求卡纳蒂克藩王在他的领地上严禁一切敌对行动，因为法国的商栈多半在这一带。藩王答应了他的请求后，迪普莱立即出手进攻马德拉斯。马德拉斯的英国总督也要求新藩王对法国人采取类似的政策，可惜却忘了向他行贿。迪普莱答应，一旦占领这座城市，就交给卡纳蒂克藩王。藩王放了心，在一旁袖手旁观，经过五天的轰炸，马

1 印度港市。

2 本地治里直属区的首府。

德拉斯于 1746 年 9 月 10 日投降。一部分英国守军逃到了附近的圣大卫要塞。二十一岁的青年职员罗伯特·克莱夫就是其中的一位。

迪普莱获胜后却不肯将马德拉斯交给卡纳蒂克省藩王，年底的几个月，他击退了敌人的数次进攻。接着他又突袭了大卫要塞，但消息传来，说欧洲已经停战，“亚琛和约”规定法国将马德拉斯交还英国，以换取新斯科舍的路易斯堡。印度大战刚一拉开战幕，就偃旗息鼓。

克莱夫又惊又恼地观察着事态，但他迄今也没表现出扭转英国的乾坤、确立英国在印度统治地位的突出才干。他出生在一个小乡绅人家，少年时代经历曲折，不太争气。克莱夫上过不下四所学校，成绩都一塌糊涂。在家乡什罗郡，他纠结了一帮小混混，向小商小贩勒索几个小钱和苹果，谁敢不给，就砸人家的窗户。十八岁那年，他被派到国外，担任东印度公司的低级文员，年薪五英镑，外加四十英镑的津贴。他是一名不服管教、没有多少出息的小职员，讨厌会计室按部就班的工作和氛围。据说他两次自杀，手枪两度哑火。他最后在公司下属的武装部队谋到了一个军职，服役几年后，他才展露了英国统治印度史上无与伦比的军事才华。马德拉斯被围和守卫圣大卫要塞让他小试了一回牛刀。1748 年，一场动乱给了他一个展示才华的机会。

印度的王位觊觎者夺下了莫卧儿帝国的德干半岛，又连下卡纳蒂克。迪普莱率领为数不多的法军和两千名印度军队赶走了他们，将自己的傀儡扶上了王位。英国人扶植的穆罕默德·阿里被赶至特里奇诺波利[1]，深陷重围。法国一举称霸印度南部。下一个打击目标显然是英国人。和平经商或用当今的话说不干涉印度事务的希望化为泡影，明摆着，东印度公司要么奋起反击，要么坐以待毙。克莱夫临危受命，率兵赶往特里奇诺波利，他看出穆罕默德·阿里深陷绝境。如果能救他一把，将他扶上王位，一切都能解决。但又如何解救？印－法联军人多势众，重重包围特里奇诺波利。英军势单力薄，仓促上阵，军官奇缺，年仅二十五岁的克莱夫肩负起统率全军的重任。不能直

1 蒂鲁吉拉伯利的旧称。

接出手解围特里奇诺波利，克莱夫明白，他只有声东击西才能达到目的。卡纳蒂克首府阿尔乔特的兵力多半被调往特里奇诺波利围攻穆罕默德·阿里，实际成了一座空城。如果攻占阿尔乔特，他们必然撤兵自救。克莱夫率领二百名欧洲人、六百名印度人与八名军官踏上了征程。这八名军官有一半是与他一样的前公司职员。小城一攻就破，他率领手下为数不多的人马准备与前来报仇的敌人决一死战。结果不出克莱夫所料。印度藩王听说都城失守，大惊失色，连忙从特里奇诺波利调集大队人马，攻打据守阿尔乔特的克莱夫。

这一仗一打就是五十天。尽管敌人二十倍于己，即将弹尽粮绝，但克莱夫亲自操纵一门大炮，率领手下这支弱小的部队杀退了敌人借着夜幕的掩护发动的猛攻，一名钦佩他的马拉塔酋长扬言要出手支援英国人，才解了阿尔乔特的围。迪普莱的运气就此告终，局势急转直下。1752 年，克莱夫与率领一支正规军赶来的斯特林格·劳伦斯联手，打败了法国人与法国人扶植的伪王，将穆罕默德·阿里扶上了王位。卡纳蒂克转危为安。第二年，新婚燕尔的克莱夫因身体欠佳启程回国。印度藩王感恩戴德，委婉地送了他一份“厚礼”，让他发了一笔横财。迪普莱继续征战，但于 1754 年奉召回国，九年后在贫困潦倒中去世。英国在印度的领导人权钱兼收，但法国人多半落得凄惨的下场，两者之间的命运天壤之别。

回到英国后，克莱夫动用一部分财力四下活动，希望代表康沃尔一个“腐败的自治市”入选议会，结果以失败告终。1755 年，他重返印度。他来得正是时候，因为一场新的战争即将在印度东北部拉开战幕。在此之前，法国人、荷兰人与英国人一直相安无事，在富饶的孟加拉省经商，这里的民众温顺、聪明、勤劳，多半躲过了南方的杀戮和乱世。坐落在恒河河口的加尔各答有利可图。十四年前从西北过来的一名穆斯林夺取并执掌加尔各答的政权，维护了一方平安。可惜他于 1756 年去世，将王位传给了侄儿，年少气盛、品行恶劣、暴虐、贪婪成性的西拉吉·多拉[1]。他有理由担心，英法之间最近爆发的“七年战争”会波及到他的领土，他自己沦为德干藩王一样的傀儡，于是

1 即西拉吉—乌德—多拉，1728？—1757 年，孟加拉统治者，1756—1757 年在位。

请求英法两国拆除各自的工事。在加尔各答河上游金德讷格尔的法国人的答复让他宽了心。英国人明白，与法国之间不免有一战，士兵将工事扩建到了加尔各答河畔，对他的要求置之不理。再加上别的矛盾火上浇油，西拉吉·多拉于当年5月发动了进攻。

他召集了一支配有大炮与欧洲炮手的大军，浩浩荡荡地杀向加尔各答。当代学者洗却了麦考莱安在总督与英国当局头上的贪生怕死和无能的罪名，无奈通往这个城市的陆路防守薄弱，加之指挥不当、惊慌失措，从水路撤退时个个争先恐后、乱作一团。势单力薄的驻军与大多数英国侨民英勇奋战，可惜不出三天就大势已去。他们过惯了和平生活。如今突然大难临头。敌军打着停战旗突破防线，一百六十名欧洲人缴械投降，当天晚上，他们被塞进了一间二十英尺见方的牢房。第二天上午，只有二十三人得以幸存。胜利者将东印度公司的财物抢劫一空，扬长而去。“他万万没想到，”埃尔顿（Elton）勋爵说，“西拉吉·多拉对待英国人的行径实际是成全了他们主宰印度。因为黑牢惨剧打破了他们留在印度继续经商的最后一线希望。他们要报仇，决心奉陪到底。”

消息8月份才传到马德拉斯。董事们还不知道欧洲爆发了英法战争，不过，从加尔各答传来消息说，法国人将从海上和德干两面发动进攻。他们将海军与大部分陆军交给克莱夫指挥。1757年1月，克莱夫率领九百名欧洲官兵与一千五百名印度官兵收复了加尔各答，击退了西拉吉·多拉的四万大军。迫于与法国交战的压力，他只好撤退，但赶回马德拉斯前，他还有时间攻打金德讷格尔，免得它落入法国人之手。同年3月份，金德讷格尔失守，奋勇抗敌的四十名守军撤退。这时候，克莱夫时来运转。西拉吉·多拉残忍无道，连自己的臣民也饱受其害。一帮大臣决心废黜西拉吉·多拉，另立新主米尔·贾法尔。克莱夫答应从中相助。6月23日，他手下的军队已发展壮大到三千人，其中英国人不到三分之一，他在普拉西遭遇西拉吉·多拉。敌人十七倍于己，身后是正值汛期的胡格利河，断了他的退路；前方的敌人在平原上呈半圆合围之势。克莱夫将兵力部署在一片杧果林的边缘，等待敌人的进攻。双方没有直接交锋。但这是一场决定印度命运的较量。炮击持续了四个小时，西拉吉·多拉发觉军中有人谋反，于是听从了密谋反叛他的一帮人劝告，下令撤军。克莱夫决定放他一马，以后再采取夜袭，谁知他手下的一名军官违命出击，全军势不可挡地追了上去。敌人惊慌失措，一哄而散，几天后，西拉吉·多拉死在米尔·贾法尔儿子的手下。克莱夫以三十六名官兵的代价，取得了普拉西的大捷，一举控制了孟加拉。

克莱夫依然任重道远。米尔·贾法尔没有参加这场所谓的战斗却被扶上了王位，穆斯林武士从北方蜂拥而入，各路藩王虎视眈眈。邻近的奥德邦（Oudh）不怀好意；法国人仍不肯罢休，连荷兰人也蠢蠢欲动。克莱夫将他们一一击破。英国人要是不愿亲自统治这个国家，势必要找一位亲英的当地君主。当时的做法是间接控制。否则只会造成大乱和杀戮。1760 年 2 月，克莱夫再次启程回国时，英国是唯一留在印度的欧洲强国。在四年多的时间内，他为印度带来了翻天覆地的变化。法国人虽保留了贸易货栈，但势力却一扫而光，九年后，法国解散了印度公司。克莱夫当时聚敛了二十五万英镑财产，按当时的惯例，他受封成了一名爱尔兰贵族。不过，印度还有使命留待他完成。

当代人不应误解英国在印度扩张中扮演的角色。内阁从未直接参与印度的冲突，虽说皮特欣赏克莱夫的才干，不遗余力地支持他，但他对这些事件却影响甚微。由于交通不便、路途遥远、局势复杂，皮特放手由克莱夫处理一应事务，自己仅仅提供建议和支持。东印度公司是一家商贸机构。董事们都是商人。商人看重的是利润，不想发动战争，对军队和霸占的土地上的开销斤斤计较。鉴于幅员辽阔的南亚次大陆动荡不定，他们只好违心地控制越来越多的领土，到了最后，几乎是无意之间，他们建立了一个比莫卧儿小，却肯定比莫卧儿太平的帝国。称这个过程是“英帝国主义扩张”纯属信口雌黄，如果按这种说法，英国是存心夺取政权。说到印度，有人说得好，建立大英帝国纯属无心之举。

克莱夫的战绩解决了许多问题，但也生出了不少事端，他回国后的几年中，不列颠在印度历史上了留下了不光彩的几页。东印度公司的目标是牟取利润。如何治理国家，他们不清楚，也不想管，只要局势稳定，生意兴隆就行。他们废黜了年老体衰的米尔·贾法尔，继任的傀儡刚一露出不满情绪，他们又发动了一场血腥战争，然后将孟加拉王位标价出售。员工收入微薄，常常向当地居民索取贿赂、礼物以及各种见不得人的外快，公司甚至还为这种风气推波助澜。腐败、非法敛取巨额钱财的丑闻不胫而走，传到了英国。公司董事们这才如梦方醒，他们不仅丢掉了利润，还丢了好名声。他们求助克莱夫，请他出任统治印度全境的总督，1764 年 6 月，他最后一次启程前往印度。他进行了大刀阔斧的改革，采取高压手段，其意义比普拉西大捷更加深远。他的成功让莫卧儿皇帝动了心，请他将英国的保护领地拓展至德里和印度北方全境。克莱夫谢绝了他的请求。克莱夫早就怀疑东印度公司能否承担帝国的重任，早在五年前，他就致信皮特，提出将公司收归国有，由国王行使在印度的主权。可惜这个建议被忽视了将近一个世纪。与此同时，莫卧儿大帝得到了该公司提供的一笔财政援助，将管理财政的大权回报给了该公司。但司法权仍掌握在莫卧儿的手中。这种职责分工不会长久，很快就会出大问题，但至少是一个进步。英国人掌管了钱袋子，克莱夫写道，“权力如今暂寄在唯一一个安全之地。”1767 年 1 月，他返回英国。英国公众孤陋寡闻，却又喜欢吹毛求疵。下议院质问克莱夫。他慷慨陈词，为自己做了辩解。他指出，靠他东奔西走，东印度公司的董事们才“取得了一个幅员辽阔、版图超过欧洲任何一个王国的帝国。他们一年有四百万英镑的收入，以及等额的贸易”。说到他名下的财产，他义正词严地说了如下一段名言，“鉴于普拉西大捷后的地位，我处处表现出的克制难道不配称颂？一位伟大的王公仰我鼻息；一座富庶的城市任我主宰；财大气粗的银行家争相博我欢心；我走过一座座只为我洞开的大门，两边堆满了金银珠宝。议长先生，此时此刻，连我都想不到自己如此克制。”下议院一致通过一项决议，“罗伯特·克莱夫勋爵为国家立下了汗马功劳。”然而，克莱夫难消心头的怨恨与苦楚，几年后，他亲手了结了自己的生命。

克莱夫的继任者是一位功绩与他不相上下的伟人，但经历与出生却截然不同。沃伦·黑斯廷斯家道贫寒，但他祖上却是伍斯特郡的大户。奥利弗·

克伦威尔战争期间，他的曾祖父卖掉了戴尔斯福特的宅子，黑斯廷斯从小就梦想有朝一日赎回祖产。他幼年丧母，一位叔父将他养大成人，送他去威斯敏斯特求学。他在古典文学上造诣颇深，老师希望他上大学。但叔父却坚决不肯，将他送到了印度。那一年，他十六岁。

克莱夫春风得意那段时间，他一直是东印度公司的一名小职员。克莱夫最终离开印度一年后，黑斯廷斯入选加尔各答参议会，成了一名议员。在这个责任有限但又职责明确的职位上，他目睹了无处不在的贫困和混乱。公司职工不惜牺牲雇主与当地居民的利益，继续大肆敛财。马拉塔人占领德里，又对奥德省虎视眈眈。马德拉斯，甚至连一向安定的孟买都有卷入内战之忧。1769 年至 1770 年，孟加拉三分之一的人口死于饥荒。经受了这些苦难，沃伦·黑斯廷斯始终处处节俭，他求名、想权，希望攒够钱赎回戴尔斯福特的祖宅。他不眼红别人敛财，因为他不贪婪成性。1772 年，他出任孟加拉总督，虽经历了天灾人祸，这里依然是一个富庶的省份。他决心做好两件大事：保住公司的利润，让英国人收税。这时候，险些让议会谴责克莱夫的传言已深入了英国人的人心。来自东方的富有冒险家为这个新帝国树了名声，也毁了它的威名。他们财大气粗、举止傲慢，不甘屈就他们出生的社会，又爆发得太快，融不进贵族阶层。用他们的话说，叫“Nabob”[1]们，意思虽一样，但与“Nawab”[2]一字之差，大不列颠的各个阶层对他们又妒又恨。但对他们取得阿尔乔特与普拉西大捷的勇气与磨炼，以及洗雪黑牢之辱，却视而不见。这种情况并非有失公允，由于许多大财主只顾埋头发财，谁也顾不上克莱夫。年迈的查塔姆说，“印度罪孽深重，天地不容。”嫉妒、愚昧、感情用事汇成一股热潮，强烈要求改革。怨言并非空穴来风。九年来，公司职员从孟加拉民众手中搜刮了近 300 万英镑，统统落入了个人的腰包。改革的急先锋偏巧又是诺斯勋爵。

诺斯尽力而为。他的口号是“约束大人物”，黑斯廷斯出任孟加拉总督

---

1 在印度发了大财的英国人；富翁、大财主。

2 印度莫卧儿帝国时代的太守或藩王。

的第二年，诺斯敦促议会通过了《诺斯法案》。这项法案并非一无是处。印度的英属殖民地并非统一管理。孟买与马德拉斯归属常驻加尔各答的“总督”管辖，沃伦·黑斯廷斯是第一任总督，年薪两万五千英镑。但为了避免专权，法律削弱了总督的权力。按规定，孟加拉太守、董事会、总督以及约束总督、对他行使否决权的参议会分掌权力。这些年来，黑斯廷斯一直要打碎身上的这套桎梏。他的主要对手是新同僚菲利普·弗朗西斯，也就是那位替威尔克斯讨还公道，猛烈抨击内阁的那篇《朱尼厄斯来信》的大名鼎鼎的作者。弗朗西斯一直暗中或公开与他作对。但黑斯廷斯心中有数，也决意要去完成。虽说他天性脾气暴躁，但他学会了隐忍和坚持。英国内阁一度想召他回国。后来，参议会两名愚不可及、与他作对的议员去世，没过多久，法国又受美国革命的鼓动，希望夺回在印度的大权，再次对英国宣战。黑斯廷斯终于能放手行动。他的自由来得正是时候。

1778 年，一支法国舰队驶近印度南部沿海，迈索尔藩王海德·阿里[1]出兵卡纳蒂克。马德拉斯英国总督遭手下腐败的官员囚禁，孟买与马拉塔人交上了火。黑斯廷斯执政的六年中，各种忧患接踵而至。他手下的海军不敌法国人，虽说打了不下五仗，仍无力阻止法国人登陆马德拉斯沿海。马德拉斯政府经过整肃后，重新焕发了生机。参加过普拉西战役的爱·爵士英雄不减当年，他奉命带兵匆匆南下。1883 年，他在波多诺伏大败海德·阿里，一年后又击败了他的儿子蒂普苏丹。英方与马拉塔人举行了和谈，截至 1783 年，只剩下法国人贼心不死，但一纸《凡尔赛和约》葬送了他们的一切希望。英国在美洲丢了一个帝国，却在印度建立了一个帝国。

这一系列行动劳民伤财。英国为美洲殖民地、欧洲战争以及海战疲于奔命，无论是财力，还是物资，都爱莫能助。黑斯廷斯只能就地取“财”。孟加拉的居民较为富裕，多亏了英国人的武装和领导，保了他们的平安，他们理应支付保护费，于是黑斯廷斯毫不客气地向他们索取。就这样，他筹集到了资金，拯救了孟买与卡纳蒂克，再一次免了孟加拉生灵涂炭之灾。看不惯他与东印

1 印度南部卡纳蒂克邦的旧称。

度公司的人不失时机地指出，他筹集的二百万英镑，花在战争上的只有三分之一。其余的流向大家心知肚明。不过，黑斯廷斯本人不爱财，并没有趁机大捞一笔。他于 1785 年回国，当地居民多半惦记着他的恩德。与当时在印度的许多英国人不同的是，他能说一口流利的当地语言。他喜欢与印度人交往，为此还受过克莱夫的斥责。虽说他出身名门、祖上显赫，但他向来没有种族、肤色和宗教歧视。

起初，黑斯廷斯在英国受到了人们的欢迎和礼遇。他的成就与战绩多少弥补了英国在美洲蒙受的耻辱和损失，另外东印度公司也多亏了他的贡献。他回国一年后，小他几岁的皮特推出了一个《印度法案》，规定管理委员会接受内阁的领导，并且接管了东印度公司的政权。黑斯廷斯不赞成这一决定。虽说总督因此摆脱了诺斯有欠考虑、经由加尔各答参议会强加给他的桎梏，但人事任免权却落入了皮特的亲信和幕僚亨利·邓达斯之手，由邓达斯主政管理委员会。其实，一大批胸怀大志、正直廉洁的苏格兰年轻人陆续填补和充实了印度的行政职务，由于克莱夫与黑斯廷斯的功劳，他们如今多半不必受贿或捞取外快就能维持生计。这都是好现象，但议会却对查塔姆斥责的“乌鸦一般黑”耿耿于怀。回到了英国，那些“财主们”依然张扬跋扈、庸俗本性难移。黑斯廷斯回国后不久，议会就着手对他调查。虽说找不出他贪污腐败的证据，但他与各党派处事时态度傲慢、疏于世故。以伯克、福克斯和谢里登为首的议会执意要置他于死地。菲利普·弗朗西斯在加尔各答一次决斗中被黑斯廷斯所伤，他居心叵测地在黑斯廷斯的政敌中煽风点火。议会又动用检举告发这个古老的手段对付黑斯廷斯。1788 年 2 月 13 日，审判在威斯敏斯特宫进行。这一审就是七年多。议会彻查、谴责、曲解又认可、赞扬了黑斯廷斯执政印度期间的点点滴滴。最后他被无罪释放。虽说这个案子罗列的许多罪名有失公允，令人费解，但这套程序却向公众和世界宣告，英国民众拥护伯克的主张，治理印度应以“欧洲、非洲、亚洲乃至全世界现存的法律为准，即能明辨是非、人类牢记心中的平等与博爱”。

为了给自己辩护，黑斯廷斯几近破产。幸好东印度公司支付了他丰厚的薪水，让他赎回了祖业，多年以后，他到下议院就印度事务作证时，下议院全体议员脱帽向他致敬。他此后再没从政。但比起欧洲的老对手，他幸运了许多，有几个不是早已身首异处，就是倾家荡产。后人洗清了辉格党对他的毁谤，替他恢复了名誉。

写到这里，我们不妨展望一段英属印度史。拿破仑战争期间，英国的势力也随之大肆扩张。法国革命前夕，东印度公司的势力仅限于孟加拉省，以及马德拉斯港与孟买港周边的几个狭长地带。滑铁卢战争后，它的势力范围涵盖了除西北部以外的次大陆全境。

控告沃伦·黑斯廷斯可以说是英属印度史的一大转折点。身份低微、才华出众的公司职员再难掌握大权，自此以后，总督一职一直由靠自己出人头地，或出身英国显赫门厅的人担任，比如不服约克敦一仗的康沃利斯侯爵、韦尔斯利侯爵、明托勋爵、黑斯廷斯侯爵、阿默斯特勋爵，以及达尔豪西勋爵。其实，这些人是国王的全权代表，他们不想聚敛钱财，也不愿伦敦闭目塞听的内阁瞎指挥，只想着讨好英国的权贵，好为所欲为，又无后顾之忧。诚然，有许多事有待他们去处理。1785 年，英国人不惜人力和财力，扶持一位印度藩王统辖邻近马德拉的卡纳蒂克。海德·阿里从莫卧儿手中夺得了绵延至西海岸的迈索尔邦，可惜在他觊觎印度南部全境的儿子蒂普苏丹的统治下，这个邦民不聊生。在南亚次大陆中南部，海得拉巴尼扎姆[1]软弱无能，维持不了德干的秩序，成了德里傀儡皇帝的一个附庸。此外是马拉塔人，他们是一个部族军事同盟，个个都是骁勇善战的印度教徒，他们轻装快马，来去无踪，行动神速，自古与伊斯兰教徒莫卧儿人为敌，渴望建立自己的印度教帝国。靠着奥德这个弱小的邦，唯独在英国人统治下的孟加拉免遭了动荡之苦，平安无事，但也不保险。

不久，康沃利斯不得不出手教训一下蒂普，18 世纪最后十年，他连年征讨，占领了迈索尔邦大部，逼蒂普交出了另一半领土。路易十六上断头台那年，一个无名之辈接替了康斯沃斯，他想解决纷争，无奈印度统治者却不断聘请

1 18 世纪至 1950 年间海德拉巴的君主称号。

法国军官，按欧洲风格训练自己的军队。1798 年，韦尔斯利侯爵奉命解决这个心头之患。埃及凯旋后，拿破仑企图建立一个东方帝国，主动提出支持蒂普，后者正着手筹建一支训练有素、法军风格的军队。法英之间的较量再次笼罩着印度。法国海军可能从地处印度洋的法属毛里求斯岛出击，韦尔斯利当机立断，立即给蒂普开出了一个“军援”，条件是蒂普遣散法国人，解散军队，缴纳东印度公司的保护费。

蒂普宁战不从，1799 年，他被赶回首都塞林伽巴丹，被杀身亡。韦尔斯利随即吞并了迈索尔的外围地区，将被海德·阿里霸占的其余领土交还印度太守。可惜好景不长。法国建立东方帝国的野心受挫尼罗河一战后，韦尔斯利又盯上了卡纳蒂克。后者政府暴虐，不得人心，1801 年，他拿一年的薪水打发走了太守，将卡纳蒂克纳入了马德拉斯管辖区。同一年，他又对奥德省如法炮制，但在这里却步履维艰。太守虽有英国人的保护，却管不住手下胡作非为的军队和欧洲贪得无厌的投机分子肆意掠夺和盘剥自己的子民。韦尔斯利对他强行采取了军援。作为回报，除了勒克瑙及周围的一小部分外，他将大部分领土割让给了英国人，除东印度公司同意的人外，其余为他效力的欧洲人一概遣散，同时保证按公司的意见治理国家。

他将马拉塔人留到了最后。几年前，他们占领了德里，俘虏了莫卧儿皇帝，挟后者要求孟加拉纳供。马拉塔人这时候却闹起了内讧。他们的首领逃出德里，向韦尔斯利求援。韦尔斯利帮他收复了首都浦那。其余的马拉塔人因此对英国人宣战，经过一场恶战，韦尔斯利的弟弟，后来的威灵顿公爵在阿萨依等地打败敌军。韦尔斯利也强行对他们采取了军事援助，奥里萨邦与德里省的大部分地区落入了英国人之手。“短短七年时间，”一位著名史学家写道，“他就一改印度的版图，发动他的同胞开拓领土，一直到半个世纪后，才止步阿富汗崇山峻岭前……从表面上看，他们的手段简单粗暴、野心勃勃。其实，他们采取的每一次行动，无不顾及事关民众的利益。十八世纪的印度类似于五世纪的欧洲。韦尔斯利明白，英国人的统治仅仅是为了避免杀戮、专制和无政府状态，并且果断地将他的信念付诸实施。罗马帝国灭亡后，欧洲历经了数个世纪才趋于稳定，平民过上安居乐业的生活，而英国当局在短短五十年内就在印度实现了这一目标。但东印度公司的看法却截然相反。董事们仍希望做生意，不想东征西讨，由于他们的反对和抨击，韦尔斯利于 1805 年辞职。”

接替他的明托勋爵接到明确指示，不得再扩张领土，明托“不辱使命”，暂缓了领土扩张，但这也并非长久之计。韦尔斯利开展的平叛大业要么完成，要么就此偃旗息鼓。他强令印度各地统治者解散军队，致使许多官兵无所事事、愤愤不平，结伙打家劫舍。再加上马拉塔人把英国的中立当作软弱可欺，为他们撑腰，这些土匪开始祸患印度中部地区。1814 年，黑斯廷斯侯爵出任总督，不得不出动大部队剿匪。见取代莫卧儿帝国的最后一线希望破灭，马拉塔人仓促起兵反叛。黑斯廷斯平息了叛乱，废黜了他们的首领，将浦那纳入孟买管辖。如今，东印度公司违心、几乎是身不由己地主宰了印度四分之三的国土。

第九部

拿破仑

第十六章　小皮特

罗金厄姆侯爵一直等待着组建政府的时机，直到1782年3月，当机会终于来临时，他却只剩下四个月的寿命了。康沃利斯在弗吉尼亚州的约克镇宣告投降，此事对英国民众的舆论产生了决定性的影响。黑暗渐渐笼罩了这个野心勃勃的国家及其固执的国王。英国一个盟友都没有，孤立无援地置身于一场世界战争之中，并且不占有任何优势。一支法国舰队威胁着英国在印度洋的交通线；法国货币在印度次大陆上为马拉塔人的活动提供便利；法国和西班牙的联合舰队在英吉利海峡活动频繁，并且封锁了直布罗陀；米诺卡岛已经沦陷；华盛顿的军队在纽约城外蓄势待发，美国国会也已明确表示绝不会单独媾和。海军上将罗德尼在圣特斯大获全胜，夺回了西印度群岛海域的控制权，豪将军在九月份使被困三年之久的直布罗陀得以解围。然而，英国在世界其他地方的势力和威望都十分薄弱。正是乔治三世的固执己见使得大英帝国落得如此下场。

罗金厄姆于七月与世长辞，谢尔本勋爵接手组建新政府。他根本无意遵循罗金厄姆和伯克构建已久的蓝图，即组建一个在当前的重大问题上团结一致，并能根据集体意见为国王制定政策的内阁。谢尔本将这个计划搁置一旁，致力于招募一些政见不一、派别不同的政治家组成政府。然而，由于乔治三世导致的接连失败，英国整个政治结构中的个人崇拜主义已然崩塌。如今，新首相招贤纳士的做法遭到所有人的质疑。虽然他能力超群、能言善辩且思想开明，但却像之前的卡特里特一样，受到各方的怀疑。国王发现他为人亲和，予以全力支持。三个主要政党之间彼此水火不容，任何一方都不足以单独维持一个政府。谢尔本得到了查塔姆手下们的支持，其中包括查塔姆的儿子——财政大臣小威廉皮特。然而诺斯仍然控制着一股重要的势力，他十二年来对君主忠心耿耿，换来的却是冷眼相待，这深深地刺痛了诺斯的心，于是他渴望重新上台。第三股势力的领导人查尔斯·詹姆士·福克斯曾经猛烈抨击过诺斯政府，此人才华横溢、慷慨善良，只是有点反复无常，让人捉摸不透。至于伯克，由于缺乏家族势力，又没有能力提出切实可行的政治主张，失去罗金厄姆这个靠山以后，他的影响力也随之消失。

反对谢尔本的情绪不断增强并蔓延开来。然而，这位首相在谈判中展现出了非凡的才能，最终以承认美洲独立为条件，结束了这场世界战争。当时法国政府已濒临垮台，他们唯有支持美洲殖民地的爱国者，希望能瓦解大英帝国。但除了极少数像拉斐特那样的理想主义者外，没有人希望在美洲协助建立一个共和国。法国的幕僚们早就警告过路易十六，说这种做法可能会动摇他的君主专制政体。西班牙明确反对美洲独立，它加入这场战争主要是因为法国答应帮助它夺回直布罗陀，条件是借用它的舰队来对抗英国。但是十三个殖民地的叛乱不断侵扰着西班牙的海外属地，且直布罗陀还未收复，因此西班牙要求在北美获得巨大补偿。虽然大陆会议已经答应以法国为主进行和平谈判，但美国驻欧委员们意识到了他们的危险，于是在法方不知情的情况下，公然违背大陆会议的诺言，与英国秘密签署了和平初约。谢尔本和查塔姆一样，希望通过做出巨大让步，以保全大英帝国，可他又意识到承认美洲殖民地的自主权才是唯一可行的政策。不管怎样，福克斯早已在下议院发表公开声明，促使英国采取了这一做法。

位于阿勒格尼山脉和密西西比河之间的西部地区将来会面临何种命运是最重要的问题。来自弗吉尼亚州和中部殖民地的投机者长期活跃于这些地区，他们在大陆会议上颇具影响力，得到了诸如富兰克林、帕特里克·亨利、李家族以及华盛顿本人这些大人物的支持。由塞缪尔和约翰·亚当斯领导的激进的新英格兰人对这些西部领土本身并无兴趣，但他们同意，倘若英国承认北方殖民地在纽芬兰的捕鱼权，他们就要求将这些地区全数割让。

关于美洲对西部地区的渴望，谢尔本绝无半点敌意，比较棘手的是加拿大的边界问题。富兰克林和其他人甚至要求得到加拿大的全部领土，但谢尔本知道，向他们妥协便意味着他的政府将会面临垮台。经过数月的协商，边界终于确定下来，即从缅因州的边界开始，延伸至圣劳伦斯河的上游，穿过五大湖区直到它们的源头。于是这条边界以南，密西西比河以东，佛罗里达州边界以北的地区都被划分为美国的领土，这是协约中最重要的一项内容。谢尔本展示了其杰出的政治才能，英美两国的边界冲突由于他的让步而得以避免（但有一次例外）。唯一的受害者就是加拿大的皮毛公司，他们的活动范围从魁北克省扩展到了俄亥俄河流域，但这只是一点微小的损失。承认新英格兰捕鱼权的做法使北部各州都感到心满意足。

英国政府试图解决两种纷争，即美洲商人在战争前拖欠的债务问题和数十万美洲拥护者的安全问题。谢尔本为此殚精竭虑，而美国人却丝毫不肯让步。他们深知主动权掌握在自己手中，英国政府不敢为了这些小问题而终止谈判。所以条约中仅仅规定："双方的债权人在收回债款的过程中不受法律的制约"，大陆会议应该"尽力劝告几个州归还美洲拥护者的财产"。只有南卡罗来纳州对拥护者的财产予以理解和承认，而大约四到五万名"联合帝国的拥护者"只能到加拿大重新安家落户。

法国也在尝试与英国建交，两国于 1783 年 1 月发表了停战宣言，同年在凡尔赛签署了最终的和约。和约规定，法国人保有其在印度和西印度群岛的属地，获得纽芬兰的捕鱼权，并收回了位于非洲海岸的塞内加尔奴隶贸易点。英国还将盛产棉花的多巴哥岛割让给了法国，但除此之外，法国并未获得其他物质利益。不管怎样，他们的主要目标还是达到了。十三个殖民地从联合王国独立出来，英国在世界上的地位也似乎一落千丈。

西班牙被迫接受这个和平方案。它对美洲的野心已经消失殆尽，这次和谈中它唯一的收益就是获得了佛罗里达州东部的两个英国殖民地。但它为此付出的代价是放弃主要目标，同意英国继续控制直布罗陀。战争期间，西班牙占领了位于地中海的英国海军基地米诺卡岛，在和谈中它保留了这一岛屿的所有权。荷兰也由于其盟国的背叛而被迫接受了这个和约。

至此，这场当时被许多人称为世界大战的战争告一段落。大西洋彼岸，一个新的国家开始崛起，并成为后来屹立于世界民族之林的中坚力量。第一大英帝国已经灭亡，英国虽然遭受了沉重的打击，但依然无所畏惧。

英国能从这场危机中生存下来得益于谢尔本的努力。在短短一年之内，他为世界带来了和平，并协商制定了和平条约。但他的功劳并未受到肯定，这是不争的事实。1783 年 1 月，谢尔本在任职八个月后提出辞职。后来他被封为兰斯多恩侯爵，从此，他的后代们沿用了这一封号，在英国政坛发挥着重要作用。谢尔本下台后，取而代之的是诺斯和福克斯刻板的联合政府。据说这个联合政府即使在那个世态炎凉，人心淡薄的时代都让人受不了。福克斯曾因猛烈抨击诺斯政府而为人熟知。仅仅五年之前，他就公开宣称过，与诺斯的任何联合都是十分荒谬的，片刻都不能容忍。然而现在，他们却联合了起来，这让民众大跌眼镜。谢尔本政府之前是依靠使命才得以维持的，福克斯和诺斯的联合政府却完全站不住脚，不到九个月就垮台了。导致这一政府垮台的直接原因是福克斯起草了一项法案，在其中他非常睿智地提出要重组印度政府。他的计划是，让统治着亚洲广阔领土的东印度公司在某种程度上受制于伦敦的一个政治委员会。可是他的反对者立刻指出，这样会将巨大的权力转移到政治委员会手中，而且贪污腐败的概率会大大增加。只有政府的亲密拥护者才有望从这一法案中获得利益。因此，除了福克斯个人的追随者外，所有的党派都反对这一提案。

国王抓住机会摧毁了这个荒谬的政府，重获民心。党派和个人纷争在战争灾害的滋扰下稍有平息。乔治三世意识到，若能找到一个合适的人选，那他的机会就来了。下议院中只有一个人没有参与过之前的纷争，即使他缺乏过去议会势力所依靠的传统要素，但至少与那些不受信任的活动毫无瓜葛。这个被国王选中的人便是查塔姆的儿子威廉·皮特。谢尔本执政期间，他担任过财政大臣一职，作风清廉，备受尊重。1783 年 12 月，国王任命皮特组建政府，这无疑是他执政多年来所做的最出色的举措了。旧的议会机器被粉碎，一个新的联合政府取而代之。这个新政府功勋卓著，未来二十年发生的种种事情就是最好的证明。

美洲殖民地的反抗活动打击了十八世纪英国人的自满情绪。人们开始研究导致这场灾难的根本原因。“改革”一词也逐渐流传开来。英国政治体系存在的缺陷显然是造成美洲殖民地要求独立的重要根源，那些质疑宪法的英国人暗自思忖着美洲殖民者反抗英国的原因。有些人开始要求对议会代表作出调整，但这种要求还不算十分强烈，值得考虑。改革者们的主要目的是增加拥有议员选举权的自治市的数量，从而减少政府贪污腐败的可能性。甚至还有人提到了普选权和其他新的民主选举原则。但改革的提倡者主要是像来自约克郡的克里斯多夫·瓦维尔那样的大地主或乡村牧师，或者是像埃德蒙·伯克那样的地位稳固、经验丰富的政客。他们一致赞同议会没有，也没必要代表每一位英国人。在他们看来，议会代表的不是个人，而是“利益”——地产利益，商业利益，甚至是劳工的利益。但其代表的利益还是偏重于土地，因为土地是国民生计赖以生存的坚实基础。政治腐败现象愈演愈烈，这些富裕的理论家开始紧张起来。这种腐败现象一部分由得到国王庇护的辉格党对政府加以操控造成，一部分由新兴的商人阶级和工人阶级收买议席造成。正如我们所见，东印度公司的大富豪出现在了威斯敏斯特，政治中出现的金钱交易不仅扩大了腐败范围，而且还威胁到了地主阶级的政治垄断地位。因此，统治阶级的改革行动既不激进，涉及的范围又不广泛。对此，伯克在1782年发表的《经济改革法》中提出，凡是操纵过选举活动的政府官员，一律剥夺其推举权。这是一种比伯克原本想要采用的方案更温和的方式。公民权总体上并未进行改革，而且当人们谈及英国人的权利时，他们实际上指的是被吹嘘为国家中坚力量的广大自耕农阶级，希望增强他们在各郡的影响力。早期的改革方案中有许多都是建立在理论上的，旨在维持政治势力和协调乡村利益集团之间的关系。十八世纪盛行于英国的个人主义并未呈现出教条主义的形式。强调基本原则在英国人的心目中一直都是可憎的。约翰·威尔克斯在法律权威面前，大胆且成功地维护了国民权利，但是争论的焦点转移到了一个狭隘而又实际的问题上，即逮捕令的合法性问题。托马斯·潘恩那具有煽动性的小册子在某些阶层中流传甚广，但在议会中却鲜少有人谈论人权问题。在英国，革命的潮流冲往地下，卷进了地方偏见的漩涡。

然而，在地主阶层建立一个协调稳定的政治体系的梦想变得越来越不切实际。十八世纪的最后四十年中，英国的进出口总额翻了一番，人口总数增加了两百多万。工业革命和农业革命也在英国悄然进行，产生了比当时的政治动荡更为深远的影响。蒸汽机的改良为工厂和铸造厂的生产提供了新的动力资源，各类工厂如雨后春笋，迅速拔地而起。开凿的河道运输网络大大降低了煤炭运往新兴工业中心的成本。研发的新冶炼技术使铁的产量增加了十倍。路面坚硬、经久耐用的道路向四面八方延伸开去，使全国各地联结得更加紧密。一个日益扩大且信心十足的工业社会正在形成。城市工人阶级迅速壮大，小地主由于圈地运动和不断改进的耕作方式而逐渐消失，富足的中产阶级亟须在政治体系中占有一席之地，这一切使改革者的要求看起来不够有力。英国社会正在发生翻天覆地的变化，地主阶级在 1688 年获得的垄断地位无法再维持下去了。

人们的情感和文化生活也经历了重大变革。美国独立战争迫使英国人自力更生，民众开始自我反省，发现了自身精神中暴露出的自满情绪和异常心理。约翰·韦斯利领导的宗教复兴运动打破了理性时代坚硬的外壳。卫理公会教派掀起的热潮，及其肩负的为下层贫苦大众抗争的使命，加速了十八世纪的社会变革。长期支持辉格党的不奉国教者增加了财富，扩大了影响力，再次向英国国教的宗教垄断地位发动攻击。虽然他们被议会拒之门外，也没有选举权，但他们拥有睿智敏捷的头脑，形成了一支聪慧无比、广受信任并心存不满的队伍。总之，以上就是威廉·皮特在二十四岁担任英国首相时所面临的动荡局势和棘手难题。

将皮特送上权力宝座的那场选举算得上是十八世纪里计划得最周密的一次。有人认为，是群众反对乔治三世个人政府的巨大浪潮把皮特推上了台。事实上，是乔治本人求助于皮特，整个选举机制也是由以财政部长、幕后人物约翰·罗宾逊为首的国王代理人制定，并交给这位年轻的政客支配。1783 年 12 月，罗宾逊和皮特在一所位于莱斯特广场的房子里见面并商讨他们的计划，这所房子属于皮特的一个挚友亨利·邓达斯。罗宾逊针对选区的情况作了一个详尽的报告，并向皮特保证，他们一定能争取到下议院的多数席位。三天后，福克斯和诺斯被国王罢免，在接下来的选举中，威廉·皮特获得了多数席位，他将这一优势一直保持到下个世纪。事实证明，他们的计划是可行的，全国人民都接受了这个结果，认为这是国家得到的真正裁决。

皮特能获得多数席位有赖于几个因素——他个人的追随者；乔治三世交由他支配的“王室势力”；独立的乡绅组织；因福克斯企图控制政治势力而与之疏远的东印度公司利益集团；以及由邓达斯率领的苏格兰议员。这是一支由普通民众组成的队伍，代表着广大人民的普遍意愿。皮特不想成为第二个诺斯勋爵，托利党之所以支持他，是因为他似乎在将国王从一个寡廉鲜耻的政府中解救出来。而辉格党人还在因为他拒绝进入诺斯政府，并且提倡改革议会制度而耿耿于怀。与他毫无关联的“老帮派”失败了，给国家抹了黑，财政也出现了危机。在他父亲名望光环的笼罩下，这个严肃老成、能言善辩、作风清廉、兢兢业业的年轻人，登上了权力的宝座。

即使皮特年纪已经不小了，但却没有什么知心朋友。不过有两个人将在他的一生中起到决定性的作用，那就是亨利·邓达斯和威廉·威尔伯福斯。邓达斯是一位脾气温和、平易近人的实利主义者，在他身上体现着十八世纪政界的风气。当时盛行收买官员、谋权夺利、暗箱操作和怀疑一切。邓达斯是个不可或缺的盟友，因为他不仅操控着苏格兰的选举活动，还拥有东印度公司的政治支持，而且，是他将议会的多数派团结在一起。至于皮特，虽然他自身作风清廉，但还是很大程度上依赖于十八世纪的政府机器以寻求支持。

威廉·威尔伯福斯是皮特在剑桥时结交的朋友，也是得到他完全信赖的唯一一人。威尔伯福斯笃信宗教，怀有崇高的理想主义，因此成为了年轻首相良知的守护者。他属于质疑十八世纪自满心理的新一代。聚集在他身边的人被称为“圣人”，当然这一称呼并无恶意。他们在下议院中成立了一个结构紧密的团体，其主要的政治意图是废除奴隶贸易。他们利用新福音派教会或“低派教会”运动所激起的宗教热情展开活动。协调这两股对立势力的人就是查塔姆的儿子——威廉·皮特。

当代最杰出的雄辩家福克斯和伯克是皮特的政敌，他们一谈起改革这个宏伟的主题就滔滔不绝、口若悬河。然而，皮特在邓达斯的帮助下，默默地、认真地改进了国家切实可行的政策。但他的追随者派系混杂，这限制了他的工作范围。大量的利益集团使他初期的希望破灭了，他没能立法禁止奴隶贸易。威尔伯福斯和他的“圣人们”遭到了布里斯托尔和利物浦商人的一贯反对。这些商人在政治上都是政府的拥护者，皮特也不愿与他们产生隔阂。皮特所做的努力还远远不够，这使得许多人开始质疑他改革的诚意：禁止奴隶贸易的任务只得推迟至福克斯再次上台。威尔伯福斯决不允许任何人质疑他的朋友，并始终相信皮特在议会做出的判断。

皮特在接下来的时间里需要有足够的耐心。他的支持者们固执己见，嫉妒心强，有时甚至难以控制。失去美洲殖民地后，改革爱尔兰政府势在必行，他们却对此百般阻挠。经过一场激烈的争辩后，皮特和邓达斯终于说服下议院通过了一项《印度法案》，要求成立一个管理委员会，这个管理委员会与福克斯之前提议的大致相同，只是成效欠佳。这个机构一直维持至六十年后发生印度叛乱。由于邓达斯迅速掌握了这个机构的管理权，他的政治地位因此大大提升。1785 年 4 月，国王和议员们使皮特的另一个希望也破灭了——否决了他提出的议会改革措施。

因此可以说，皮特从一开始就受到十八世纪政治机构的压制。他没能禁止奴隶贸易，没能解决爱尔兰问题，没能使议会更具国民代表性。在他上台后的这前几个月里，他唯一的成就是颁布了《印度法案》，但是这项法案增加了政治腐败的概率。他非常清楚地认识到了改革的必要性和合理性，但却总是向阻挠势力妥协。

皮特做的最杰出的事情就是解决了当时最实际且最紧迫的问题，即整顿和重建国家的财政制度。他还开创了财政部决策明智、作风清廉的管理传统，这一传统保持至今。皮特政府的理念与经济和商业观念的变革不谋而合，1776 年，亚当 · 斯密的《国富论》一经出版，便迅速在学者中引起了轰动。皮特深受这本著作的影响。第一大英帝国声名狼藉，几乎已经从世界版图上消失了。另一个大英帝国正在加拿大、印度、新西兰和澳大利亚逐渐崛起，库克刚刚绘制出了鲜为人知的澳洲大陆的航海图。但是，由于殖民地在贸易方面必须服从宗主国，与其他国家的贸易往来也受到全面限制，因此将帝国经济融合成一个紧密整体的构想被证明是极端有害的。如今，阐述自由贸易原则的时机已经成熟。亚当·斯密用笃定刻薄的文字抨击了重商主义理论，皮特对他的观点感到心悦诚服。皮特是第一个主张自由贸易的英国政治家，追随他的托利党人有一个时期也接受了这种观点。陈旧而又复杂的关税壁垒体系首次得到了系统的改进。总共有六十八种关税，而且许多物品必须交多种单独的累积税。一磅肉豆蔻应交九种不同的关税。在 1784 年和 1785 年，皮特对这种混乱的税收现象做出了一定调整，这次对关税的大规模整顿所带来的第一个显著成效就是大大减少了走私活动。

进一步的改革使税收稳定下来。我们现代能有“预算”这一概念，都是皮特的功劳。在他身边得力助手的帮助下，他改革了政府的收支制度。除此之外，他还设立了审计署，取消了财政部的许多闲职。当时国家财政的状况令人担忧，1783 年末，议会为战争募集的四千万英镑不知去向，政府和内阁的信誉度极低。国家债台高累，债务高达两亿五千万英镑，是沃波尔执政时期的两倍多。皮特决定利用税收的盈余来减轻沉重的债务负担。

1786 年，为了达到这一目标，他通过了一项法案。每年，他会挪出一百万英镑购买股票，得到的盈利将会用来偿还国债，这就是著名而又屡遭批判的偿债基金。只有当税收多余财政支出，年预算有结余时，这一方案才得以实施。当后来没有结余时，皮特不得不以高利息借钱来维持偿债基金。他之所以付出如此大的代价这样做，有其心理上的原因。国家财政状况的稳定与否是由偿债基金的数目来衡量的，他这样做就能给伦敦金融区制造一个稳定的印象。后来，贸易振兴起来，国家变得繁荣昌盛，在当时看来数目相当庞大的一千万英镑债务也在十年内得以还清。

同年，政府将海关和税务局合并，并以现代模式改组了贸易部。然而皮特取得的最大成就可能是与法国签订了《伊登条约》，这是依据新经济原则签订的第一个自由贸易条约。威廉·伊登是皮特手下一名年轻有为的官员，他被派往巴黎与法国进行谈判，希望法国能降低对英国棉制品征收的关税，并承诺英方将以减少对法国葡萄酒和丝绸征收的关税为交换条件。这两种商品当然没有对任何英国商品造成威胁，但英国兰开夏郡棉制品的出口却损害了法国东北部纺织厂的利益，使深受其影响的法国实业家更加不满。

欧洲大陆上爆发的战争和革命使继续整顿改进的愿望破灭了。对于皮特来说，这是他个人的悲剧。他的天赋基本都表现在商业管理上，他最大的成就是对财政问题的论述。他精于数字，在过早的年纪就有了自己的想法并不断发展完善，但却像柯勒律治所说的那样，“没有大智若愚的迹象，不像是有多少出息的人”。他不擅长人际交往，自他上台后更是断绝了与其他人的联系。从1784年到1800年，他只在伦敦政界和他位于帕特尼的居所之间活动，生活圈子非常狭小。他对都市之外的民众生活一无所知，甚至对下议院的同僚和政治团体都敬而远之。

皮特充分意识到了十八世纪英国发生的经济变革，但却未察觉到国外政治动荡的迹象。他坚信不干涉主义，对法国专制政权的灭亡无动于衷，冷眼旁观他的两位主要政敌——福克斯和伯克在这个问题上的争吵。他关心的是其他事情。如果法国人选择揭竿而起，反抗他们的统治者，那是他们自己的事。如果他们想要效仿英国建立君主立宪制，那可能是件好事，但皮特对此也毫不关心。这位首相对辉格党反对派积极支持法国革命的运动置若罔闻，对伯克和其他人关于君主制和文明社会的原则受到法国革命威胁的警告不屑一顾。

1789年到1793年，在巴黎和法国各地发生了惊天动地的剧变，所有人都为之震惊。而英国政界却是一片平静，似乎处在真空之中，能目睹这一景象也算十分难得。发表预算演讲；大法官瑟洛因暗算皮特而被罢免，此事表明内阁议员们要相互忠诚，意见一致；抵制奴隶贸易运动——这些就是从伦敦传出的新闻。皮特决定避开即将发生的欧洲冲突。他确信，如果对法国革命置之不理，英国就不会卷入战争。他始终避免发表任何对民众的同情心具有煽动性或说服力的言论。反对派全副武装地讨伐落后的专制独裁统治，他对此却无动于衷。反对派担心奥地利和普鲁士君主会干涉并镇压法国革命。在福克斯的领导下，他们在战争中看到了摧毁皮特垄断政治势力的希望。但伯克的以下言论更接近于民众的普遍想法，他说：“对个人来说，自由的意义在于能做自己喜欢的事情，我们在冒险表示祝贺前应该弄清楚怎样才能使人们开心。”王室对身处困境的法国君主表示同情，如果势必要进行干涉，王室自然会拥护路易十六。皮特保持中立态度，他固执己见，在三年多动荡不安的时代里，始终坚持着这一立场。

第十七章 美国宪法

美国独立战争已拉下帷幕，十三个殖民地也得以掌握自己的命运。他们在斗争中为了自己的原始政治组织付出了巨大代价。1777年，他们签署了《联邦条例》，建立起一个脆弱的中央政府，这个政府享有的职权只相当于美国人承认的英国王室的权力。他们的国会既无能力，又无机会在如此辽阔的土地上，在革命和战争留下的断壁残垣上构建一个有序的社会。

内陆边境地区的小农场主是美国最强劲的一分子。是他们为军队提供了兵源，也是他们在大部分州改革了几种民主宪法。如今他们控制着立法机关，维护着本州的权利。在敌对状态结束之际，由结构不合理的国会所代表的联邦可能在战后种种问题的压力下，突然夭折或逐渐灭亡。美国社会由于巨大的利益冲突变得四分五裂，农民欠下城市居民巨额债务。国会发行过多货币，引发了通货膨胀。1780年前，一枚金元值四十元纸币。每个州都背负着沉重的债务，只得征收重税以偿还利息。各地穷困潦倒的小农纷纷变卖家产，但也出现了很多大发战争横财的人。在美国社会，借贷双方以及农民与商人之间的差距越来越大。经济危机的不断加深引发了社会的骚乱与动荡，各地人民呼吁延长债务期限。马萨诸塞州的农民和退伍士兵担心失去抵押品的赎回权，纷纷起义造反。1786年秋天，丹尼尔·谢司上校带领一众全副武装的农民，企图对地方法院发起猛烈攻击。人们非常担心这样的暴乱会愈演愈烈。华盛顿和克伦威尔一样拥有巨额资产，他写道："每个州都像一堆干柴，一个小小的火星就可能引起一场大火。对于社会动荡不安的局势，我感触颇深，无法用言语来表达。”

不止国内的问题亟须解决，和约中许多棘手的问题也还悬而未决。拖欠英国商人的债务需要偿还，对效忠派要给予补偿，还需撤走英国在加拿大边界设的贸易站，所有问题都刻不容缓。英国明令禁止美国船只往来，西班牙再次进驻佛罗里达州，并对美国将势力范围扩张至西南部提出抗议。美国与法国正式结盟，法国即将发生巨大变革的迹象已经显露出来。高瞻远瞩的人预感到又一场世界冲突正在逼近。美国各州深受内乱之苦，国家又尚未统一，似乎很容易成为野心勃勃的外国势力的囊中之物。

城市居民纷纷要求修改《联邦条例》，谢司领导的叛乱促进了这一要求的实现。1787 年 5 月，从十二个州选出的代表在费城举行会议商讨此事。绝大多数人赞成建立强大的国家政府。在可能成为农民（或现在他们所说的农业民主派）领袖的人选中，弗吉尼亚州的帕特里克・亨利拒绝参加会议，而其中最伟大的一个人物——托马斯・杰弗逊则因出使巴黎而缺席。亚历山大・汉密尔顿是大会的主要人物之一，代表着纽约强大的商业利益集团。这个英俊睿智的男人是西印度群岛一个商人的私生子，战争期间他从华盛顿众多手下中脱颖而出。他已进入纽约的上层社会，婚姻幸福美满。他断定，其凭借自身实力进入的领导阶级应继续处于领导地位，如今，他成为了那些要求建立强大中央政府和限制各州势力的人所认可的领袖。由欧洲面临的危机和民主制度遭遇的威胁而引发的担忧促使这些人行动起来，大会上的争论也进行得如火如荼。大多数代表都支持建立联邦政府，但提出的方法和细节却饱受质疑。在讨论过程中出现了许多分歧。较小的州迫切要求在十三个州的联邦中保持平等的地位，并且强烈反对仅仅依据人口数量确定在联邦政府所占席位的制度。

代表们都来自建立已久的大西洋沿岸城市，但他们不安地意识到，他们的势力和影响力很快会受到人口不断增加的西部地区的威胁。在遥远的俄亥俄河和阿勒格尼山脉，那里地域广阔。大会已经规定，只要其中任何一个地区的自由居民达到六万人，就允许将这片土地划入联邦的领土，与十三个州享有同等地位。那里的人口早就开始增加了，因此他们获得权利只是时间问题。

那么，在著名的十三个州将会发生什么呢？是它们赶走了英国殖民者，它们理所当然地认为，自己比那些生活在偏远又不安定地区的人更了解联邦的政治和真正的利益所在。宾夕法尼亚州的古弗尼尔·莫里斯（他这个与众不同的基督教徒的名字取自他的母亲）说道："培养政治才能的合适场所是人口密集的地方，而不是偏僻蛮荒之地。如果西部地区的人民掌握了势力，他们就会摧毁大西洋沿岸的利益集团。"这两个观点都是正确的。大西洋沿岸地区拥有财富和经验，但那些新开辟的地区有充分的理由加入联邦，而且大陆会议的代表们信守承诺，没有阻止他们这样做。但是，总有一天这些地区之间会发生冲突，势力和前途都属于西部，出于对未来的担忧和恐惧，大会开始着手制定美利坚合众国宪法。

这部宪法简明扼要地规定了新中央政府的权力，确立总统为最高行政长官。总统由各州立法机关推举的选民间接选举产生，任期四年，有否决国会法案的权利，但可能遭到弹劾。总统是军队和政府的最高领导人，只对人民负责，完全不从属于立法机构。众议院以人口为基础每两年选举一次。这种对民主原则的让步由于参议院的设立而有所缓和。参议院由州议会每六年选举一次，旨在制止众议院任何具有煽动性的行为，维护有产阶级的利益不受依据人口原则选举的众议院的侵犯。它与总统共享任命权和立约权，以限制这个有力的机构。位于宪法这座大厦顶端的是最高法院，法官在得到参议院批准的前提下，由总统任命，终身任职。最高法院的任务是进行司法审查，即对国会法案和州议会法案执行强制监督，以确保颁布的法案与宪法保持一致。

以上就是1787年9月在费城策划的联邦统治机器。国家政权已经建立起来，在其职责范围内享有最高权力。但它的职责范围受到严格限制，而且很快又受到了更严格的限制。宪法中没有授予联邦政府的权利全都下放到各州。这样就不会再出现国王乔治三世的大臣们在威斯敏斯特企图行使的那种中央"集权"了。这个经历种种磨难才得以建立的新国家从此依靠这一闻所未闻的东西——成文宪法，变得日益强大。乍一看，这部具有权威性的文件同英国不成文宪法的传统与先例形成了鲜明对比。然而美国宪法实际上并未反映出任何新的理论。它并不是建立在法国哲学家所写的，并将在欧洲引起轰动的煽动性作品上，而是以古老的英国传统原则为基础，重新加以阐述，以满足美国的迫切需要。美国宪法重申了几百年来英语国家人民好不容易确立的原则，它将英国长期存在的正义与自由观念奉为真理，这些观念从此被当作是位于大西洋彼岸的美国的象征。

成文宪法当然会带有刻板僵化的弊端。无论多么高瞻远瞩的人，都无法提前制订出能解决未来问题的条例。费城的代表们充分意识到了这一点，他们做出了能修改宪法的规定，而且由他们起草的文件都十分灵活，容许宪法出现改动。但是修改宪法必须经过讨论商议，并为大众普遍接受，任何改动都需要遵循开国元勋们的指导思想。宪法的主要目标是保守的，它将确保各州的原则和统治机器不受到草率且反复无常的改动。美国人民根据自己的基本原则建立了一个政治体制，这个体制将受到人们的尊敬和拥护，就如同英国议会和王室在英国受到的尊敬和拥护一样。

现在需要将宪法公布于众。代表们预见到奉行民主和孤立主义的州议会可能会反对宪法的实施，对此他们提议召开地方代表大会，对政府的新制度进行投票。汉密尔顿和罗伯特·莫里斯领导的强大而结构完善的团体已经成为了联邦党，他们希望那些与国家利益休戚相关的，不愿意加入战争期间为管理各州而成立的革命性机构的人，能看到新宪法的价值和可行性，限制极端派造成的影响。

对于农业民主派、边远地区的居民和小农来说，这部宪法好像背叛了革命。他们好不容易摆脱了英国殖民者的统治，获得了地方自由，如今却必须服从另一个同样强大和强硬的统治机器。以前他们被告知，自己是为了人民的权利和平等而战。而现在，他们发现宪法的宗旨是保护财产，反对平等。在日常生活中，他们感受到了隐藏在契约和债务背后强大的利益集团对他们的压迫。但他们没有领导人，所以对此无计可施。即便如此，在弗吉尼亚、纽约和其他地方，人们强烈反对通过宪法。杰弗逊当时在巴黎进行外交活动，他对新政权的前途感到忧心忡忡。汉密尔顿和莫里斯领导的团体发表了一系列名为《联邦党人》的公开信，并依靠这一出色的宣传取得了优势。

《联邦党人》公开信被列入了美国文学的经典名著，其中所包含的实用智慧在当时富有争议的作品中占据着突出地位。这些公开信的作者没有对政治理论泛泛而谈，而是陈述了美国面临的真正危险，揭露了联邦存在的明显弊端，列举了新宪法条款中具有争议的长处。汉密尔顿、杰伊和麦迪逊是公开信的主要撰写者，前两个是纽约人，麦迪逊是弗吉尼亚人，都不是来自在国家生活中已经失去原有优势的新英格兰。他们的性格和观点都大相径庭，但却一致同意，在宪法中树立体现美国理想的集体信仰是至关重要的，只有这样才能消除十三个州的分歧，使之和谐共处。一百七十多年的时光证明了他们所取得的成就是多么辉煌，影响力是多么长远。《联邦党人》公开信树立的信仰至今仍受到美国人民的拥护。

《联邦党人》中写道，自由可能演变为肆无忌惮。在美国遭受灾难之前，必须建立秩序，维护安全，成立高效的政府。在这部政治著作的一个章节中，一名联邦党人全面而有力地对这一永恒难题作了一番阐述。

“人们获得财产权的能力有所不同，这是……利益的一致性所无法跨越的障碍。保护这些能力是政府的首要目标。由于对人们获取财产的不同能力加以保护，迅速导致人们所占财产的数量和种类出现了差异。而且各个财产所有者的情绪和观点由此所产生的影响促使社会分成了不同的利益集团和党派。”

形成这些派系的潜在原因在于人类的本性。在不同的社会环境下，这些原因引起的不同程度的活动随处可见。对不同意见的渴望，将人类分成了不同党派，使他们互相憎恨，并让他们变得更易怒，彼此之间只会相互压制，而不会为了共同的利益团结协作。但形成这些派系的最普遍也是最持久的原因是财产的分配不均。那些持有财产和没有财产的人组成了不同的社会利益集团，债权人和债务人也同样处于两极分化的状态。地主利益集团、工业利益集团、商人利益集团、金融利益集团以及许多小利益集团在文明国家不可避免地壮大起来，并将这些国家分成受不同情感和观念所支配的不同阶级。对这些相互冲突的利益集团加以管制是现代立法机构的主要任务，这种管制还会将派系之见牵涉到政府必要的日常活动之中。

他们的对手也用文字进行反击，但是无济于事。“因为我们有时会滥用民主，因此我认为开辟一条民主的支流并不是一件坏事，”弗吉尼亚州的理查德·亨利·李写道，“有识之士会发现，现在提出的改革是将权力从多数人手中转移到少数人手中。”在党派之争和联邦党人与激进派的冲突中，宪法在一年内就得到了十一个州的批准。罗德岛和北卡罗来纳又观望了一段时间。新世界对社会革命怀有强烈的不信任感，构成社会的两大团体之间的分歧还未消除。信仰人权的人还在等待时机。那些像汉密尔顿那样害怕政治出现动荡，意识到调解冲突、维护秩序和保护沿海各州有产阶级刻不容缓的人已经成功了。

1789 年 3 月，新的联邦政府召开会议。参议院和众议院难以召集到法定数量的与会者，宪法的反对者窃喜不已。新政权似乎没有活力和热情。然而到了月末，足够数量的议员已经到达纽约，政府将在那里成立。第一步就是选举总统，领导革命的华盛顿将军显然是合适的人选。华盛顿公正无私，有勇有谋，目光远大，富有耐心，做事冷静而又直接，一旦决定了某事就不会轻易改变，他具备了当时形势需要的所有特质。但他不愿意上台。对他来说，在芒特弗农度过悠闲又不失活力的晚年时光，在自己的土地上耕作务农是件非常惬意的事情，没有什么比这更能使他开心的了。但是，和往常一样，他听从了责任的召唤。古弗尼尔·莫里斯在写给华盛顿的信中说得很对：“政府职能的运行要依靠个人，你冷静沉稳的性格对于建立稳定强大的新政府是必不可少的。”

在职位的头衔和高低问题上还存在许多困惑有待商讨，这遭到了反对派的嘲笑。但华盛顿的威望使新设立的总统一职保留了尊严。1789 年 4 月 30 日，在纽约新建的联邦大厅里，华盛顿庄严就职，成为了美利坚合众国的第一任总统。一个星期后，法国议会在凡尔赛举行会议。在这个风云突变的世界里，另一场巨大的革命一触即发。脆弱而未经检验的美国统一制度和秩序恰好在这时建立起来。

许多细节问题还有待解决，首先就是通过《人权法案》。宪法中缺乏这样的基本主张是反对派控诉的主要问题。联邦议会就人权问题通过了十项修正案。接着通过的1789年的《司法条例》使最高法院成为了联邦统治机器中最强大的一部分。史学家查尔斯和玛丽·彼尔德写道：

“法律详细规定，最高法院由一名首席法官和五个助手组成，在每个州设立一个联邦地方法院，各有自己的律师、法官和人数适当的助理。这就是为了在所有地区——从新罕布什尔到佐治亚州，从沿海到边境——推行政府决策而设立的权力代理机构……《司法条例》的撰写者们独创了一项可以向最高法院上诉的制度，这样，每当当地政府的决策与宪法发生冲突时，这些决策就会被宣布无效……总之，类似于昔日大英帝国控制地方立法机构的制度，在美国重新建立起来，这种控制权掌握在间接选出并终身任命的最高法官手中。”

当时行政部门还未建立，但很快就成立了财政部、国务院和国防部。新的联邦政府的成功在很大程度上依赖于担任这些重要职位的人：来自纽约的伟大的联邦党人亚历山大·汉密尔顿，从巴黎回来的弗吉尼亚民主党派人士托马斯·杰弗逊，以及影响力略小的马萨诸塞州的诺克斯将军。

从1789年到六年后提出辞职的这段时间里，汉密尔顿凭借杰出的能力改进了宪法，将美国巨商的经济利益与新体系联系在一起。确立一个统治阶级势在必行，汉密尔顿提议向人们证明联邦政府要建立强大的国民经济。政府根据他的建议采取了一系列措施。1790年1月，他向众议院提交了《关于公债制度的第一个报告》。国会将承担各州的债务；公债制度的实施取决于过去的义务是否得到承认。各州的战债将由联邦政府承担，以吸引大批债权人关注国家利益。国家将募集资金偿还所有的债务；一切受投机活动影响的旧债券将被收回，然后发行新的债券。国家还将成立偿债基金，建立国家银行。

这个计划让金融利益集团欣喜若狂，但也遭到了许多人的强烈反对，反对者们意识到，新政府是在利用税收偿还如今由议会承担的各州债务的利息。资本家和农民之间的矛盾再一次被激化。新英格兰的商人把大部分战时获得的利润用在购买债券上，如今债券大大增值了。曾经欠债最多的马萨诸塞州从中获得的收益最大。大多数公债集中到了费城、纽约和波士顿的少数人手中。

他们购买债券时享受了很大的折扣，如今在全国交税，以债券的票面价格偿还他们。在弗吉尼亚州发生了激烈的抗议，反对汉密尔顿的计划。种植者不信任建立公共财政体系的想法。他们预见到了辉格党中最坏的一部分人将操控新政府。帕特里克·亨利写道：

“这个制度与1688年英国发生革命后建立的制度非常相似，它存在了很长一段时间，使英国欠下了巨额的债务，而且将无限的权力悄悄交到了政府手中。这种权利在政府机构的各个分支中随处可见，打垮了所有的反对派，时刻威胁着一切与英国自由有关的事物。相同的原因会产生相同的作用。在我们这样的农业国家，建立、集中并维持一个庞大的金融利益集团的措施……必然会造成以下某种弊端：农业屈居商业之下，现有的联邦政府形式出现变革，这种变革对美国自由来说是致命的……你们的请愿者在宪法中找不到授权国会承担各州债务的任何条款。”

这种分歧在美国历史上具有深远的影响。强大的政党已经开始形成，并很快有了领导人。汉密尔顿迅速成为聚集在北方的金融和商人利益集团的领袖，他的对手正是国务卿杰弗逊。在新政府刚成立的几个月里，他们曾一起共事。汉密尔顿正是由于得到了杰弗逊的支持，才赢得了足够的票数，使他提出的让国会承担各州债务的提案得以通过。他能得到杰弗逊的支持，是因为他同意国会和政府所在的城市应该坐落在波多马克河边，跨过弗吉尼亚州的边界。同时，费城将取代纽约，成为暂时的首都。但是，汉密尔顿的财政措施实施之后，一波投机活动便猖獗起来，引起了国务卿的反对。两位领导人彼此误解颇深。华盛顿亟须巩固新宪法，利用他强大的影响力防止公开决裂。但是到了1791年，杰弗逊和他的弗吉尼亚种植者们正在寻求机会与纽约和北方地区对汉密尔顿政党心存不满的人联盟。

在决裂发生之前，汉密尔顿提交了《关于制造业的报告》，这份报告将成为未来美国贸易保护主义论的基础。为了鼓励本国工业的发展，政府将实行保护性的关税和补贴政策。出现在新世界中的工业社会的繁荣景象呈现在美国人民眼前，正如在英国迅速发展的工业社会一样。

由于华盛顿再次当选为总统，联邦政府表面上的团结又维持了数月。然而杰弗逊和汉密尔顿之间的冲突已经不仅限于经济方面了。完全对立的政治观点使他们的分歧越来越大。对于人性，他们持有根本对立的看法。成功的金融家汉密尔顿坚信人是由感情和利益所引导的，人类的动机如果不严格加以控制，就是邪恶的。他曾说过："人类！人类是大野兽！"他反对少数服从多数原则和依据人数确定统治阶级的做法。他认为必须建立强大的中央政府和有实权的统治阶级，在实业统治阶级支持的联邦体系中，他看到了美国的未来和希望。正在蓬勃发展的英国社会是新世界的理想，汉密尔顿希望通过自己在财政部所做的努力，也能够在大西洋彼岸建立这样的社会。他代表了美国发展的一个方面，即代表了自力更生且大获成功的商界。商界不相信普通人的集体主义，不相信汉密尔顿所说的"集体的智慧"。但是在这种物质成就的信条中，根本找不到推动美国人民前进的政治理想主义的踪影。伍德罗·威尔逊总统带着明显的偏见对汉密尔顿作了一番评价："他是一个伟人，但不是伟大的美国人。"

托马斯·杰弗逊是在完全不同的形势下脱颖而出的，提倡一种对立的政治观点。他来自边境地区弗吉尼亚州，那里有着严格的个人主义和对全人类的信仰，是反抗英国统治阶级实行中央集权的核心地区。杰弗逊是《独立宣言》的主要撰写者，也是美国独立战争中农业民主派的领导人。他知识渊博，对科学有着浓厚的兴趣，而且还是一位极具天赋的业余建筑师。他那典雅的住宅"蒙蒂塞洛"就是依据他自己的设计而建的。他与英国和欧洲政治哲学界盛行的左翼分子有着联系，而且像被称为重农学派的法国经济学家一样，他主张建立自耕农社会。他畏惧工业无产阶级，正如他不喜欢贵族统治一样。工业和资本主义的发展使他感到不知所措。他鄙视和不信任银行、关税、控制信贷的一整套制度以及汉密尔顿巧妙引进美国的资本主义制度。他认为联邦政府的中央集权制度会对个人自由构成威胁。他不情愿地从巴黎回国，投身到新体系之中。时间的流逝和拿破仑战争带来的压力使他对工业主义的看法有了改观，但他内心始终坚信，只有在自耕农中才有可能建立民主政府。他并不认为美国最终会成为世界上最伟大的工业民主国家。

杰弗逊说："欧洲的政治经济学家提出了一条原则，即每个国家都应该努力发展工业。我们要把这条原则像其他原则一样运用于美国……可是我们拥有广阔的国土，这吸引着人们发展畜牧业。那么是应该让所有的公民发展畜牧业，还是应该让一半的人放弃从事畜牧业，转而为另一半人生产工业品和手工业品呢？……种植者道德的沦丧是在任何时期、任何国家都不曾出现过的。这是一部分人的标志，他们不像牧民那样尊天重地，依靠自己的土地和产业维生计，而是靠买主的损失和冲动谋生。这种依靠关系导致了阿谀奉承和唯利是图，遏制了良好美德的传承，并且为各种野心提供了工具……既然我们有土地耕作放牧，那就别希望我们的公民整天坐在工作台或摇动手工纺纱杆前……由于制造业的普遍发展，我们的工作坊可以继续留在欧洲。把食品和物质运给那边的工人胜过为他们带来消费食品和物质，随之而来的还有他们的习惯和原则……大城市的暴民非常支持纯粹的政府，他们所起的作用就像伤口对人体健康所带来的影响一样。是人们的习惯和精神使共和国得以保持活力，而习惯和精神倘若退化，就好比溃疡一样，会迅速吞噬国家法律和宪法的核心。”

杰弗逊始终坚持弗吉尼亚人的社会观，那是一种很简单的社会观，没有受到工业主义复杂性、危险性和挑战性的影响。在法国，他看见了或自以为看见了自己政治观念的实现：陈腐的贵族阶级被推翻了，农民通过革命维护了自己的权利。另一方面，汉密尔顿将小皮特统治下的英国看作是他美国梦想的体现。英法战争的爆发将使汉密尔顿和杰弗逊之间的根本对立和冲突变得更加尖锐，并预示着美国两大政党——联邦党和共和党的诞生。这两个政党都将分裂，遭遇失败并改换名称，如今的共和党和民主党就是由它们演变而来的。

第十八章　法国革命

1789 年震撼整个法国的巨大动荡与世界上发生过的革命完全不同。十七世纪，英国经历了一场王室与人民之间激烈的权力转移。但当时国家的基本制度毫发未损，即使受了些许影响也至少很快便恢复了。在普选权方面，英国的人民主权论的传播范围也没有扩大。英国民众的自由得到了很好的理解，并往往能得到承认。他不会要求平等。这也不会让人觉得是件非常不公的事情，因为将各个阶层混杂在一起，或使一个阶层转变为另一个阶层，即使是件不太容易的事情，但至少是有可能并且经常会实现的。

美国在革命中宣布了更广泛的人权。大西洋彼岸，自由闪耀着夺目的光辉，并且最终将对世界产生极其重要的影响。但是到了十八世纪末，人们并未预见到美国的辉煌前途，就连它本国的政治家也没能预见到。在欧洲，追求自由、平等与民主的动力必须来源于其他地方，它来源于法国。英国革命完全是一场国内革命，美国革命大体上也是如此。但是法国革命将从巴黎蔓延至整个大陆。它引起了一场战争，这场战争的余音直到十九世纪及其后的年代里还在久久回响。在 1917 年布尔什维克扭转局势之前，每一次民众运动和国家运动，都会利用 1789 年在凡尔赛提出的原则来解决。

人们经常说，路易十六统治下的法国是最受压迫的国家。法国当时国力雄厚，许多人都非常富裕，那么为什么会爆发革命呢？关于这一问题人们已经作了许多论述，但有一个事实十分清楚。那就是法国的政治机器绝没有体现人民的意志。它与时代不符，也没有与时俱进。路易十六创建了这个政治机器的形式和结构，在他的控制下，它几乎一直工作到最后一刻。他的继承者们掌握了他所有的权力，但没有继承到他的才能。他们既不会操作这个机器，又不会改造它。同时，法国迅速壮大的中产阶级开始寻求没有得到的那份势力。他们认为自己在统治形式的问题上应该有发言权。在这个政治情绪得不到宣泄的国度，一场动乱席卷了整个国家。战争的爆发是不可避免的，所有善于思考的人都早已认识到了这一点。一位英国官员在巴黎报告称，法国人民已经"被灌输了一种对从未发生过的国事展开激烈讨论的思想"。有时，法国人普遍的失望情绪必然要寻求一种方式来宣泄。他们需要的只是一个点燃的火星，法国政府已经无可救药的财政制度就是这样一个火星。

法国政府早就已经破产了，在长达三十年的战争中，路易十六已经掏空了国库，1715 年他去世的时候，法国的公债是年收入的十六倍多。法国无法摆脱如此沉重的财政压力。许多人曾试图使法国变得有偿付能力，但都没有成功。这个过程困难重重。有一大部分法国人基本上不交税，包括那些即使不是最有权势的，但也是最杰出的公民。其中贵族大约有四十万人。他们之所以能享有特权，可能是由于他们以前作为地主和军事将领，曾经为国家做出过贡献，但现在这些都不能得到承认了。英国的贵族阶级在十五世纪的内战中已经被自己灭亡。法国的历史更糟，法国君主长期受到强大、好战且野心勃勃的贵族阶级的攻击和反抗，这些都对他造成了实实在在的威胁。历代的法国国王及其大臣被迫采取的政策后来都被证明是有害的。如果允许贵族在各自的土地上生活，他们会奋起反抗，但如果让他们生活在宫廷中，那就可以监视他们了。慵懒和奢侈是有效的麻醉剂。凡尔赛能提供这两样，大多以牺牲受害者的利益为条件，因此大部分贵族被迫或被说服到凡尔赛居住。金碧辉煌的宫殿里，曾一度容纳了二十万人，他们在那里消磨时光，挥金如土，他们需要的最强大的武器不过是决斗用的剑。因此，外居地主阶级诞生了，他们无权干涉政治，远离自己的土地，不受佃农的爱戴，对土地和国家都毫无贡献，从不由他们管理的土地上获得大量的免税利润。

教士也享有相当大的特权。教会拥有法国约五分之一的土地，许多宝贵的建筑都坐落在它的领地上。从这些土地中，教会当局每年能获取大概四千五百万英镑的收入。加上什一税，他们的收入就更多了。然而三代以来，大约十四万教士、修士和修女从未交任何财产税。他们这种神圣而不可侵犯的权利和其占有的财富一样不公平。大多数民众都是虔诚的，无私的，正直的，而一些贪图政治权力，庸俗而又玩世不恭的高级教士，削弱并损害了基督教会的尊严和影响力。法国的天主教会对无政府主义和无神论毫无抵抗之力，这两种思潮在法国这个最具文明的欧洲国家风靡一时，掀起一股狂潮。

最沉重的财政负担压在了农民身上，我们不应该对他们的窘境夸大其词。从十八世纪初开始，他们一直在购地，到革命爆发前夕，他们拥有了法国三分之一的土地，可这场革命将破坏欧洲的稳定局面，使人民卷入殊死的斗争中。然而，他们的境遇非常不公。"农民"的土地所征收的税是"贵族"土地的近五倍。只有农民要交最可恶的人头税，每一百利弗尔的收入要上交五十三利弗尔，政府被迫实行的包税制对他们来说更是雪上加霜。还有大量的间接税使农民苦不堪言。1788年的冬天，形势变得尤为严峻，许多人都饿死了。然而很多人说，革命不是由饥饿的人民发起的。农民的境遇有了改善，可能比一百年前还要稍稍好一点。他们绝大多数都对政治不感兴趣，只渴望从残酷的地主和已经过时的赋税中获取自由。革命的动力来源于其他地方。贵族已经失去了势力，丧失了自信，教士之间发生了分歧，军队失去了信任，国王和宫廷没有了统治的意愿和能力。只有资产阶级渴望获得权力，并有决心和自信能够得到它。

当时的资产阶级没有如今的资产阶级那么民主，他们出于某些原因不信任民众，但准备煽动和利用他们去对付"拥有特权的"贵族阶级，如果有必要的话，他们还会为了获得属于自己的地位而反对君主制本身。卢梭在他著名的《社会契约论》和其他文章中曾宣扬过平等。每个人，无论他有多卑贱，生来就有权管理国家事务。这个原则长期受到所有民主派的承认，但卢梭是第一个用广泛而尖锐的语言阐述这一原则的人。伏尔泰和一批为狄德罗的《百科全书》作过贡献的学者、评论家一直对传统的宗教观念和社会观念持怀疑态度。这些《百科全书》编撰者的主要目的是坚持理性原则和单纯的求知欲。在旧政权狭窄的政治世界里，这些观点就好比强效的发酵剂。在路易十六的统治下，没有人知道这些观点能够引导中产阶级在追求权力的道路上走多远。

不幸的是，在十八世纪的法国，要想获得或者发现权力的基础并不容易。国家由许多政府官员管理，有些人是政府支付工资，有些人靠自己的职位谋利，还有的人是私人聘请的。这个制度早已在腐朽低效的政府里濒临瓦解，到处都是成堆的文件，办事程序复杂。一位法国历史学家在法国大革命爆发不久后，叙述了教堂屋顶上的一块破瓦是如何花了四十年的时间才得以修补的。压制和激怒民众的不是独裁统治，而是混乱的局面。法国革命爆发前夕，一位大臣报告国王说，这个国家已经“无法统治了”。

为了改善这一代价巨大的混乱局势，政府作了许多努力，甚至筹集资金以应对这种局势。在路易十五长期的统治时代里，公债大大减少了。1774 年路易十六登上王位，对国家的前途怀着美好的憧憬，他任命能力出众且诚实正直的杜尔哥为财政总监。杜尔哥的计划很简单，如果允许这些计划付诸实践的话，可能会起到很好的作用。他建议通过严格减少政府和宫廷的开支来应对国家的财政赤字。强制农民义务修路的制度将被废止，挂名的闲职和地方关税也将取消。对行会的压制和促进国内玉米自由贸易措施的实施，将促使企业迅速发展，社会财富大大增加。但是玉米的贸易自由化导致了投机活动，面包价格的激增和暴动。贵族因杜尔哥对其特权的抨击而心存怨怼。在女王玛丽·安托瓦内特的领导下，宫廷势力谴责杜尔哥是改革派，四年后他便被解雇了。他所有的改革措施几乎都荡然无存，这些措施显然是很有必要的，民众们也知道这些显然是他们的新国王没有能力去实施的。

杜尔哥于 1778 年离职，同年，法国与正深陷战争的美洲殖民地结盟。他的离职并未产生任何影响。法国需要更多的资金用于英法战争，国家赤字达到了五亿利弗尔，大约相当于两千五百万英镑。即使在那个年代，这也不是一个惊人的数目。建立合理的税收体系就能解决这个问题，可是在凡尔赛哪有合理可言呢？路易十六在走投无路的情况下任命一位瑞士的新教徒内克尔为“财政总长”。内克尔吸取了杜尔哥的教训，意识到不能损害贵族阶级的特权。因此他将主要精力放在了改革监狱和医院上，废除了对嫌犯严刑逼供的制度。除此之外他还做了很多努力，例如建立地方议会执行当地政府的职权，增强当地政府的活力。但这些地方议会因不切实际的新观点和对中央政府的盲目憎恨而受到了阻碍。它们在喧嚣中渐渐消失，只有少数得以保留下来。遭遇了挫败和沮丧，内克尔于 1781 年 5 月辞职。

美利坚合众国的诞生激励了法国群众，使他们对自由有了新的追求。如果美国都能获得自由，为什么法国不能呢？由拉斐特率领的法国志愿军和罗尚博率领的王室军队在斗争中发挥了巨大的作用。为什么旧政权要抹杀法国的自豪感和活力呢？然而，法国依旧是宫廷挥霍无度，政府混乱无序，国库空空如也。路易十六失去了杜尔哥和内克尔的帮助，又没有统治才能，终日只知道狩猎、造钟和享用美食，除了靠借债勉强维持之外，别无他法。到了 1785 年，政府已经一贫如洗。在接下来的一年里，“名人会议”收到了对所有财产征税以及取消财政特权的要求。这些要求遭到了大会的拒绝。名人们拒绝交税，直到他们明白了这场灾难的根源才同意交税。教士对此也持反对态度。政府即将面临垮台，巴黎处在一片暴乱之中。女王和首相的雕像被烧毁。政府要想得到贷款，就必须答应召集议会。路易在这场暴乱面前屈服了。1788 年，内克尔在拥护声中重返职位。他面临着亟待解决的财政困境，召开了议会。一位英国议员当时访问了法国，他预言道：“如此动荡激烈的局面是很难平息的……整个王国爆发革命的时机似乎已经成熟。”

在法国历史上，每次遇到重大危机就会召集议会来引导国家和支持国王。可现在已经有一百七十五年没有召集议会了。议会职能的运行并没有惯例来进行指导，对于它可能取得的成就及其权力范围，人们都只能去推测。国王的大臣们没有制定出指导方针。聚集在凡尔赛的代表有许多决策机会，他们的决策可能是明智的，也可能是愚蠢的。他们会改革并振兴法国，也会通过派系的权力之争使国家陷入混战之中。因此，在三年内，议会及其继任者发动了一场浩浩荡荡的革命，并在欧洲挑起了大规模的冲突。但在 1789 年 5 月 5 日的那个春日，人们无法预知政治热情将促使人民走多快，走多远。法国古老的代表机构完全有可能与君主制达成一致，君主制在当时的情况下是连一个疯子都不会想要去推翻的。人们希望，各个机构能够为了共同的目标相互扶持，法国能迅速在不断增加的立宪国家中占有一席之地。当代表们 5 月 4

日到巴黎圣母院做礼拜时，他们谁都没有想到，他们的工作会导致近代欧洲第一个残暴的专制独裁制度的建立，这个制度将无可非议地成为了“恐怖”的代名词。他们也没有想到，他们的无能将为欧洲继恺撒之后又一位伟人的统治扫清道路。

享有最广泛选举权的五百万选民选出了一千五百名代表，如此广泛的选举权是欧洲任何国家都无法比拟的。教士和贵族单独进行选举。第三阶层在议会中占有一般席位，包括地主、商人、律师、医生、政府官员和其他行业的成员。他们满怀怨言地来到凡尔赛，其情绪能够用英国人耳熟能详的一句话加以概括：在给国王拨款之前，必须改善不公平的境遇。他们代表着中产阶级，他们拥有的财产，所受的教育和自身的天赋使他们与国家利益息息相关，因此他们要求得到发言权。他们是启蒙运动的尊崇者，其中一些人读过伏尔泰、卢梭和百科全书派的作品。他们熟知自由平等的理论，如今在他们的活动范围内，他们决心将这些理论付诸实践。少数人从大西洋彼岸实行的民主制度中得到了启发。他们不仅想要获得发言权，还要在长期将他们拒之门外的政府中发挥应有的作用。第三阶层的观点得到了许多较低级教士和少数开明贵族的认可。

法国议会面临的首要问题就是如何进行投票。第三阶层立刻想到，如果三个议院一起投票，主张改革的议员就会占到多数。但宫廷现在已经意识到了自己所引发的危险。通过迫使三个议院分开投票，挑拨两个享有特权的议院与第三议院发生分歧，这样宫廷就能保留实力了。路易十六在苛刻的王后的催促下采取了行动。他召集军队，封锁了国会的大门，禁止第三议院入内，并威胁要解散议会。这些行动使法国革命出现了第一次转折点。第三议院毫不畏惧，他们早已更换了名称，并自称为国民议会。由于被国会拒之门外，他们便撤退到了附近的一个网球场，6月20日，他们在那里立下了著名的誓言：决不停止活动，“只要条件允许就继续召开会议，直到制定并巩固国家宪法”。于是，国民代表大会便诞生了，并很快得到了贵族和教士的支持。自此，其他两个议院不复存在了。

在这场危机中，国王犹豫不决。他本想以武力镇压，但又不想发生流血事件。他的优柔寡断一方面是因为他生性慵懒，另一方面是因为他有善良的一面。他严厉地训诫了代表们，但并没有起到任何作用。议长坚定地告诉他："没有人能对国民议会下达命令。"路易作出了让步，而且这并不是最后一次。一位英国人对此事发表了评论，恰当地表达了全世界人民的观点。他就是奥瑟·扬，一个农民和研究农业的学者，当时正在法国旅游。它是这样评论议会的："他们已经立刻变成了查理一世时代的长期议会。"这是一句预言。但是法国的历史将比十七世纪英国的历史发展得更快。路易国王只剩下三年的寿命了。

现在斗争的中心转移到了巴黎。这个居住着六十万人口的大都市，半个世纪以来都是国家的思想中心。这里不会有凡尔赛的那种繁文缛节，而是法国人希望、思想和抱负的聚集地。巴黎周围的王室军队使巴黎人民终日提心吊胆。人们自发地在六十个区域招募民兵，他们高呼着："武装起来！"志愿参军的人很多，但是武器很少。很快人们就想出了解决办法。7月14日清晨，民众闯进了荣军院，抢走了大量火枪和大炮，然后分发给士兵。至于弹药的问题，巴黎主要的弹药库就在巴士底狱，那是一座阴森的中世纪堡垒，长期被用作王室的监狱。从早上一直到下午，民众和巴士底狱的长官德洛内一直在进行谈判，没人知道战争是如何开始的。德洛内不知道是变了节还是弄错了，朝外面拥挤的人群开了火，人群的带头人举着白旗。德洛内的行为遭到了人民的攻击。人们架起大炮，开始了猛烈的炮轰。民兵们英勇作战，经过两个小时的斗争，终于攻破了巴士底狱。它很快被抢夺一空，彻底摧毁。德洛内被杀，他那还滴着血的头颅被高高挂在柱子上，预示着暴动即将来临。

巴士底狱的攻破标志着国王权威的终结。巴士底狱里只有七个犯人，其中有一个是疯子。但他们的释放还是使法国举国上下欢呼声一片。路易十六是波旁王朝最仁慈的一位国王，但他签发的逮捕令不少于一万四千张，他常常以充分的理由将人们关进监狱，但通常不经过审讯。巴士底狱的攻破标志着这种专制政权的终结。这对自由事业和巴黎人民来说，是一场伟大的胜利。随着这次暴力事件的成功，法国革命在血泊中向前进了一步。

1789年夏天，对于外部世界和法国的外国人来说，法国革命似乎已经达到了它的目标。人们认为一切都结束了：特权已经被废除了；人民获得了权利；国王和国民议会将坐下来为国家的未来拟定一份新计划。英国驻巴黎的一位大使在报告中的言论代表了大众的观点，他说："这场最伟大的革命只造成了非常小的人员伤亡，此刻我们可以说法国是一个自由的国家了。"而伯克更有远见。他在即将出版的《论法国革命》中认清了发展形势。他非常有说服力地指出，法国革命不是一场有尊严、有秩序的改革，它不像1688年的英国革命那样对传统予以足够重视，而是与过去彻底决裂。君主制将再存活两年，在此期间，议会着手制定理想的宪法，以使两百五十万法国人民能够自由地生活。然而在合理的名义下，一些邪恶势力猖獗起来，很难镇压。法国注定要经历各种革命形式。后来这种模式也在其他国家出现过，但产生的结果大同小异。法国是一座熔炉，近代革命的所有要素都首先在那里接受检验。

国王在凡尔赛并没有因巴士底狱的攻破而过分慌乱。但他的弟弟阿图瓦伯爵却十分清楚此事的重要性，他后来成为了查理十世国王，并将成为另一场革命的受害者。阿图瓦和一批反叛的贵族逃离了法国，接着反动派纷纷开始移民国外。据说有二十万贵族及其家属在接下来的三个月里申请了护照。这些移民到德意志和意大利寻求庇护，有的迁往了科布伦茨和都灵。他们在国外暗中谋划着破坏法国的新秩序。国王、王后和宫廷与他们私底下保持着联系。国民议会和巴黎人民始终担心他们新扶持的立宪制度下的国王会背叛他们，与移民们为伍，并在国外势力的帮助下重建旧制度。他们的担心并不是没有道理的。路易十六和英国的查理一世一样，认为表里不一是王室的特权。从表面上看，他接受了许多讨厌的改革措施，但背地里却在王后的煽动下试图推翻它们。

巴黎人民很快就意识到了这一点。在市民领袖的带领下，他们于十月将国王从凡尔赛召回，并对国王和议会进行了监督。同时，民兵成为了国民警卫队，指挥官是美国独立战争中的英雄拉斐特。他是一位有着崇高理想的军人，如今在法国革命中扮演着裁判员的角色。但法国革命并不是一个有规则可循的游戏。十月五日，一群巴黎妇女出发前往凡尔赛，抗议面包的价格太高了。国民警卫队中有许多士兵是她们的丈夫，便决定加入她们的行列。他们这样做有何不可呢？这就像一次家庭出行。拉斐特很不情愿地带领着他们。午夜时分，他们抵达了宫殿。那里一片混乱，国王和王后不得不出来面见他们，但依然保持着高贵的姿态。拉斐特个人做出担保说，如果路易来到巴黎，他一定会保证国王的安全。国王同意了，第二天就在首都受到了热烈欢迎。巴黎又赢得了一场胜利，在路易十四的统治下，凡尔赛宫头一次拉下了百叶窗。

议会跟随国王回到了巴黎。但在此之前，约三百名议员提出了辞职或请求休假。事情的发展速度之快使他们大为震惊，由于担心自身的安全在首都得不到保障，他们纷纷去往外省或逃往国外。议会已经宣告了封建制度的终结，并起草了《人权宣言》，宣布人人权利平等。它还废除了世袭的爵位，将之前属于教会所有的土地收为国有。这些土地现在被自由地售卖或划分给了人民。因此，一个新的土地所有者阶级诞生了，他们所得到的一切都归功于法国革命。后来他们成为了革命军和拿破仑帝国军队的中坚力量。

议员们的热情并没有消退。他们改革了司法制度，将那些教士或接受改革的教士变成国家支付薪水的工作人员，他们还取消了洋洋自得的旧省，将国家分为八十六个行政区，这些行政区至今仍然存在。旧制度被彻底废除了，建立了新的秩序。参加 1789 年革命的人决不妥协，他们不允许做出任何让步。巴黎采取的轻率行动使欧洲惊讶不已，越来越觉得惶恐不安。革命的原则很快便会从法国传出去，强加给欧洲最古老的国家。法国革命的领袖开始梦想通过武力传播四海皆兄弟的福音。

有一个人，如果之前赋予了他权力，那他或许能控制事态的发展，这个人就是米拉博伯爵。他是一个长相丑陋、生活懒散的人，但却能洞悉发生的一切。麦考利对他作了一番准确的评价：“他的性格总体来说像威尔克斯，在品质才能方面又与查塔姆相似。”在能力、口才和判断力上，米拉博远远胜于他手下的议员，因此他受到了很多的人的嫉妒和怀疑。宫廷既不愿倾听他的想法，又不采取他反复提及的建议。1791 年 4 月，还未来得及实现伟大的抱负，他就去世了。法国失去了一位与克伦威尔有着同样才能的人。

议会的领导权移交到了煽动家和极端主义者的手里：领导权首先由吉伦

特派掌握，他们的名称取自波尔多周围的行政区，他们的领袖来自波尔多；后来领导权又落到了雅各宾派手中，其名称取自杜伊勒里宫附近的一座修道院，现在那座修道院被他们用来举行政治集会。

国王对这些积极活动分子的所有行动都表示十分赞同。他假装忍受自己被迫所处的境地，但实际上，虽然他当众说“是”，其实心里在说“不是”。站在国王身边的是哈布斯堡皇室的专横傲慢的王后，她曾相信自己能够而且一定会扭转历史的进程。很早以前就有人悄悄建议过国王离开巴黎，在一些省会集聚保守势力。当巴黎的局势对他们来说太紧张的时候，法国国王就曾这样做过，并且进行得很成功。路易决定不顾一切地冒一次险。他要挣脱牢笼，到东北方的边境去；他要成为移民们的领袖，在奥地利的军事帮助下恢复王权。6 月 20 日的午夜时分，他伪装成男仆偷偷溜出了宫殿。和他一起逃出宫殿的还有装扮成家庭女教师的王后和他的孩子们。他们驾着一辆由四匹马拉着的车子连夜赶路，又顶着炎炎烈日奔驰了一整天。对他们来说，这是一年中最长的一天了。那天夜晚，在距离巴黎已经一百四十英里，而距离边境只有三十英里的瓦雷内小镇，他们由于一些意外情况，错过了等候他们的护卫队。在换马的时候，路易将头探出马车窗户呼吸一下新鲜空气。一名曾积极参加革命的驿站长通过他收到的纸币上的国王头像认出了路易。国王、王后和他们的孩子被迫下了马车，受到看管，第二天就颜面全无地被押回了巴黎。逃跑行动失败了，这次失败也注定了君主制的灭亡。革命派认为国家元首已经违背了他的职责，没有什么能够拯救他了。路易将度过非常难熬的十八个月，他的一举一动都会受到严密的监视。民众闯进了杜伊勒里宫，当面谴责他。很快他就锒铛入狱，被正式废黜了，作为“公民卡佩”接受审讯。1793 年 1 月 21 日，他被约吉坦博士新发明的斩首机处以死刑。他直到最后一刻还保持着勇气和尊严，但随着他的头颅落地，共和国获得了胜利。

欧洲当时正处于战争之中。这场战争去年四月就爆发了，二十三年后在滑铁卢战场上才宣告结束。焦虑不安的吉伦特派内阁一直在忧心忡忡地关注着将要取代他们的狂热的雅各宾派，并已经对奥地利宣战。他们希望通过一场民族解放战争来挽救其摇摇欲坠的政府。奥地利、普鲁士和移民军队聚集在莱茵河对岸，他们高声宣布要结束法国革命。平静的几个月过去了，在这几个月里，奥地利和普鲁士的君主瓜分了波兰，吞并了这个不幸的共和国的大片领土，他们甚至都无法很快“消化”如此广阔的领土。秋天，他们开始入侵法国。在全世界人民看来，仓促组建的法国民兵显然无力抵御普鲁士和奥地利正规军队的攻势。但法国全国上下迅速武装起来。当迪穆里埃将军在瓦米尔用大炮出人意料地击退了普鲁士军队，全国人民立即士气大增。迪穆里埃将军乘胜追击，接着占领了奥地利在尼德兰的行省。革命的共和国将路易十四争夺了四十年却一无所获的广大领土一举拿下。这是历史上第一次集中国家所有的人力物力进行全面抗战，新人物不断涌现，领导和指挥法国的武装力量。其中有实力强大且精力充沛的丹东，铁面无私的专制者罗伯斯庇尔，说话恶毒的天才煽动家马拉，以及比他们都更长寿的卡尔诺，他是军政大臣，取得了多次战争的胜利。在迪穆里埃兹的军队中将涌现出一批满腔热血的年轻军官和士兵，如内伊、苏尔特、缪拉、拉纳、达乌、马尔蒙、马塞纳、维克托、朱诺和贝尔纳多特，他们都将成为传奇人物。对法国来说，它最辉煌的战争时代开始了，欧洲的其他国家面临着一场持久而严峻的考验。

第十九章 冲突中的法国

在英国，辉格党人，尤其是改革派和激进派，起先对法国革命持欢迎态度，但很快就对其猛烈的攻势产生了反感。十八世纪，伦敦发生了大规模的动乱，但在威尔克斯时代的动荡和乔治·戈登勋爵领导的骚乱中，法律始终凌驾于民众之上。如果改革派发动的社会势力摆脱一切束缚，会产生什么后果呢？此时的法国给出了令人恐惧的答案。大多数英国人都知难而退了，只有福克斯在下议院非常乐观地宣扬法国革命。为此，他受到了昔日盟友伯克的猛烈抨击，在反对派中也失去了很多亲信。热爱自由的年轻人非常赞同1789年的法国革命。华兹华斯写道："生活在那个黎明的时代是一大幸福。"在新浪漫主义运动中著述颇丰的其他诗人和作家也同意他的观点。然而几年后，他们大多数人的幻想都破灭了。一些思想进步的科学家和政治思想家像如今的许多人一样，拥护外国的革命思想。在团体举行的会议上，他们为7月14日和法国宪法举杯庆祝。但他们只是保守的英国社会中的小发酵剂。激进的工人阶级更危险，他们如雨后春笋在许多城镇涌现出来，基本上都是由中产阶级领导。他们与巴黎的雅各宾派保持着密切联系，并派代表去往国民议会和后来的制宪议会。这些鼓动者在英国社会中虽只占少数，但影响力却很大，最终政府对其采取了激烈的镇压行动。

以上就是当时英国的状况，那时世界革命的观点在巴黎盛行。1792年，法国的政治犯无故遭到新统治者的残忍屠杀，这进一步动摇了英国许多想发动革命的人。1793年1月，对法国国王执行死刑是蔑视权威的最高形式的表现。丹东在一次著名演讲中总结了自己对法国革命的态度："各国国王联合起来威胁我们，我们将国王的头砍下来扔到他们脚下，将其作为一个赌注。"马拉呼喊道："我们必须建立自由的专制主义，来粉碎国王的专制独裁。"法兰西共和国的军队不仅威胁到了奥地利人和普鲁士人，还威胁到了他们自己的政府。重要的是要让他们时刻做好作战准备。一位吉伦特派的大臣坦诚地说："和平是不可能实现的。我们有三十万全副武装的士兵，必须使他们能前进多远就前进多远，否则他们会返回来割断我们的喉咙。"

1792 年，皮特在预算演说中宣布，他相信欧洲在未来十五年会处在和平时期。他采取的是不干涉政策。只有当发生比屠杀贵族或在制宪会议上发表演讲更重要，抑或比世界革命所带来的威胁更具体的事情发生时，他才会考虑参战。引爆战争的火星来自荷兰，这在英国历史上经常发生。十一月，法国政府命令，奥地利人撤退到哪个国家，法国军队就要追到哪个国家。这显然威胁到了荷兰的中立。接着法国政府又发布了第二项声明，宣布开通斯凯尔特河从安特卫普到海滨之间的河道，可以自由航行。一个星期后，法国军舰炮轰了安特卫普的堡垒，11 月 28 日，这座城市落入法国手中。十八世纪国际政治局面的平衡被彻底打破了。

12 月 31 日，英国外交大臣格伦维尔勋爵在写给法国大使的书信中，阐明了英国政府的立场。从此他的这番话就被公认为是英国外交政策的集中体现：

英国决不允许法国随心所欲地，或以自称的正当权利为借口，废除通过庄严条约建立并经过各国一致同意的政治制度。英国政府秉持着一百多年来一直遵守的原则，对于法国将直接或间接统治低地国家，或者成为欧洲权利与自由的主宰者的行为，英国决不会坐视不管。如果法国诚心想要与英国保持友好与和平，它就必须宣布放弃侵略扩张的政策，固守本国领土，不欺凌别国政府，不扰乱他国安宁，不侵犯他们的权利。

1793 年 1 月 31 日，受到丹东富有挑战性演说的煽动，法国制宪会议宣布将奥地利的荷兰地区划分给法兰西共和国。第二天，法国对英国和荷兰宣战，坚信英国即将爆发国内革命。皮特别无选择。法国占领了佛兰德海岸，尤其是斯凯尔特河的河口，这威胁到了英国的安全。与欧洲进行贸易将会是十分危险的，英吉利海峡也不再安全。要不是巴黎的故意挑衅，皮特暂时不会干涉这些事情。但现在，尼德兰南部已经落入了法国之手，世界革命一触即发，危险即将来临且难以避免。

三月，在下议院的一次演讲中，皮特怀着沉重的心情首次提议筹集作战资金，并总结了引发冲突的原因。

有许多动机促使我们参战。我听说过许多为了荣誉而战的战争，人们认为这样的战争作战严谨，战略正确。在如今的形势下，任何能增强人民斗志或鼓舞人民士气的动机都促使我们参加战争。法国蔑视我方严守的中立立场，他们违背自己的庄严誓言，企图干涉我国的内政，怂恿我国的国民反对政府，恶意中伤我们所感激、尊敬和爱戴的君主，他们还使王室脱离于人民群众，说它受众多动机的影响并代表其他利益集团。法国总是对我们进行如此放肆的挑衅，而且还日渐嚣张，难道我们不应该进行一场发扬民族精神，维护英国尊严的荣誉之战吗？我听说过许多为了维护整个欧洲的安全而进行的战争。在那些战争中，欧洲曾受到过法国军队和其侵略扩张野心的威胁吗？我听说过许多保卫新教的战争，我们的敌人是所有宗教的公敌，如路德派和加尔文派。他们企图通过武力将他们公开承认的异教思想传播到每个地方。我听说过许多捍卫合法继承权的战争，但如今我们是为了捍卫世袭君主制而战。我们的敌人是那些企图破坏我国政体的人。当我想到这些事情，我的内心受到了鼓舞和慰藉，并支撑着我去完成背负在我肩上的艰巨使命。回顾战前我国一片繁荣昌盛的景象，我们应该明白现今秩序的重要性。对于那些自己无法获得幸福，便让我们也得不到幸福的人所做的充满嫉妒的恶劣行径，我们要坚决抵制。我们应该牢记，在当前的危机中，繁荣的景象促使我们努力奋斗，并提供给我们应付这场危机所需要的手段。在如今我们所处的情况下，我相信我们会一直奋斗到生命结束的那一刻。因此，我将要提出一些建议，并且相信会得到你们的支持。

英国将进行长达二十多年的战争，它现在面临的问题就是必须要作好主要的战争准备。可由于缺少装备、领导人和士兵，英国军队的战斗力可能比任何时候都要低下。陆军和海军的状况和指挥情况都不容乐观，如果在这样的条件下能完成某件事情，那就太不可思议了。皮特本身对战斗或战略一窍不通，于是指挥军事行动的任务就主要落在了亨利·邓达斯的身上，他是一个地道的商人。根据十八世纪的传统观念，他提倡发动殖民地和贸易战争，它将受到商人阶层的欢迎，产生一些商业利益。多年来，英国将资源浪费在人员不足、计划不周的远征西印度群岛的活动上。为这些错误的活动招募人员是十分困难的。

如果英国拥有一支精锐的部队，哪怕规模很小，这场战争对它来说就不会那么困难，它就能与从莱茵河出发的盟军会合，从法国海滨一路打到巴黎，推翻引起冲突的政府。然而，皮特仅仅只能派出五千人的军队去援助盟友荷兰，保卫他们的边境不受侵犯。这支部队有损英国军队的声誉，他们在攻打敦刻尔克的时候不幸失败了。1795 年，英国军队撤退到了位于德意志边境的埃姆斯河口，然后便回了国。伦敦对法国的保皇派寄予了很大希望，保皇派提出了一个大胆的计划，即通过法国内战扼杀革命。1793 年，他们占领了土伦，要不是邓达斯将全部军力派遣到了西印度群岛，这个重要的进攻基地就能够保住了。

在土伦还发生了一些事情。法军中一名来自科西嘉贵族家庭的年轻中尉，精通火炮和其他军事技术，碰巧请假到杜戈米埃将军的营地去了，杜戈米埃将军是雅各宾党军队攻打土伦的指挥官。这名中尉沿着炮群巡视了一番，指出它们的射程连目标距离的一半都达不到。这一误差得到了调整，内行的中尉在能力低下的司令部开始有了发言权。不久，从巴黎传来了命令，规定采用传统方式围攻城市，然而军队缺乏大量必需的物资。谁都不敢违抗可怕的救国委员会的命令，它当时主管着法国的大小事务。在一场露天军事会议上，那位内行的中尉发表了自己的意见。他说，这些命令是愚蠢的，大家都明白这一点。其实有一种办法可以攻下土伦，他用手指着地图上位于海角，控制着海港入口的埃居莱特要塞，说道："这里就是攻下土伦的突破口。"所有人都决定冒着生命危险服从他。他组织军队并带领他们进攻埃居莱特要塞。经过一番激烈的交战，他们拿下了这个要塞。由数千名保皇派镇守的广阔的土伦正面防线依然完好无损，围攻者的薄弱战线与其保持着安全距离。但是，在埃居莱特要塞失守的第二天早晨，英国的舰队开始离开海港。那位中尉不仅明白了占领要塞的军事意义，还知道了保皇派守卫土伦所依靠的精神和政治力量。英国舰队一离开，一切反抗势力就都消失了。人们惊慌失措地逃上了还未离开的船。土伦城投降了，上千名手无寸铁的俘虏遭到了残忍的报复，他们本可以成为反革命的先锋的。当巴黎的罗伯斯庇尔和他的兄弟以及救国委员会知道这一切后，他们都想要进一步了解那位能力超群且显然十分友好的中尉。他的名字叫拿破仑·波拿巴，是他攻下了土伦。

同时，法国的恐怖统治达到了高潮，在巴黎的政治风暴中，没有人知道自己什么时候会送命。每天都会有四五十多个男人和女人被送上断头台。力求自保的政治家和民众联合起来反对罗伯斯庇尔。1794 年 7 月 27 日，由于革命党人决定废除恺撒和格里戈里教皇制定的历法，采用新的历法，所以那天也是共和二年热月九日。那天，在激烈的动乱中，罗伯斯庇尔被拉下了台，并送上了他把其他人送上的断头台。因土伦一役而声名鹊起的中尉受到了牵连。他与罗伯斯庇尔兄弟有联系，曾是他们的“军师”。他差一点就落得了和他们一样的下场。但是，法国的极端恐怖统治已经随着罗伯斯庇尔的处死而消失了，不久以后上台的督政府需要他。1795 年，建立深得民心的政府这一激烈运动导致了巴黎富裕阶级的武装暴乱。在这一危急关头，督政府的一名官员巴拉斯想到了攻下土伦城的那个中尉。波拿巴被任命为军事指挥官，他在议会周围安放大炮，驱散了声称要根据公共意志举行自由平等选举的群众。葡月十三日（公历十月四日）的这场炮轰对波拿马来说是向前跨越的第二步。次日，他宣称将带领法国军队与奥地利军队在意大利北部交战。他的队伍衣衫褴褛、饥肠辘辘，他就用荣誉和战利品来鼓舞士气。1796 年，波拿巴率领军队越过阿尔卑斯山，到达了一片风景优美、土地肥沃且尚未遭到破坏的地区。虽然他的军队在人数上不占优势，但取得了一系列危险的小规模战役的胜利，将奥地利军队攻打得溃不成军，占领了意大利半岛的大面积地区。这些胜利使他在战场上无人能敌，并成为了法国革命的一把利剑，但他决意要利用和它来摧毁法国革命。这是他的第三个阶段。如今他下一步的计划是像亚历山大大帝那样征服东方。他将入侵埃及作为计划的第一步，然后夺取君士坦丁堡，接着占领全亚洲。

英国政府被迫采取了几代人都不曾知道的镇压措施。宣扬共和制的演说者都被关进了监狱，《人身保护法》也停止实施。著名的作家因叛国罪受审，但陪审团不肯宣告其有罪。新的《惩治叛逆条例》规定，哪怕只是对政体稍加批评，也会招致危险。自 1782 年以来一直由独立于威斯敏斯特的新教议会所统治的爱尔兰即将发生叛乱，皮特认为，只有对爱尔兰的天主教徒做出让步，这场叛乱才有可能避免。亨利·格拉顿是一位雄辩的爱尔兰领袖，他曾竭尽全力为爱尔兰争取了更大的自由，此时他要求天主教徒不仅应该拥有选举权，还应该有权参加议会和参与政府决策。天主教徒虽然得到了选举权，但仍未获得议会席位。

没有胜利来照亮这段黑暗的岁月。1794 年，装备简陋、军官不足的法国英吉利海峡舰队被豪将军轻而易举地打败了。三年后，在圣文森特角附近，杰维斯和纳尔逊重创了西班牙舰队，当时西班牙已经与法国结盟。但海军的船只情况受到了忽视，停泊在斯皮特黑德的军舰拒绝出海。这一行为蔓延到了诺尔河。实际上，伦敦已经被英国舰队封锁了几个星期，而一支法国舰队在公海向爱尔兰驶去，结果一无所获。士兵们都非常忠诚，在国王生日那天，他们发射的礼炮震耳欲聋，大炮的火力非常猛，希尔内斯的防御工事都被炸毁了。英国政府所做的一些微小的让步满足了反叛者的要求，他们在坎伯唐附近战胜了荷兰军队，重获了荣誉。荷兰当时是法国的卫星国。同时，英国银行暂停了现金支付的服务。

在欧洲大陆上，法国战无不胜。波拿巴占领意大利北部地区后，准备通过阿尔卑斯山的山口攻打奥地利。1797 年 4 月，他与奥地利签署了累欧本停战协定，几个月后签订《坎坡福米奥和约》。比利时附属于法国，威尼斯共和国拥有可追溯到黑暗时代的悠久历史，却成为了奥地利的一个省。米兰、皮埃蒙特和意大利北部的小公国合并成了新的南阿尔卑斯共和国。法国主导着整个西欧，在地中海确立了稳固的地位，它与奥地利达成秘密协议，以防范德国的进攻，因此法国只需考虑下一步要征服哪个地区。头脑清醒的人可能会说从爱尔兰出发去征服英国。波拿巴却认为他的命运在于更大的战场。

1798 年春天，他率领舰队向埃及航行，纳尔逊紧跟其后。

八月一日下午，纳尔逊舰队的一艘侦察船报告称，一些法国军舰停靠在亚历山大东边的阿布基尔湾。在将近两英里长的岸边，十三艘法国军舰停靠在浅水区，船头朝西，旁边是危险的浅滩。法军司令布律埃斯坚信，没有一个英军司令会冒险将军舰驶到浅滩和法国军队之间。但纳尔逊了解他的船长们。当夜幕渐渐降临时，“歌利亚号”和“热情号”悄悄地朝法国军舰那边的海岸驶去，并在太阳落山的前几分钟采取了行动。五艘英国军舰相继驶到敌军所在的海岸边，纳尔逊则在“先锋号”上指挥其余的军舰驶到法国船队的右侧。

法军的许多水手都在岸上，他们的船板上堆满了工具。他们认为没有必要清理朝向海岸那边的炮门。暮色迅速降临，法国船队陷入一片混乱。英国舰队将四盏风灯平行地悬挂在船头，无情地对敌军展开了猛烈的攻势，将法国军舰一艘一艘地击毁。晚上十点，布律埃斯的旗舰“东方号”爆炸了，在此之前已有五艘军舰宣告投降。其他军舰有的锚链被炮弹炸断，有的拼命地想要避开正熊熊燃烧的“东方号”，无助地在海面上漂荡着。次日清晨，其中的三艘船靠岸投降，另一艘被军官烧毁了。在护送拿破仑的军队去往埃及的庞大舰队中，只剩下两艘战列舰和两艘护卫舰了。

纳尔逊的胜利切断了拿破仑与法国的联系，使他征服广阔东方地区的希望破灭了。拿破仑在叙利亚进攻土耳其，却在阿克遭遇挫败，阿克是由西德尼·史密斯爵士和一支英国水兵防守。1799 年，拿破仑丢下军队逃回法国，英国舰队再一次成为了地中海的霸主。这是一个转折点。1800 年，英军在对马耳他进行长期的围攻后，终于占领这一地区，确立了英国在地中海强大的海军基地，英国舰队再也不需要像战争初期那样回国过冬了。

但英国政府依然想不出合适的军事计划，来应对采用欧洲战略的地区。他们的资源十分匮乏，盟友也都不可靠。英国派遣军队远征欧洲大陆的周边地区，突袭了布列塔尼和西班牙，后来又袭击了意大利南部。这些突袭使敌人的地方指挥官十分困扰，但对战争的局势却影响甚微。与此同时，拿破仑重获了侵意法军的领导权。1800 年 6 月，他在皮埃蒙特的马伦戈击败了奥地利军队，法国再次称霸欧洲。英国在这场战争中所作的主要贡献，就是其舰队超强的警惕性和向盟国提供的财政资助，拿破仑取笑英国是“店小二之国”是有一定依据的。英军除了采用骚扰战略之外，还将取得辉煌的胜利，然而这一时机却还未到来。拉尔夫·阿伯克龙比将军失望地说：“英国的战争中隐藏着其他任何国家的军队都不曾遇到的风险。”但很快他就证明了这一论断不成立，因为他率军在埃及登陆，并迫使法国投降。1801 年，他在亚历山大大获全胜，虽然身负重伤，却为英国带来了黎明的曙光。法国人被赶出了东方地区。

1800 年，英国与爱尔兰签署的《合并法案》掌控了英国的政治局势。前几年发生的令人惊慌的事情使皮特下定决心，要彻底结束这个岛动荡不安的局面。处于危机之中的英国政府先前对爱尔兰做出了让步，这大大刺激了他们的野心。同时，爱尔兰的天主教徒和新教徒之间发生了激烈冲突。新教徒在北爱尔兰建立了奥兰治协会，以保卫他们的宗教。在爱尔兰南部，由沃尔夫·托恩领导的爱尔兰人联合会走投无路，只得投靠法国。叛乱、法国的入侵以及残酷的内战使爱尔兰的局势变得更加紧张。寄托在都柏林独立议会的希望逐渐破灭，即使以十八世纪的标准来评判，这个机构也是极其腐败的。皮特认为，两个王国的完全合并才是唯一的解决办法。既然英国与苏格兰已经成功合并了，那为什么不与爱尔兰也合并起来呢？但达成协议的首要条件是，必须将爱尔兰的天主教徒从非法的地位中解放出来。对于君主如今近乎疯狂的信用观念，皮特表示困惑不解。肆无忌惮的幕后势力和内阁中虚伪狡诈的议员迫使乔治三世履行自己的加冕誓言。皮特致力于为天主教争取自由，但并没有得到国王的书面批准。1801 年 3 月 14 日，当乔治三世否决皮特的提案时，他知道自己不得不辞职了。天主教的解放因此又推迟了近三十年。同时，由于爱尔兰议会的大力支持和对反对派的收买贿赂，《合并法案》最终得以通过。格拉顿发表了从政生涯中最精彩的演讲以反对合并，但还是无济于事。英国议会吸收了许多爱尔兰议员，这将在之后的十九世纪引起不少麻烦。

皮特感到心力交瘁，并因组织英军抗战这一违背他意愿的任务而不知所措。后来的历史学家谴责他无力指导大规模的战争，且不认可他的财政措施。

在财政方面，比起增加赋税他更倾向于借贷，因此增加了后代的压力，这一措施已有前车之鉴。皮特选择大量借债，毫无计划地熬过一年又一年，直到战争结束，他勉强度日，期望着美好的未来。但如果说皮特只是一个无关紧要的陆军大臣，他的继位者们也没比他强多少。

的确，威廉·皮特有许多缺点，但与同时代的人比起来还算是出类拔萃。因此，他当然会比其他人更有自信。他坚韧不拔，有勇有谋，且从不畏惧他人的批评。他以恰当的言辞和杰出的雄辩才能反驳自己的对手：

他（福克斯先生）认为我不能用一句话阐述战争的目的。我不知道自己能否用一句话加以概述，但我能用一个词告诉他，战争的目的是“安全”，即通过对抗威胁着全世界的最大危险，以获得安全。这种安全意味着对抗以前从未出现过的危险，对抗不管从程度还是范围上都不可比拟地危险，对抗威胁着世界上所有国家的危险，对抗所有欧洲国家都曾抵制过的危险。但在抵制这些危险时，没有哪个国家比英国还要成功，因为它们都不如英国那样团结一致且饱含活力。

由国王的朋友和皮特自己党派中的叛徒组成的联盟接替了皮特的职位，他们冒充为全国联合政府，在三年多的时间里犯了一次又一次错误。他们的领导人是和蔼可亲的前下议院议长亨利·阿丁顿，人们都没有把他看作是一位政客。托利党中备受信任且年轻有为的乔治·坎宁开玩笑地用打油诗对他加以评价：

伦敦大于帕丁顿，皮特胜过阿丁顿。

战时要求建立某种形式的联合政府。反对派辉格党仅仅因为缺乏统治经验，而被认为是不合适的。1800年，战争由对抗世界革命转变为对抗世界霸权，辉格党因此沦落到了无能为力的境地。在波拿巴上台前，他们始终都在向革命者争取和平和获得谅解，现在他们只能依靠自己来对付拿破仑的战略和军事行动。认为只有自己才有可能成为国家领导人的想法显然对皮特的行为没有产生任何影响。像坎宁和卡斯尔雷勋爵这样的年轻人，在皮特手下任职时曾受到过训练，并始终对他们的领导人忠心耿耿。坎宁写道：“我不知道皮特是否会拯救我们，但他确实是唯一可能拯救我们的人。”

1802 年 3 月，阿丁顿政府与拿破仑达成协议，签订了《亚眠和约》，因此休战了一段时间。皮特不顾自己众多追随者的反对，大力支持政府议和。大量英国游客涌至法国，其中也包括福克斯，他们都渴望一睹革命的盛况，想亲自去看看可怕的第一执政官。但旅游季非常短暂，次年五月，战争再次爆发，并且英国又一次在战争中失策，政府完全没有利用喘息的时间来巩固国防。拿破仑将他的军队聚集在布伦，决心入侵英国。彼时皮特正隐居在肯特郡的沃尔默，之前多年来承受的压力严重损害了他的健康，使他未老先衰。他过着孤独而又悠闲的生活，鲜少有朋友前来问候。他唯一与人打交道的时候就是下台后的这段短暂时期，当时他作为辛克港的总督，负责组织当地的民兵对抗法国的侵略。前任首相骑着骏马，带领一群穿着各色衣服的农民在南方海滨训练的场景在英国历史上是无与伦比的。而在仅仅二十英里开外的英吉利海峡彼岸，拿破仑的大军早已伺机而动了。

第二十章　特拉法加战役

1804年，皮特重新掌权，全身心地投入到整顿英国军队的工作之中。自英法战争再次爆发以来，英国发现自己单枪匹马地对付着拿破仑，在英国历史上最危急的两年里，它始终孤军奋战，抗争到底。最终，由于皮特的不懈努力，英国与奥地利和俄国结成了联盟。但这还需要一段时间。目前，法国正威胁着欧洲各国，使它们被迫接受法国的统治。法国这时有机会集中所有的武装力量，以对抗顽固的英国人。他们为自己的作战行动制定了周密的计划，组织了一支庞大的军队聚集在英吉利海峡彼岸的港口，准备入侵英国。一支平底船队满载着二十万名士兵，渡过英吉利海峡，驶向似乎必然会取得的胜利。拿破仑在他的巅峰时期，被教皇加冕为法国的国王。在他构想的蓝图中，只缺少一样东西，那就是制海权。在开始实施如此宏图伟业之前，取得英吉利海峡的海军控制权是至关重要的。在英国历史上，皇家海军始终肩负着保家卫国的重任，它的使命是多方面的。日复一日，年复一年，英国舰队一直封锁着法国海军在大西洋海岸上的布雷斯特基地和罗什福尔基地，以及地中海的土伦基地。英国不惜一切代价防止法国的主力舰队会合，确保英国国力所依靠的海上商业贸易能够自由化。对偶尔逃离港口的法国舰队必须穷追猛打，或将其赶回港口。必须加强英吉利海峡西边入口的防守，以防止法国的入侵。当英国面临被侵略的危险时，英吉利海峡的西边入口是相距甚远的英国舰队的聚集点，那里还驻扎着由康沃利斯将军领导的海军主力。美国历史学家马汉将军说过："这些距离遥远且久经风暴的舰队是法国大军从未见过的，它们打消了法国统治世界的企图。

1803年5月，纳尔逊回到地中海，重掌了自己舰队的指挥权，因为地中海可能是决定英国命运的战略重地。纳尔逊的任务是牵制法国的土伦舰队，阻止其袭击西西里岛和地中海东部地区，或防止其驶入大西洋，否则就可能解除英国对罗什福尔和布雷斯特的封锁，使法国舰队得以强行渡过英吉利海峡，与上伦舰队联盟。纳尔逊充分意识到了当前形势的重要性，他作为领导人，凭借自己的杰出才能建成了一支一流的舰队。他改组了船员，并在危机四伏且困难重重的条件下改良了船只。他没有安全基地来监视发生在土伦的一举一动，直布罗陀和马耳他都太远了，而米诺卡岛已经根据《亚眠和约》归还给了西班牙。战争的供给只能从撒丁岛和西班牙的沿岸城镇运送过来，每次缺少饮水时，他只好解除封锁，率领整支舰队驶入撒丁岛的港口。甚至在数量上，他的舰队都比不上驻扎在土伦港口的法国主力舰队。在这样的条件下，英军根本不可能封锁法国舰队。纳尔逊迫切地希望能引出他们，然后与之交战，他的计划是要彻底将他们歼灭。他安排一支护卫舰时刻监视着土伦，自己则与其他战舰在撒丁岛养精蓄锐，随时准备出击。在那两年的时间里，法国舰队曾两次尝试突围，但都没有成功。在此期间，纳尔逊从未上岸，他一直在思考法国舰队究竟会从哪个方向突围，这个问题像梦魇一样困扰着他。是西西里岛和埃及呢，还是西班牙和大西洋呢？他必须封锁所有的逃跑路线。

对英国发动最后一击的周密计划像一张精心编织的网，拿破仑就处在这张网的中心。但他手里所掌握的重要工具不堪一击。法国海军在革命期间遭受了毁灭性的打击，随着财政的崩溃，仅存的船只破损失修，法国舰队已经有一段时间没有添置新船舰了。军官们几乎都被送上了断头台。法国海军纪律涣散，已不能发挥决定性的作用。但拿破仑的海军大臣不辞辛劳，努力重振法国舰队。新上任的指挥官对海上的商船发动袭击，并取得了胜利。1804年5月，法国国王将土伦舰队交由维尔纳夫将军指挥。维尔纳夫是一名经验丰富的海军，他意识到，自己的舰队若非占有天时地利的优势，那么就只能用于防守。拿破仑不会容忍任何障碍来阻挠他的计划，他想出了一套声东击西的方案，目的是欺骗涌入法国收集情报的英国特工。西班牙也被列入了拿破仑的方案之中，它的舰队是主要计划中不可缺少的一部分。1805 年初，拿破仑做出了最后的安排。他挑选了九万多名士兵组成突击队并加以训练，驻扎在布伦周围的营地里。英吉利海峡沿岸的法国港口并非用于停靠战舰，大西洋和地中海沿岸港口的法国舰队必须在其他地方会合，以获得英吉利海峡的控制权。拿破仑将目光投向了西印度群岛。他的计划是，先突破地中海和大西洋的封锁，将英国舰队引到大西洋的西部海域，然后命令他的舰队在西印度群岛集合。接着，法西联合舰队将与布雷斯特舰队的海军上将冈多默会合，一同返回欧洲，沿着英吉利海峡逆流而上，并确保从布伦穿过海域。这个方案虽然在理论上非常高明，但却没有考虑到法国船舰的具体情况，而且忽视了英国的海军上将在对抗劲敌时通常采用的集中力量战略。

1805 年 4 月，纳尔逊正伏击在撒丁岛的海岸线附近，突然有消息称，维尔纳夫已于 3 月 30 日趁着夜色偷偷溜出了土伦。他率领着十一艘战列舰和八艘护卫舰朝西方驶去，纳尔逊对此却一无所知。狐狸已经出洞，追击开始了。运气似乎在与纳尔逊作对，他的护卫舰把维尔纳夫跟丢了，因此他首先必须确保法国舰队没有驶向西西里岛和近东。确定了这一情况后，他便出发前往直布罗陀。猛烈的西风给航行带来了很大困难，直到 5 月 4 日他才抵达直布罗陀海峡，那时他才知道维尔纳夫早在三个星期前就经过这儿前往加的斯湾了。六艘西班牙战舰加入维尔纳夫的队伍，开始了横渡大西洋的远航。纳尔逊从护卫舰和海上商人那里得到了一些零零碎碎的信息，加以拼凑整理，便大致了解了法军的意图。他充分发挥自己的所有才能，从复杂而模糊，且相互矛盾的信息中识破了法军的计划。并没有证据显示维尔纳夫已经去了北方，也没有理由说明他会沿着西非海岸向南航行。因此，纳尔逊在 5 月 11 日作了一个重大的决定——向西航行。他率领十艘战列舰紧跟敌军的十七艘战列舰之后。整个航行过程都相安无事，声势浩大的英国舰队以平均每小时五海里半的速度追击着猎物，双方在西印度群岛玩起了捉迷藏。5 月 14 日，维尔纳夫和他的西班牙盟友抵达马提尼克。纳尔逊于 6 月 4 日在巴巴多斯登陆。然而错误的情报导致他在加勒比海错过了维尔纳夫的舰队。同时，纳尔逊抵达巴巴多斯的消息引起了法国海军上将的恐慌，他立即率领舰队于 6 月 8 日朝东返回到了大西洋。12 日，纳尔逊在安提瓜岛稍作休息，维尔纳夫四天前都还在那里。纳尔逊必须再次做出一个重要的判断：认为法军正奔向欧洲的想法是否正确呢？正如他在一封急件中写道："我也像教皇一样，不会永远都是正确的，我相信自己的想法很有可能是错的。因此，认为敌军的舰队已经驶向欧洲的判断也许是不对的。尽管有许多聪明睿智的人提出了各种意见，但我还是不会改变自己的看法。"

在离开西印度群岛之前，纳尔逊派了一艘单桅快船将急件送回英国。6 月 19 日，这艘快船经过维尔纳夫的舰队，记录下了它的航向和方位。快船的指挥官发现维尔纳夫正朝着东北方向的比斯开湾航行，便立即飞奔回国，于 7 月 8 日到达了普利茅斯。已七十八岁高龄的新任海军大臣巴勒姆勋爵拥有毕生的航海经验，他很快就洞悉了一切。纳尔逊的舰队正紧跟着维尔纳夫的舰队朝东疾驶，坚信能够在加的斯湾追上他们，阻止其进入英吉利海峡。然而，法国舰队正朝着更加偏北的菲尼斯特雷角方向平稳地航行。维尔纳夫想要解救出被困在费罗尔港的法西舰队，然后与从布雷斯特过来的冈多默舰队会合。但是，冈多默舰队虽然收到了拿破仑的强制命令，可还是未能冲破封锁。位于英吉利海峡西方入口的康沃利斯舰队将他困在了港口。同时，根据英国海军大臣巴勒姆的命令，海军上将考尔德在菲尼斯特雷角附近拦截了维尔纳夫的舰队。7 月底，特拉法加战役就在这里展开了。考尔德的行动没有取得决定性的胜利，法军躲进了费罗尔港。

与此同时，纳尔逊舰队于 7 月 18 日抵达了加的斯湾。他发现科林伍德守卫在那里，但没有敌军的踪迹。纳尔逊意识到维尔纳夫的舰队肯定已经北上，于是他在摩洛哥补充了给养，并于 23 日朝英国的海域驶去。当天，拿破仑抵达了布伦。危机一触即发，英国皇家海军的外围舰队自发在英吉利海峡的入口集合，以保卫不列颠岛。8 月 14 日，考尔德在布雷斯特附近与康沃利斯会合。次日，纳尔逊也来到这里，他的舰队增加了十二艘船，英国主力舰队便总共拥有了四十多艘战列舰。因此，英国的海上屏障集中了起来，用于对抗法军。纳尔逊乘着他的旗舰"胜利号"继续向朴茨茅斯航行。在接下来的几天里，战役达到了高潮。8 月 13 日，维尔纳夫再次从费罗尔港出发，想要与冈多默舰队会合，然后驶入英吉利海峡。因为拿破仑仍然坚信英国舰队已经分散开来，入侵英国的时机已经到来。8 月 21 日，冈多默舰队准备驶离港口，但康沃利斯舰队全力将其包围，法军只好又返回了海港。同时，已经驶入大西洋的维尔纳夫改变了主意。他充分意识到自己舰队存在的不足：船员训练不足，给养极短缺，船上还有许多病号。于是，他在 8 月 15 日放弃了冒险计划，迅速朝南去往加的斯港。入侵英国的威胁解除了。

九月初，急件送达伦敦，信中称维尔纳夫的舰队已经南下。英国当局将纳尔逊从位于默顿的家中召来，立刻命令他重新掌权。纳尔逊写道："虽然上帝知道我想要休息，但我时刻准备着出征。"他再次回到了停靠在朴茨茅斯的"胜利号"，并于 9 月 15 日起航。所有的英国人都意识到，他们国家的命运如今掌握在这个身体羸弱的人手上。两个星期后，纳尔逊在加的斯湾附近与舰队会合，那时他的舰队拥有了二十七艘战列舰。他在给科林伍德的信中写道："我们现在只有一个伟大的目标，那就是彻底歼灭敌人。"他的计划是使集中在加的斯港的 敌军断绝粮草，然后迫使他们驶出港口，与之在海上交战。这个计划需要对整个邻近海域进行侦察。于是他将自己的船只组成一支封锁舰队。他的激情和妙计大大鼓舞了船长们的士气。纳尔逊向他们概述了一个大胆的新战斗计划：他不打算听从海军部的"作战指示"。为了能取得决定性的胜利，他决定摒弃与敌军舰队平行航行的传统战斗方式。当维尔纳夫舰队驶出港口时，纳尔逊将派两支主要的小分队呈直角大胆插入他的舰队。因此，敌军的先头舰队会被切断，并与指挥中心失去联系，后方舰队也将遭到毁坏。纳尔逊与船长们开完会后写道："所有人都赞同这个计划，此项计划新颖、独到、简单，一定会取得成功。"纳尔逊舰队热情高涨，准备迎接前方的严酷考验。这时，维尔纳夫收到命令，要航行至那不勒斯支援拿破仑的新军事计划。他知道自己的职位将被他人取而代之，于是便决定在下一任指挥官到达之前服从这一命令。10 月 19 日清晨，一艘护卫舰向纳尔逊的旗舰发出了消息信号："敌军升起船帆。"过了一会儿又发信号称："敌军的舰队正在驶离港口。"收到这些信息后，纳尔逊率领他的舰队朝东南方驶去，切断了敌军通往直布罗陀海峡的通道，迫使他们在海上与其交战。

21 日黎明时分，纳尔逊在“胜利号”的后甲板上看见了敌军的战阵：格拉维纳将军率领一支由十二艘西班牙船舰组成的先锋舰队，维尔纳夫则指挥着二十一艘法国战列舰。距离敌军逃出土伦已经七个月了，这是他自 1803 年战争爆发以来第一次与敌人相遇。

英国舰队位于敌军西方约十海里处，占着上风。早晨六点钟，纳尔逊发信号命令他的舰队向正东以北二十二度的方向航行，按照他之前的计划分为两纵队发动袭击。敌军看到渐渐逼近的英国舰队，便立即转向北方行驶，纳尔逊率所有船舰穷追不舍。维尔纳夫深知法西舰队的水手航海技术低劣，逃脱追捕是不可能的，于是他下令停止前进，将舰队排成一条松散的长线，等待纳尔逊舰队的攻击。纳尔逊对他手下的一个军官说：“他们装作一副无所畏惧的样子，我倒要给他们点颜色瞧瞧。”他向乘坐“君权号”指挥南路纵队的科林伍德发信号称：“我计划插入敌军的先锋舰队，阻止他们进入加的斯港。”纳尔逊走进船舱虔诚地祈祷：“愿我尊崇的伟大上帝保佑我的国家取得辉煌的胜利，这也是全欧洲人民的福祉。至于我个人，我将生命奉献给创造我的上帝，愿他的庇佑能使我得以效忠祖国。”两支舰队离得越来越近。“胜利号”又发出了一个信号：“英国希望人人都能尽职。”科林伍德看到信号后生气地说：“我希望纳尔逊能停止发射信号，我们都非常清楚自己该做什么。”但是，当信息传达给他时，他的舰队顿时欢呼雀跃起来。随着敌军越靠越近，整支舰队陷入了一片死寂。每艘战舰上的船长都确定好了各自的进攻目标，在短短几分钟内，两支英军纵队便投入到了激战当中。舷炮的轰隆声，桅杆的断裂声和步枪近距离的射击声响彻云霄。“胜利号”冲到维尔纳夫的旗舰“比桑托勒号”和“无敌号”之间，三艘战舰用舷炮互相攻击，打得不可开交。下午一点一刻，纳尔逊在后甲板上踱着步，仿佛在接受检阅一般。突然，一枚子弹从“无敌号”的桅杆顶端射过来，击中了他的肩膀。他的脊柱被打断了，在“胜利号”的连番轰炸下，士兵将他抬下了甲板。战斗仍在继续。到了 1805 年 10 月 21 日下午，十八艘敌军战舰宣告投降，其余的战舰都已全数撤退。其中有十一艘躲进了加的斯港，在西班牙海岸附近，又有四艘被英国舰队捕获。在“胜利号”的航海日志中有这样一段话：“局部战斗一直持续到四点半钟，总司令纳尔逊子爵收到捷报后，便因伤势过重而牺牲了。”

英军大获全胜，英国舰队在最杰出的指挥官的率领下，和他一样完成了自己的使命。

这时，拿破仑将目光投向了其他战场。那年夏天，维尔纳夫未能冲出英吉利海峡，拿破仑便立即改变了计划。他决定对欧洲联盟发动攻击，此联盟是皮特采用外交手段和资金资助建立起来的，旨在对抗法国。1805 年 8 月，位于布伦的军营宣告解散，法军踏上了前往多瑙河的漫长征程。

随后爆发的战役打破了皮特的期望和计划。在进行特拉法加战役的那个月里，奥地利将军马克在乌尔姆投降。奥军和俄军在奥斯特里茨战役中败北，拿破仑又一次取得了胜利，而对于英国来说，一切都要从头开始。这时，英国首相接见了一位从印度回国的年轻将军。这位将军坦率地写下了自己对皮特的看法：“他性格的缺陷是过于乐观……他每次构想出一个计划，就认为它已经完成了。”做出这番苛刻但十分准确的评价的人将与法国国王的军队多次交战，他的名字叫作阿瑟·韦尔利斯，即后来的威灵顿公爵。

个人的痛苦使皮特的生活变得黯淡无光。下议院得到了议长关键性的一票，决定弹劾皮特的亲密同事和终身伙伴亨利·邓达斯，即梅尔维尔勋爵，控告他在海军部管理不善，他的某个属下私自挪用公款。发表决定性演讲攻击邓达斯的不是别人，正是威尔伯福斯。下议院的此番景象实在令人心碎，皮特眼含泪水地听着自己的好朋友威尔伯福斯攻击他的另一位挚友。做出弹劾的决定后，反对派纷纷围过去，想看看皮特会如何处理。但皮特在其支持者的簇拥下走出了下议院。奥斯特里茨战役的失败都没有将皮特打垮，而这次他的挚友所蒙受的耻辱却使他的身心遭到了致命一击。1806 年 1 月，皮特与世长辞。威尔伯福斯给这位朋友写了一篇悼词：

他去世的时间和环境都特别令人动容。我实在想不起来有哪件事能使我产生如此强烈的情感……我从未见过有谁像他一样能理清最复杂的问题，并提出明确而全面的观点；能始终秉持大公无私的优良作风，不断追求真理；能做到如此宽宏大量，只要是国家的利益所需，他就会立即改变自己的方案，尽管他知道自己会因此受到控告；愿意倾听与自己意见相悖的所有看法，听取那些见解稍逊于他的人的建议；拥有纯朴的个性，诚实的美德，公正无私的品格和对祖国深沉的爱。

在吉尔德厅，皮特的纪念碑上刻着这样一段话："在思想毒化使文明社会受到解体威胁的时代，他召集一群忠诚、理智且正直的人，捍卫了神圣的英国君主制。"这段碑文写得十分贴切。

第二十一章 法国皇帝

威廉·皮特的继任者决意发动战争，但在作战方面却不如他擅长。从1806年1月皮特去世到1809年威灵顿上台的这三年时间里，英国麻烦不断。在徒劳无益的远征地中海沿岸地区的行动中，英国浪费了大量军力。它只在那不勒斯王国的迈达取得了一个小胜利。在那里，法军的猛烈攻势首次被顽强的英国步兵团击溃。阿瑟·韦尔斯利爵士在英国收到了关于这场战役的报告，心中更加清楚应该如何在战场上对付法军。但迈达并不具有重要的战略地位。英国野心勃勃地计划在南美洲的西班牙殖民地建立永久据点，于是暂时占领了布宜诺斯艾利斯，最终导致失去了宝贵的武装力量。多亏了舰队所做的努力，全世界的海上航线才得以保持畅通，欧洲的重要岛屿西西里岛和撒丁岛才不至于落入拿破仑之手。

在1806年和1807年，以格伦维尔勋爵为首的“能人政府”实行了短暂的统治。这些能人大多来自辉格党，自1783年首次执政一直持续到1830年。辉格党二十多年来没有掌握实权，这对其产生了潜移默化的卑劣影响。他们的组织和纲领都在领导人无休止的争吵中无疾而终。十八世纪末九十年代初，他们主张进行议会改革，然而，再次爆发的欧洲冲突打破了这一希望。拿破仑的即位令他们没有机会有效地反对战争。他们之前一直都对政府的战略计划持反对态度，但采取的反对方式却是零散且无用的。如今，迫于爱尔兰问题的压力，他们希望解除对罗马天主教徒的一些限制。但他们失败了。陆军大臣威廉·温德姆起草了一份出色的军队改革计划。他主张实行短期服役，并增加军饷。为了解散地方民兵组织，他通过了《训练条例》，使服兵役成为普遍的义务，每次都会征收二十万名男子入伍。这是一次杰出的立法活动，但在实施的过程当中，温德姆进行得并不顺利。威尔伯福斯评价道："他特别不擅长处理事情，即使在他自己提出的方案中，也没有明确的目标和详细的步骤。"福克斯废除奴隶贸易的举动巩固了政府的地位，这项措施被认为是英国取得的最伟大的成就，也是皮特一直回避的问题。这是福克斯所做的最后一次努力。四十年来，他善良的品格和雄辩的才能鼓舞了辉格党。在整个议会生涯中，福克斯几乎一直都站在反对派这边。他的劲敌皮特去世九个月后，这位国务大臣也与世长辞了。

1807 年，辉格党倒台了，取而代之的是由托利党各派组成的混合政府，其名义上的领袖是波特兰公爵。这个混合政府的目标是要尽可能地获得民众的拥护。在这方面，它做得非常成功。托利党中涌现出许多后起之秀，皮特在日常的政治活动中加强了对他们的训练。乔治·坎宁、斯宾塞·珀西瓦尔和卡斯尔雷子爵都在尽力夺取权力。当时的政治活动主要集中在陆军部的指挥以及坎宁与卡斯尔雷之间的个人恩怨上。这种不安定的局面促使政府抛弃了威廉·皮特的策略。积极参加欧洲的海陆战争成为了当时最紧要的事。

加快速度至关重要，因为拿破仑正在登上他人生的巅峰。在奥斯特里茨战役中，他击败了俄军和奥军，已经成为了尼德兰、意大利和莱茵河附近各州的统治者。

一年后，拿破仑在耶拿打败普鲁士，占领了整个国家。在接下来的七年时间里，法国的边防部队守卫着柏林和普鲁士的重要地区。俄国沙皇还在奋战，然而 1807 年 6 月，普鲁士军队在埃洛河畔战败。接着，拿破仑和亚历山大再次联盟。尼曼河的两岸分别聚集着拿破仑和亚历山大的军队，两位皇帝在一艘木筏上相见并互相拥抱。他们不仅带来了和平，并且结成 了同盟。亚历山大由于从英国那里得到的支持少之又少，便渐渐与之疏远，转而与拿破仑联盟。这两位统治者根据共同的利益制定了欧洲计划。亚历山大有时也会提出抗议。当他站在拿破仑身边检阅法国军队，看到老警卫队从面前走过时，发现许多老兵的身上都有伤疤和伤口，于是问内伊："将他们弄伤的那些士兵在哪里呢？”内伊回答：“先生，他们已经死了。”

7 月 7 日在提尔西特结成的法俄联盟使拿破仑的权势达到了巅峰。他统治着整个欧洲，奥地利的皇帝成了曲意逢迎的追随者，普鲁士的国王和美丽的王后在他面前卑躬屈膝，差一点被他囚禁。拿破仑的兄弟们在海牙、那不勒斯和威斯特伐利亚称王，他的继子以他的名义统治着意大利北部地区。西班牙效仿拿破仑的制度，相信局势不会变得更糟。丹麦和斯堪的纳维亚半岛也立即臣服于他，就连历来奉行中立的俄国也偏向了他那边。只有英国没有与他联盟，未能被他征服，两国关系依然紧张。英国固守着自己的领土，控制着海洋，在骄傲而固执的贵族阶级的统治下，愤怒、坚决而又冷静地独自面对庞大的联盟。一些焦虑不安的商人和厂家对英国设置的壁垒怨声载道，因为它损害了他们的物质利益。他们煽动辉格党的政治家反对壁垒，但政府是建立在土地而非贸易之上的，因此它对这些意见置若罔闻。然而，英国后来取得的胜利在很大程度上都归功于它蓬勃发展的工业。工业界也知道这一点，他们为战后的社会埋下了诸多隐患，他们不断制造麻烦，要求获得更多的政治权力。然而当时爱国主义平息了一切，或者说几乎平息了一切。这个固执的国家破坏并阻碍了欧洲的统一，威胁到了法国的和平，拿破仑集中一切力量与它进行对抗。除了袭击商船之外，法军若冒险与英军在海上交战，必然会被击沉或者捕获。英国设置的壁垒使法兰西帝国和拿破仑的帝国仿佛被包裹在一块湿冷的布里。他们无法通商，没有咖啡和糖，与东方或美国失去了联系！根本就没有办法能化解这个僵局。拿破仑原以为只要将整个欧洲掌控在自己手中，英国就会被迫与他建交。但是，英国并没有做出任何回应，它靠发展海上贸易而变得日益强盛，它的统治阶级对职业拳击和猎狐的关注似乎和对世界危机的关注同样多。

两位皇帝在尼曼河的木筏上相见的重大消息传到了伦敦。一位英国特务报告称，拿破仑将根据之前安排好的计划夺取丹麦的舰队，获得波罗的海入口的控制权。这是为了与俄国联合起来入侵英国所做的准备。英国内阁做出了英明的决策，命令海军上将甘比尔立即率领二十艘战列舰进入波罗的海，迫使丹麦舰队投降，必要时可使用武力。在哥本哈根港进行了一场激战后，丹麦舰队宣告投降。英国这次对中立国发动进攻的行径激起了辉格党和文人强烈的反政府情绪。但事实证明英国及时采取行动是正确的，使用武力手段也是可以理解的。英国舰队驶出领海两天后，拿破仑便告知丹麦驻巴黎大使，如果英国在大战中拒绝俄国的调停，丹麦就会被迫选择自己的立场。倘若英国政府没有迅速采取行动，法国则会占用丹麦海军几个星期。

在陆军部，卡斯尔雷正忙于重组正规军。为了完成这一任务，议会立即颁布了一项重要法案，从重新建立起来的地方民兵组织中抽出三万人，组成正规军团。法案还规定，招募四万四千人加入民兵组织，用于保卫国土。

拿破仑确立了在欧洲其他地区的地位后，将目光投向了伊比利亚半岛。他的海军力量比较薄弱，于是他意识到，要想击败英国这个强劲的对手，就必须使用壁垒这一武器。必须严守海关，对从俄罗斯边界一直延伸至北欧和法国西部海岸的港口要严加看守，并封锁地中海直到达达尼尔海峡的海岸线，阻止英国的商品进入欧洲市场。拿破仑在柏林宣告了这一政策，这是在陆地上对海上势力进行的封锁。在法国军队和海关官员设置的漫长封锁线上，最薄弱的一环就是伊比利亚半岛。要想完成这个宏伟的计划，不仅要控制西班牙，还要控制英国的传统盟友葡萄牙，因为葡萄牙的首都里斯本是英国舰队重要的秘密基地。

因此，伊比利亚半岛成为了战略要地。英国大臣们逐渐将注意力转移到了这个即将爆发战争的舞台上。拿破仑决定在英国舰队南下之前，在里斯本向西班牙军队发动袭击。外交部长坎宁展现出了年轻人的风采。一支英国舰队驶入塔霍河，与葡萄牙舰队会合，并将葡萄牙的王室、政府和上层人士转移到安全的巴西。几天后，朱诺元帅进入葡萄牙首都，随后拿破仑再向这个刚刚占领的国家宣战。

法国和英国开始了殊死搏斗。拿破仑对英国实行大陆经济封锁政策，英国政府对此进行了反击。它发布了一项枢密令，宣告对法国及其盟国的所有港口实行海上封锁，换句话说，几乎对整个欧洲进行了封锁。拿破仑的法令和英国的枢密令损害了中立国商船队的利益。这场贸易战对双方都造成了深远的影响。欧洲的商业市场瘫痪了，各国在法国的控制下蠢蠢欲动。英国对中立国船只的干涉引发了英美两国关于航海自由的分歧，这场争端非常严重，只能靠战争来解决。

拿破仑并不满足于自己已获得的权力，总是想击溃英国和它那无形的封锁，并且决意要统治西班牙。拿破仑在巴约纳诱使西班牙国王查理四世及其儿子费迪南德陷入了他的圈套，接着以枪毙作为威胁，迫使他们签署了退位的文件。西班牙成为了法兰西帝国的附属国，拿破仑将自己的弟弟约瑟夫送上了西班牙国王的宝座。这次的暴力行动取得了成功，他为此欣喜若狂。他在给康巴塞雷斯的书信中写道："西班牙人民的意见要服从于我的意志，如今各地又恢复了平静。"1807年5月16日，他在给外交大臣塔列朗的信中写道："西班牙问题进展顺利，很快就能得到彻底解决。"但是，应该为人类自由感到庆幸的是，事情并没有想象中那么简单。当西班牙人意识到所发生的一切，知道自己的国家实际上已经成为了法国的附庸时，立即自发在全国各地掀起了反抗风暴。从5月24日到30日，在伊比利亚半岛的各个村庄，人们纷纷拿起武器前往省会或当地的行政中心，其实那些地方早就开始了更大规模的暴动。这个人口众多的古老民族在同一个信念的驱动下发起的大规模起义是前所未有的。在比斯开湾海岸坐落着一个小省阿斯图里亚斯，连绵的山峰将它与西班牙其他地区隔绝开来，因此它对其他省发生的事情一无所知。该省人民赶走了法国统治者，占领了军火库并缴获十万支步枪，建立了独立的政府，在拿破仑的极盛时期对他宣战，还派遣使者前往英国请求联盟和支援。6月6日晚，使者在法尔茅斯登陆，海军部带他们与坎宁见面。坎宁明白，从那时起，伊比利亚半岛的战争就开始了。从法国革命解放出来的、拿破仑曾训练并率领过的武装力量头一次用来对抗那些受宗教和爱国主义鼓舞的人民大众，而非一些国王或统治阶级。圣女贞德曾在法国宣扬宗教信仰和爱国主义，但根本无济于事。如今，西班牙将为欧洲树立榜样。

战争逐渐愈演愈烈。在德国、意大利和其他国家，掠夺不止，暴行不断，而军队却对此采取宽容态度，居民也只能袖手旁观。如今在西班牙，法国军队在行军途中发现了他们的掉队士兵和伤员的尸体，许多都遭到了残忍的肢解，有的还有严刑拷打的痕迹。他们感到不寒而栗，意识到自己正在与极其可怕的敌人搏斗，这些敌人虽无力在正规战斗中取胜，但绝不会手下留情，也不会寻求宽恕。而且，这样的敌人遍布各处。7月，约瑟夫国王在马德里写了封信给拿破仑，他说：“迄今为止没有人说出实情。事实上，除了跟随我来到西班牙的几个人外，根本没有一个西班牙人支持我，他们都被同胞们团结一致的精神所震撼。”他还要求得到“大量军队和金钱”。拿破仑没有立即对西班牙的反动力量予以重视。他已经在欧洲征战十五年了，认为自己非常清楚这种事情及其意义。他自诩为救星，在欧洲的许多地区他确实是救星。他不理解为什么一个民族宁愿忍受本国的暴政，也不愿接受他国的合理统治。7月末，威胁到拿破仑整个权力体系的重大消息传到了杜伊勒里宫。

从科尔多瓦向马德里撤退的杜邦将军被困在了安达卢西亚省的贝伦，与敌军陷入了僵持阶段。在炎炎夏日中，他必须为了夺取饮水而战，但并没有成功，于是带着两万两千名法国士兵向西班牙叛军投降。这是自法国革命以来，欧洲发生的一件新鲜事。拿破仑感觉自己的战略计划遭到了致命一击。杜邦将军在布伦的投降迫使法军从马德里撤离，他们带着国王约瑟夫撤退到了东北方的埃布罗河。在同样起义不断的葡萄牙，朱诺将军不仅得不到绵延数百里却满怀敌意的地区的支持，还被处于英国控制下的海域所孤立，它能从海上发动进攻。拿破仑强烈地感觉到，整个欧洲和他的王位在受到冲击。此时此刻，他有足够的力量撤离西班牙，他的势力依然会十分强大，但他害怕从错误且危险的境地撤退。他必须像所有的独裁者一样，夺取一个又一个胜利。拿破仑原本以为，凭借他个人的努力就能掌控西班牙无能的政府，再耍个诡计，设个陷阱，不用耗费一兵一卒，也不用付出任何代价，就能将西班牙并入自己帝国的版图之中。然而，这个国家突然变成了他主要的军事难题。他决意要征服西班牙，于是将自己的王牌军从德意志调到了南方。他准备提前征用1809年的新兵来填补这个空缺，然后命令十六万新兵经过他的兵站陆续前往德意志和奥地利。他早就对奥地利人的态度感到担忧。那些老兵则穿过法国向西班牙进军，一路上都非常顺利。他们在法国经过每个小镇时，都会受到民众的盛情款待。百姓的热情友善使他们士气高涨，帝国光荣军队的阵仗也给百姓们留下了深刻的印象。

但此时英国采取了一个巧妙的行动。坎宁和他的同僚决定派一支军队前往伊比利亚半岛支援西班牙叛军。但由于加利西亚省和安达卢西亚省的执政团不愿意接受外国军队的帮助，于是这支军队被派往了葡萄牙。1808年7月，他们在里斯本北边的蒙德戈河畔登陆。这支英国小军队由三万名全副武装的士兵组成。首批登陆军队的领袖是阿瑟·韦尔斯利爵士，他在印度与马拉塔人的战斗中功勋卓著，还曾在阿萨耶战役中取胜。他是印度总督的弟弟，是议会和托利党的一员。实际上，他那时的职位是爱尔兰总督的秘书长。他没有再等剩余部队，而是立刻投入战斗。在罗丽卡战役中，朱诺被打得落花流水。在维迈罗战役中，他遭受了更惨重的失败。法军的进攻被“一条红线”的预备火力击溃了，这种战术开始引起人们的主意。朱诺撤退到了里斯本。

在战争胜利之时，阿瑟·韦尔斯利爵士的地位被刚刚到来的哈里·伯拉德爵士所取代，当天，这位爵士又将领导权交给了休·达尔林普尔爵士。韦尔斯利希望夺取托雷斯维德拉斯关口，以切断朱诺的撤退路线，但这一计划被他的长官否决了。朱诺派克勒曼到英国军营进行谈判，提出如果英国将他送回法国，他的军队就会撤出葡萄牙。双方签署了《辛特拉协定》，英国小心谨慎地予以实施。朱诺带领两万六千名法国士兵乘坐英国船只在罗什福尔登陆。韦尔斯利对他的手下愤怒地说：“现在我们可以去打红腿鸡了。”放走朱诺的行为不出意料地引起了英国人民的强烈抗议。伦敦的军事法庭免除了三位指挥官的罪责，但只有一位后来重新任职。

他是一位关键人物：
阿瑟爵士和哈里爵士，
哈里爵士和休爵士，
公鸡报晓“喔喔喔”。
阿瑟爵士是善斗的公鸡，
而另外两个人，
只能报晓“喔喔喔”。

拿破仑打算把朱诺交给军事法庭审判，但由于英国人正在审判本国的将军，他宣称自己很高兴不用审判一位老朋友。历史证实了拜伦的诗句：“辛特拉！你的名字就是不列颠的心头刺。”

拿破仑派遣一支二十五万人的精英部队到达西班牙。当这支大部队在埃布罗河畔集合时，他组织了一场盛大的阅兵。他将所有附属国和盟国的首领都召集在埃尔富特，三十八名统治者应邀前来。俄国沙皇到达时，拿破仑试图用自己的计划说服他，怂恿沙皇派军与法军联合进攻君士坦丁堡，之后沿着历史之路抵达印度。沙皇亚历山大仍然对拿破仑赞赏有加，向往着能与他共同征服世界。但拿破仑驻扎在奥得河畔的庞大军队又令其恼怒不已。塔列朗背叛了拿破仑的利益，偷偷说服沙皇与法国联合起来，而不是与法国皇帝结盟。这次阅兵式盛况空前，声势浩大，亚历山大和拿破仑互相亲吻。然而埃尔富特的聚会只是提尔西特法俄联盟的重演而已。

拿破仑在埃布罗河指挥军队的时机已经到来。他对西班牙执政团发动了猛烈的攻势，后者率领着九万名未受训练但热情高涨的志愿军，因重获自由而产生了短暂的错觉。拿破仑向马德里进军，法国骑兵展开了无情的报复，西班牙军队节节败退。拿破仑的狂暴令他身边的随从惊讶不已。他总是命先头部队冲锋陷阵，在索莫谢拉战役中，他甚至不顾后果地让自己的护卫队攻击敌人的炮兵连。12 月，他攻入了马德里，将篡夺来的西班牙王位给了一直随行的约瑟夫。但西班牙人民英勇无畏，他们在取得胜利的侵略者的军营周围展开了可怕的游击战。

一位优秀的英国将军代替了曾参与《辛特拉协定》签订的指挥官。这位将军就是约翰·摩尔爵士，他从里斯本出发，穿过萨拉曼卡到达巴利亚多利德。他被西班牙允诺的大力支援所诱惑，于是冒着极大的风险试图将西班牙的愿望变成现实。他采取的大胆行动切断或威胁到了所有法军的运输线，并立即阻止了法军在西班牙南部的行动和对葡萄牙的进攻。但拿破仑在马德里观望着，将他看作了一个猎物。1808 年的圣诞节，拿破仑、内伊和苏尔特率领五万名士兵及老近卫军，前去拦截和消灭约翰·摩尔的军队。拿破仑和士兵们徒步翻越白雪皑皑的瓜达拉马山脉，行军速度非常之快。摩尔及时收到警报，动用海陆两军，放弃了连接葡萄牙的运输线，命令运输船到西班牙西北角的拉科鲁尼亚与他会面。这是一场赛跑，但是当法国的骑兵越过里奥塞科河时，他们又被英国的后卫骑兵赶了回去，一名骑兵将军也被英军俘虏了。而摩尔已经过了阿斯托尔加，离他的避难所只剩下一半的路程。

在阿斯托尔加，拿破仑坐在一座桥的栏杆上，读着从首都送来的急件。过了一会儿，他起身站在原地，陷入了沉思。接着，他叫来自己的旅行马车，并将追击英军的任务交给苏尔特，然后没有对手下作出任何解释就出发前往巴利亚多利德和巴黎。几个月前他就知道奥地利在集合军队，他一定预料到了奥地利即将宣战。但他回国有更深层次的原因。他的弟弟吕西安和他的继子尤金·博阿尔内提醒他，塔列朗和警察部长富歇在密谋暗算他。除此之外，拿破仑知道此时根本不可能拦截英军了。追击已经变成了没有意义的追逐，苏尔特和内伊完全能够胜任。

撤退的英军在崎岖不平且被积雪覆盖的山地里艰难前行，法军在后面穷追不舍。只要是有酒馆的地方，就能看到烂醉如泥的士兵，抢劫时有发生，落伍士兵因饥寒交迫而命悬一线，军队的金银箱也被扔下悬崖以阻挡法军的追捕。这些景象使英军显得狼狈不堪。但在卢戈，当摩尔回过头与法军交战时，他的部队表现得非常勇猛。苏尔特虽然占有优势，也不得不等了援军两天。就在此时，英军决定趁着夜色悄悄潜入拉科鲁尼亚，于 1809 年 1 月 14 日到达那里。然而港口空无一人，英国舰队和运输船由于逆风航行而耽误了行程。一场战役在所难免。16 日，苏尔特以两万士兵攻击摩尔一万四千人的军队。他连连败退，甚至遭到了反击。当夜幕降临时，追击者已经损失惨重。但是，约翰·摩尔爵士和副指挥官大卫·贝尔德爵士都战死沙场。许多著名的诗歌散文都对摩尔的牺牲和葬礼进行了歌颂。

曾参加过战斗的内皮尔写道：

许多士兵将摩尔将军从他倒下的地方运送进城。他血流如注，伤势加重，但意志仍然十分坚定。身边的士兵从他镇定的神情判断其伤势并不足以致命，纷纷表示希望他能尽快痊愈。摩尔将军听了，盯着自己的伤口看了一会儿，说："不，我觉得那是不可能的。"他好几次让随从们停下来，帮他转过身去，好看看战场上的情况。当他从战火中推断英军在不断前进时，才感到满意，让担架兵继续前行。将他送到住所后，医生检查了他的伤势，但已经没救了。

他的疼痛逐渐加重，连说话都变得异常困难。他隔一段时间就会问法军是否已经战败，还对他的老朋友安德森上校说：“你知道的，我一直都希望以这样的方式死去。”他再一次问起敌军是否已被击溃，当得到肯定回答后，他说：“我们打败了法军，我感到非常的满足。”他的神情依然十分坚定，思维也很清晰。只是在说起他的母亲时，他显得有些激动。他询问着朋友和手下官兵们的安危，甚至在这种时候还不忘举荐那些值得晋升的人。他的体力极速下降，已经命悬一线。他似乎预见到在他死后会有许多卑鄙的诽谤者，于是凭借毫未削弱的意志力大声说道：“我希望英国人能得到满足，我希望祖国能为我讨回公道。”战争还未结束，他的尸体就被手下们用斗篷裹着，埋葬在拉科鲁尼亚的城堡里。敌人的炮声为他的葬礼增添了一份荣耀。苏尔特被他的英勇所折服，深表敬佩，为他建造了一座纪念碑。

摩尔的同胞们肯定会为他讨回公道。他凭借勇敢、计谋和运气粉碎了拿破仑在冬天发动的进攻，并将拿破仑及其精英部队引到了西班牙最无足轻重的地区。因此为伊比利亚半岛其他地区的行动提供了保护，争取了时间。他逃脱了拿破仑的猛烈攻势，像沃尔夫和纳尔逊一样，在取得胜利的时刻牺牲了。他的军队并未因此受到影响，再次撤到船上。自查塔姆时代之后，英国在军事方面每况愈下，他领导的这场战役重树了英国的军事威望。他还为被派到关键战场指挥欧洲军队的新领袖铺平了道路。

拿破仑回到巴黎后，那些背叛他的部下又效忠于他。他现在必须与奥地利交战。因此，他需要征集法国青少年。但是连年的战争已经使青少年所剩无几了，他的谋臣们对此感到十分震惊。他将 1810 年征募的新兵召集入伍，强令各大家族把十六岁以上的男丁送入军事学校。他还召回了驻扎在西班牙的军队。此时已有二十四万名士兵入伍或在后方接受训练，于是他在 4 月进军奥地利。权威人士认为，1809 年多瑙河战役的开始阶段称得上是军事才能的最佳典范。拿破仑发现他的元帅们缺乏沟通且秩序涣散，因此他到达前线后便向各个军团发布了命令。在所谓的“五日战役”——在坦恩、阿本斯贝格、兰茨胡特、埃克米尔和雷根斯堡进行的战役中，他开展了一场基调统一的战争。在每一个阶段，他都对属下的人员配置进行调整，每天都会取得新的胜利。

他们冲破了奥地利漫长前线的中心，奥军的残余部队纷纷撤退，损失惨重。拿破仑率领军队第二次进入维也纳。

但他还未彻底消灭奥地利的军队。当他在阿斯佩恩艾斯林准备渡过多瑙河时，河水突然急涨，冲毁了桥梁，他差一点就败在了奥地利最优秀的指挥官查理大公手里。他在树木繁茂的洛鲍岛蹲守了六个星期，在此期间，他将法国所有能想到的地区的增援部队都召集了过来。同时，拿破仑名义上的盟友——俄国沙皇，正战战兢兢地要对他宣战。7 月 4 日，他从洛鲍岛出发，在瓦格拉姆大战中强渡多瑙河。约四十万士兵在这个战场上作战，最后有四万人阵亡。整个欧洲为之震惊。沙皇亚历山大急忙表示祝贺，而奥地利再次臣服于征服者的刀剑之下。

第二十二章 伊比利亚半岛战争与拿破仑的垮台

英军乘船驶离拉科鲁尼亚之后，在西班牙就没有正规军来阻挡拿破仑的元帅们了。西班牙军队屡战屡败，只有无法消灭的游击队还在继续作战。1809 年的头几个月里，法军又能在伊比利亚半岛自由活动了。苏尔特进入了葡萄牙，在波尔图安营扎寨。英军远征葡萄牙的留守部队仍然占领着里斯本，加上陆续前来增援的部队，总数达到了三万人。他们与同样数量的葡萄牙军队合并，由一位英国将军贝雷斯福德率领。这支联军足以拖延苏尔特的军队几个月。苏尔特在这几月里谋划着如何成为葡萄牙的国王，因而分了心。英国政府就下一步的计划进行了商讨，大家都各执己见。他们是应该继续将主要兵力留在伊比利亚半岛战斗，还是应该对尼德兰发动进攻呢？他们决定分散兵力，同时在两个地区作战。一支远征军奉命夺取位于斯凯尔特河口的荷兰岛屿沃尔克伦，然后占领安特卫普。事实证明这次兵力分散付出了很大代价，但似乎是一个十分可行的计划。当时，观察员们都不相信在遥远的西班牙和葡萄牙会取得卓有成效的成功。但阿瑟·韦尔斯利并不这样认为，他于 4 月再次受命担任里斯本的指挥官。他将在伊比利亚半岛度过接下来的五年时光，然后经过法国首都凯旋，回到伦敦。

韦尔斯利放弃了他在议会的席位，并辞去了首席秘书的职务，在 4 月末到达里斯本。他面临两种选择，一种是在波尔图对苏尔特发动攻击，一种是再次进入西班牙，与军团遍布伊比利亚半岛的众多法国元帅中的一位交战。他决定先消灭葡萄牙的敌军。他率领军队迅速秘密进军，到达杜罗河，一个师的兵力趁着夜色乘坐小船和驳船过了河，将城内的苏尔特军队打了个措手不及。他以微小的损失迫使苏尔特撤退到了北方的山区，因为往南撤退会遭到贝雷斯福德率领的葡萄牙军的阻挠。苏尔特被迫抛弃了他所有的大炮、伤员和大部分辎重。六天后，他带着秩序混乱、疲惫不堪的部队到达西班牙加利西亚省的奥伦塞。自从进入葡萄牙以来，他已经损失了六千多名士兵。密渡杜罗河、突袭波尔图和击溃苏尔特都是这位英国新将军谱写的辉煌篇章，为他后来的行动铺平了道路。

韦尔斯利决定沿着塔古斯河谷进入西班牙的中心地带，与奎斯塔率领的西班牙军队会合，然后与维克托元帅交战。苏尔特重新整顿和装备了自己的军队，前去与维克托会合，因为维克托能提供给他绝对优势。韦尔斯利在距离马德里西南部一百英里的塔拉韦拉，处于非常危险的境地，士兵们都在忍饥挨饿。维克托元帅认为不必等苏尔特军队的到来，自己有足够的力量发动攻击。1809 年 7 月 27 日下午，双方开战。法军拥有五万兵力，韦尔斯利拥有两万英军和两万四千名西班牙军。但西班牙军虽然勇敢，却无法在正规战争中发挥重要作用，他们的强项在于骚扰战。交战的主力军是一万六千名英军和三万名法军。维克托于 28 日开始的猛烈进攻渐渐变得力不从心，用刺刀进行一番激烈厮杀后便败下阵来，损失惨重。下午，战斗出现危机。英国近卫军因击败了法军而兴奋不已，他们离开了阵地乘胜追击。

英军阵地的中心出现了缺口，法军的反攻令其阵脚大乱。但韦尔斯利已经把队列整齐、纪律严明的第四十八团带到了阵地，他们赶超了撤退的士兵，从侧面对法军发动攻击，扭转了局势。由第二十三轻龙骑兵团率领的勇猛骑兵杀入敌人的侧翼，损失了一半兵力。黄昏时分，维克托元帅接受了战败的现实，朝马德里撤退。这场战争的残酷程度从英军所遭受的损失来看便可见一斑。韦尔斯利的两万军队损失了近六千人，非死即伤。法军损失了七千五百人和二十门大炮。据称，西班牙军队损失了一千二百人。

韦尔斯利无力继续追击法军。第二天清晨，罗伯特·克劳弗德将军率领他的轻装旅赶了过来，这个旅后来成为了著名的轻装师。他们在二十六小时内行军六十二英里，创造了步行兵的最快行军纪录。但韦尔斯利不能再依赖与西班牙盟军的合作了，因为他们总是按照自己的方式与敌军作战，而不听从他的指挥。他像之前的约翰·摩尔将军一样，冒了极大的风险，却只以极其微弱的优势取胜。他沿着塔古斯河顺利地撤回了葡萄牙。韦尔斯利为自己树立了骁勇善战、行事果断的将军形象，赢得了威望，英军的作战能力也给法国人留下了深刻的印象。英国人感到少有的满足。阿瑟·韦尔斯利爵士被晋升为威灵顿子爵，虽然辉格党极力反对，他还是连续三年获得了每年两千英镑的抚恤金。纳尔逊不在了，皮特也不在了，但终于有人能代替他们的位置了。

国内的政治发展与前线将军的胜败有着密切的联系，这是这段历史的显著特征。每一次战败都会导致伦敦内阁大臣们的个人关系出现危机。《辛特拉协定》的耻辱加深了坎宁和卡斯尔雷对彼此的敌意和厌恶。前者一直希望罢免所有与该协定有关联的将军，后者则对韦尔斯利兄弟的政治和军事前途饶有兴趣。

幸运的是，卡斯尔雷获得了更多支持。如今这两位大臣在威胁到远征沃尔克伦行动的重大问题上发生了冲突。外交大臣与陆军大臣的职能存在分工不明和重叠的弊端，这进一步激化了矛盾。挂名的政府首相波特兰公爵健康堪忧，两位年轻政客为争夺首相之位展开了更激烈的竞争。他们进行了一场决斗，坎宁因此而受伤。后来他们两人都辞去了职务，波特兰爵士也辞了职。财政大臣斯宾塞·珀西瓦尔接管了政府。他为人谦逊，但十分雄辩，领导作战又非常果敢。威灵顿在西班牙的活动得到了新政府的支持。珀西瓦尔任命韦尔斯利侯爵为外交大臣，因为他在内阁始终十分拥护珀西瓦尔的弟弟。新任陆军大臣利物浦勋爵也受到了重用。新政府尽力满足威灵顿的需要，但面对下议院的辉格党反对派和托利党反叛者，他们不断因为一些小问题而受到阻碍。1810 年，国王的疯病再次发作，引发了一场新的危机。珀西瓦尔巧妙地避免了政治力量对比的变化。威尔士亲王乔治成为摄政王，但他并没有像辉格党人所期望的那样，任用他们这些故友。摄政王决定信赖他父亲的大臣，这一做法给他带来了荣誉。珀西瓦尔勤俭执政，保证了军队的供给。他在位的三年时间里，政府的工作效率不断提高。

这些年是对威灵顿的考验。他指挥着英国在欧洲仅存的一支军队，战败对英国以及西班牙和葡萄牙的爱国者来说将是灾难性的打击，还会使大量法国军队得以增援拿破仑在其他地区的冒险活动。我们可以设想，要不是威灵顿在伊比利亚半岛不断消耗拿破仑的兵力，这位皇帝将会取得多少胜利，甚至还有可能在俄国取胜。这一切都引起了威灵顿的注意，但当时他必须小心谨慎。他冷冰冰地写道："因为这是英国仅剩的一支军队，我们必须保护好它。"自法国革命以来，英军多次在欧洲大陆上安营扎寨，但都没能坚持很长时间。法军总是竭尽全力将英军赶到海上。1810 年，他们集中兵力，准备发动新一轮进攻。威灵顿下定了决心，绝对不轻易撤退。前一年，他整个冬天都在完善里斯本附近托雷斯维德拉斯高地的一系列防线。这将成为他最后的堡垒，他逐渐向这些防线撤退。

拿破仑最优秀的元帅马塞纳率领着法军的葡萄牙兵团。他粉碎了西班牙的抵抗后，带着八万士兵越过边界。英军兵力达两万五千人，他们的葡萄牙盟军也不相上下。9 月，双方在布萨克进行激战，六万法军对五万盟军，盟军中只有一半是英国人。但葡萄牙军队训练有素，法军损失惨重，而威灵顿还在继续撤退。突然，法军的先头部队停了下来，他们的前面就是坚不可摧的托雷斯维德拉斯防线，由战无不胜的英军守卫，周围是有意制造的无人区。马塞纳预见到接下来几个月将忍饥挨饿，前景黯淡，不可能成功发动进攻。这是整场战役的转折点。法军停止进军，建立冬季营地。威灵顿在他们的附近观望，像他自己所说的那样，决定"让他们陷入困境，然后将其赶出葡萄牙"。他的话得到了验证。第二年春天，马塞纳放弃了，他撤退到西班牙，留下一万七千具尸体和八万俘虏。

葡萄牙解放了，威灵顿的胜利巩固了政府在国内的地位。然而，在伦敦和里斯本的欢呼声中夹杂着一些不耐烦。威灵顿遭到了严厉的指责，即使在他自己的军队里也备受批评，他们都不理解他循序渐进的战略。威灵顿并没有因此而受到影响，没有任何东西能够动摇他，他保留着自己的想法。他决定在冒险深入西班牙之前，要在后方建立一个辽阔的根据地和可靠的运输线。他必须掌握巴达霍斯和罗德里戈城两个边界堡垒，因为它们守卫着通往马德里的道路。两支法军与他相遇了，马塞纳在莱昂省的北方前线作战，后来由马尔蒙指挥。苏尔特在安达卢西亚的南部作战。他们与西班牙其他地区的法军元帅们指挥着二十五万名士兵，其中与威灵顿交战的大约有十万人。连续的游击战使他们大大受阻，他们不能再依靠法军在欧洲各地一直实行的以战养战政策了。他们内部争吵不断，还不停地收到拿破仑从巴黎发来的充满怒气的命令，且这些命令都只是基于想象而非事实。拿破仑凭借自己的才能努力解决着大陆帝国面临的难题，因此无法指挥遥远且残酷的西班牙战争。

威灵顿估量了自己的任务之重。1811年，一场运动战在西班牙边界展开，阻止他前进的两支法军分别在富恩特多诺罗和阿尔布埃拉与他交战，都战败了。这两次战役都十分激烈。关于罗德里戈城西部的富恩特多诺罗战役，威灵顿承认："如果波拿巴在那里的话，我们可能会战败。"然而拿破仑并不在那里，他正忙于外交活动和准备其他地区的战争。除此之外，他刚刚隆重地举行了第二次婚礼。这个科西嘉新娘是显赫的哈布斯堡皇室的女儿玛丽亚·路易莎公主，她为拿破仑生了一个他梦寐以求的儿子和继承人，却并未给他带来幸福。

由威灵顿的副指挥官贝雷斯福德指挥的富恩特多诺罗战役和阿尔布埃拉战役都没有起到决定性的作用，但英军依然是战场上的主导。威灵顿在给利物浦勋爵的信中写道："我们确实改变了西班牙的战局，从某种程度上来说，我们成了攻方。"这是一种典型的保守说法。事实上，威灵顿早就在计划把法军赶回到比利牛斯山脉，并将战火带到法国境内。1812年1月，他终于在冰天雪地中占领了罗德里戈城。四个月后，巴达霍斯在一场残忍的袭击中陷落。威灵顿的军队伤亡惨重，但打开了西班牙的缺口，使他们得以倾巢而入。威灵顿和马尔蒙相互对峙，都在等待对方出现错误。结果马尔蒙犯了错，威灵顿在萨拉曼卡取得了伊比利亚半岛战争中进攻的第一次胜利。国王约瑟夫·波拿巴逃离了马德里，英军在钟声和欢呼声中占领了西班牙首都。然而还有苏尔特的军队没有消灭。这位从南方过来的法国元帅绕到了威灵顿的侧边。他的军队人数是英军的两倍，而且他十分小心谨慎，不给敌军任何进攻的机会。威灵顿再次撤退到了葡萄牙边界。在这一年的战斗中，他摧毁了一支法国军队，还使整个西班牙南部地区从法国手中解放了出来。但同时从东部地区过来的巨大阴影笼罩着拿破仑帝国，当时正是拿破仑从莫斯科撤退的那个冬天。

1812 年，拿破仑整个春天都在召集兵力，其规模之大在欧洲前所未有。夏天来临时，他将自己领土上的所有军队都向东方转移，因为在过去的两年中，他与俄国的关系已经越来越僵化了。俄国沙皇渐渐相信，只要法国皇帝主导着局势，欧洲就不可能得到安宁。在提尔西特度过的愉快时光已被淡忘，在尼曼河的木筏上称兄道弟的两位皇帝如今反目成仇。拿破仑决定先发制人，对其进行毁灭性的打击。虽然他手下的将军和大臣们都不太情愿且心怀不安，但法国的军人们却异常兴奋。他们都在计划发动一场比以往任何战役的规模都要大，比亚历山大大帝的行动更加大胆，可能会征服全亚洲的战争。拿破仑在维斯杜拉河对岸聚集了一支约五十万人的军队。他的继子尤金总督率领五万意大利军从意大利赶来，荷兰、丹麦和莱茵河畔各州都派来了自己的军队。奥地利和普鲁士作为拿破仑的忠实盟友，各派了三万士兵前往战场。饱受战争之苦的欧洲这些年虽然战争不断，但也从来没有见过如此大的阵仗。这些向东进军的军队中，仅仅只有二十万法国人，他们在拿破仑的直接领导下，成为了进攻的先锋部队。因此，这场大战达到了高潮。

许多人都警告过拿破仑，在俄国作战困难重重，但他并没有理会他们的建议。他为这场战役配备的运输工具和给养在当时看来是十分充足的，但事实证明还是不够。1812 年 6 月，他渡过尼曼河，径直朝东向五百英里外的莫斯科进军。与他交战的是俄国的两支主力部队，总数为二十万人。他的计划是将他们各个击破，然后夺取古老的俄国首都。他自信满满，认为沙皇到时肯定会求和。欧洲处于同样境地的其他国家都很快投降了。但俄国是一个例外。在重要的 6 月份，俄国驻伦敦的大使作了一番极其准确的预言，它反映了沙皇和他的谋臣们的期望。这位大使写道：“我们可以通过顽强的抵抗和撤退取得胜利，如果敌军开始追击我军，那他们就输定了。因为他们离开给养根据地越远，进入没有运输工具和军粮的乡村，既要忍受饥饿，又被哥萨克军队包围，那他们的处境就会越危险。他们最终会被寒冷的冬天所打败，寒冬一直都是我们最忠实的盟友。”防守、撤退和寒冬——这些就是俄国最高指挥部所依赖的武器。拿破仑曾研究过伟大的瑞典国王与俄国进行的惊人战役，他读后认为自己从中受益良多。二十世纪，另一位更无情的独裁者也对拿破仑的错误进行了研究，他也认为自己从中学到了很多。但俄国使他们两个都幡然醒悟。

俄国军队避开拿破仑设的陷阱开始撤退，并毁掉了法军必经的村庄。在首都以西约六十英里的博罗季诺，俄军回头迎战。在这场十九世纪最血腥的战役中，库图佐夫将军给了拿破仑沉重的一击。交战双方各有十二万人，最后都损失了三分之一的兵力。库图佐夫再次撤退，莫斯科落入法国手中。但俄国拒绝议和。随着冬天的临近，拿破仑意识到，在不知是意外还是有意烧毁的莫斯科，他饥肠辘辘的军队很难维持下去。除了在冰天雪地中撤退，他别无他法，这是历史上最著名也是最艰难的一次撤退。寒冬使拿破仑的军队付出了惨重的代价。法军虽然进行了英勇无比的后卫战，但还是大大消耗了残余部队的力量。在进军俄国的大军中，只有零零散散的两万人回到了华沙。据说内伊将军是最后一个撤出俄国的法国人。

12 月 5 日，拿破仑在俄国边界抛弃了他的残余部队，乘雪橇出发前往巴黎，留下他的元帅善后。他自己并不认输，仍然相信自己的运气。虽然他没能将自己帝国的疆土扩伸至东方，但在西方仍然占据着重要地位。他将竭尽全力组建新的军队，然后卷土重来。1813 年春天，他再次投身战场。他的军队中有一半是未经训练的新兵，法国也不再支持他作战。他手下的部队都是勉强支持他的，甚至元帅们都开始动摇了。德意志在他势力渐微之时崛起了。法军散布的民族主义精神迅速传播开来，对这位欧洲之主造成了很大影响。在英国的财政支持下，许多联盟纷纷建立起来。拿破仑得到了实现和平的机会，但他认为，在战争中自己的天赋能改写命运，于是拒绝了。他那些摇摆不定的盟友一个接一个地离开了。由法国的贝纳多特元帅统治的瑞典以及普鲁士、奥地利，甚至他自己的附属国萨克森和巴伐利亚都弃他而去。沙皇决意要向莱茵河进军，长期臣服于法国的中欧也加入了俄军的队伍。双方在萨克森和西里西亚展开了一系列激战。最后在 10 月份进行的为期三天的莱比锡战役中，拿破仑的所有敌人都朝他逼过来。双方兵力都接近五十万。在这场“万国会战”中，拿破仑遭受惨败，只能向西撤退到法国边界。自 1793 年以来，盟军首次聚集在敌人的边界。轰轰烈烈的革命和帝国冒险活动即将落下帷幕。

威灵顿在南方前线取得的成就超出了人们的期望。1813 年 5 月，他从边界的堡垒出发时，挥舞着自己的三角帽高声喊道：“永别了，葡萄牙！我不会再与你相见了。”他确实没有再去过葡萄牙了。他再次将国王约瑟夫·波拿巴赶出了马德里，消灭了西班牙整个北部地区的敌军，并把撤退的法军赶到了古老的纳瓦拉山国。6 月 21 日，他在维多利亚战役中战胜了儒尔当元帅，将他的部队赶过了比利牛斯山脉。这个胜利的消息使沙皇和萨克森的欧洲盟军都大受鼓舞。相比聚集在德累斯顿和莱比锡的军队，参加维多利亚战役的兵力只比他们的十分之一多一点，然而战果却十分显著。除了加泰罗尼亚之外，西班牙已完全从法国手中解放了出来。人们用俄语唱着赞美颂来庆祝英军的胜利，这在历史上是第一次也是唯一一次。威灵顿坚持不懈地追求着自己的目标，正如他所说，他要削弱“扰乱欧洲的罪魁祸首的势力和影响”。到了 1814 年春天，他踏上了法国的国土，占领了波尔多。4 月初，他在图卢兹击败了他的宿敌苏尔特。

拿破仑的末日已经到来。南方的前线已被粉碎，东边的普鲁士人、俄国人和奥地利人正在向法国的中心逼近。拿破仑从来没有像在 1814 年的短暂战役中有那么杰出的表现。2 月，他在蒙米雷伊和蒙特罗击败了盟军。在敌对双方的前线之间流淌的河流从来就不是安全的屏障。在这场战役中，拿破仑却充分利用了与前进方向平行的河流进行防御。他的战术是军事艺术的一个模范，他渡过埃纳河和马恩河，迫使占有优势的敌军仓皇而逃。但欧洲的联合军队对他来说太过强大了。而且法国反对其统治的武装力量公然向他发动起义。密谋已久的富歇和塔列朗如今意识到，只有推翻皇帝的统治，法国才能得救。3 月末，驻守巴黎的马尔蒙元帅投降，交出了首都。4 月 3 日，拿破仑宣布退位，隐居厄尔巴岛。历时多年且残酷无情的战争浪潮终于退却。在维也纳会议上，各国为争取和平，为外交斗争做着准备。

卡斯尔雷代表英国参加维也纳会议。1812 年，英国首相珀西瓦尔在下议院的大厅中被一个疯子击毙了。他的同僚利物浦勋爵接管政府，执政十五年。卡斯尔雷再次担任外交大臣，他一直坚守着这一职位直到去世。这些年的战时政府在辉格党的历史学家笔下显得十分不堪。然而珀西瓦尔、利物浦、坎宁和卡斯尔雷凭借勇气和才智承担着治理国家的重担。卡斯尔雷如今将在重建欧洲的任务中发挥重要作用。在构建公正体面的和平局面中，他的意见最为重要。1814 年 3 月，他已经与主要的盟国协商签订了《肖蒙条约》，这一条约为未来的和平安定奠定了基础。卡斯尔雷主张“力量均衡”，这一概念在二十世纪两次世界大战之间的那段时间里很不得人心。从那以后我们才意识到，当大权集中在两三个国家手中时，就需要一种平衡。在卡斯尔雷时代，欧洲有五个强国，他的目标是协调他们的利益。让他们保持协调一致是不太可能的，但至少可以调解国际矛盾，不至于导致战争。

在维也纳，与卡斯尔雷共事的主要有奥地利首相梅特涅和法国的发言人塔列朗。梅特涅是十八世纪旧政权坚定的拥护者，他希望能将历史的时钟拨回到法国革命前的那段时期。当他后来失去权力时，他骄傲地宣称自己一直是“秩序的基石”。趋炎附势的塔列朗先是为法国革命效力，接着效忠于拿破仑，现在又为波旁王朝卖力。他的目标是竭尽全力将法国从帝国冒险活动的废墟中拯救出来。与他们相比，卡斯尔雷具有公正无私的优点。

当前最紧迫的问题就是法国政府的组建。拿破仑已经离开了，那谁能代替他呢？塔列朗说服各盟国恢复波旁王朝，把被处死的国王的弟弟路易十八推上了王位。历经革命的荣耀和拿破仑的胜利后，就连保皇党人夏多布里昂的笔锋都不能为黯然失色的君主制增添声誉和威望。然而，至少路易十八代表着一种传统，代表着法国政治信仰的一小部分，尤其是代表着和平。他是一个温和谦让的人，多年的流亡生活并未使他失去希望。人们默默接受了过去二十五年里发生的重大社会变革，拿破仑建立的政府体系由他的继承者们继续执行，并增加了一些新东西，如部分出版自由和处于开始阶段的议会制。

战胜国对战败的敌人表现出了明智的温和态度：没有赔款，没有被盟军占领，甚至没有要求归还那些从欧洲美术馆抢走的艺术珍宝。法国交出了拿破仑占领的外国领土，但它依然保持着领土完整，并且路易十八统治时期的领土面积比路易十六时期还稍微大些。对法国采取温和态度的原因并不难理解。瓦解法国会使欧洲某个国家的势力大大增加，而且会点燃所有法国人心中复仇的火焰。

英国主要关心的是殖民地问题。许多被掠夺的领土已归还原主，然而，在维也纳会议上签署的《巴黎和约》标志着进入了建立新帝国的另一阶段，这个新帝国取代了失去的美洲殖民地。除了毛里求斯、多巴哥岛和圣卢西亚之外，被掠夺的法国殖民地都归还给了法国。荷兰重新获得了它在东印度群岛的属地。斯坦福德·拉弗尔斯爵士曾非常成功地统治着富饶的爪哇岛，如今却眼睁睁地看着这块英国的战利品物归原主。几年后，他建立了一个贸易站，也就是现在的新加坡城。英国以三百万英镑的价格从荷兰买下了圭亚那地区的一部分。然而，英国政府最关心的是那些能作为船只停靠港，具有战略价值的属地。因此，它坚守着马耳他岛和往印度的要冲好望角。因这块南非属地而引发的动荡局面即将展开。荷兰的殖民地锡兰仍被英国占领，丹麦的赫尔戈兰岛是打破大陆封锁体系以及向德意志走私货物的绝佳基地。这些属地都是分散零碎的，但将它们合在一起，就代表着帝国的强大力量。

在欧洲，各国的当务之急是在法国周围画一条防疫封锁线，防止中欧受到革命的影响和侵害。在北欧，信奉加尔文主义的荷兰和信奉天主教的比利时形成了一个岌岌可危、动荡不安的联盟——尼德兰王国，这个联盟只维持到 1830 年。在英国政府的提议下，莱茵兰被划分给了普鲁士。在南欧，撒丁岛的国王重获了皮埃蒙特和萨伏伊，还得到了古老的热那亚共和国。在意大利的其他地区，奥地利的权威无可争辩。伦巴第、威尼西亚、的里雅斯特和达尔马提亚都直接由奥地利统治，奥地利大公统治着佛罗伦萨和摩德纳。帕尔马公国被划给了玛丽亚·路易莎皇后，这并不是因为她是拿破仑的妻子，而是因为她是哈布斯堡皇室的成员。按照规定，他的儿子不能继承她的王位。拥有波拿巴家族血脉的人都不能登上王位。在那不勒斯，缪拉元帅暂时占领着他抢来的王国，但并未维持很长时间。不久，波旁王朝复辟，奥地利对其也具有非常重要的影响。

关于西欧就介绍到这里。根本的问题在东欧。俄国觊觎波兰，普鲁士对萨克森虎视眈眈。如果将问题留给他们自己去解决，那么他们都会接受对方的要求，但法国和奥地利绝对不会同意。卡斯尔雷反对这样解决争端，因为他担心俄国扩张，就像梅特涅担心普鲁士扩张一样。英国、法国和奥地利结成了联盟，旨在抵制俄国和普鲁士的不良企图，必要时甚至会发动战争。战争并未爆发。俄国满足于吞并波兰的大部分领土，沙皇声称会尊重波兰的权利和自由，但他并没有兑现自己的承诺。普鲁士得到了萨克森五分之二的地区和莱茵兰，但依旧心存不满。这一协议达成得很及时。当维也纳会议正进行得如火如荼，欧洲的政客们正在重划疆域时，拿破仑在他刚撤退的厄尔巴岛上暗自谋划着。欧洲各国的争端还远未解决，拿破仑便再次登上了历史舞台。

第二十三章 华盛顿、亚当斯和杰弗逊

欧洲政治中混乱不堪的复杂问题也出现在了美国，关于法国革命的辩论在全国范围内展开。只要是支持杰弗逊主张的地方，就会涌现出许多以法国革命为榜样的相应组织，而联邦党人的报刊猛烈抨击新世界的雅各宾党人，并像伯克在英国那样，谴责他们是社会的破坏者。

美国人的商业利益一受到影响，争论就变得愈发变本加厉且脱离理论。当美国的商船和货物遭到法国和英国的袭击和掠夺时，美国人民怒不可遏。两大党派都要求开战——联邦党人要求对法国宣战，杰弗逊派要求对英国宣战。华盛顿总统决意维护这个尚在襁褓的共和国的和平。法国革命党人的使者热内的怪诞行为使华盛顿的任务进行得比较顺利，他发现美国政府不愿意维护 1778 年结成的法美联盟，于是干涉美国政治，试图集合军队，将他的政治盟友们置于非常尴尬的境地。1793 年 8 月，华盛顿要求法国召回热内。但他知道法国到处充斥着死亡威胁，于是非常明智地与一位有权继承遗产的美国女人结了婚，安安心心地在新大陆定居下来。

华盛顿深得民心，是他阐明了传统美国外交政策的首要原则。1793 年 4 月，他在著名的中立宣言中宣称“美国倾向于与各交战国建立中立友好的关系”。美国公民若违反这一原则，就会被联邦法院起诉。但由于美国和英国之间还有一些问题没有解决，两国关系蒙上了阴影。汉密尔顿的联邦党致力于维持与英国友好的贸易关系。伦敦的银行家为新英格兰的海外贸易提供了大量资金帮助。英法两国的海外贸易给东部各州的船主带来了巨大收益，他们强烈反对与法国联合作战的建议。边境地区的农民和拓荒者却不这么认为。对他们来说，英国是敌人，因为它没有遵守 1783 年的条约撤出位于加拿大边界的堡垒，还将皮毛贸易发展到南方，煽动印第安人反对美国定居者，从侧翼威胁他们向西扩张的活动。而英国人则怨恨美国政府未偿还自法国革命之前拖欠的巨额债务。同时，英国声称美国的海运有利于法国，于是以此为借口对其进行干涉，这一行为在美国各地引发了公众舆论。

华盛顿认为必须改进和解决英美两国的关系，因此他于 1794 年任命最高法院的首席法官约翰·杰伊作为特使出使伦敦。英国政府对最近进行反叛活动的美国人表现得并不友好。他们知道美国的军事力量薄弱，华盛顿需要汉密尔顿政党的支持。而且，由于杰伊在谈判中表现欠佳，英国从中获利颇多。双方起草了一个条约，英国没有对美国做出多少让步。英国人撤出了边境堡垒，因此美国拓荒者可以很顺利地向西扩张，但英国并没有对未来与印第安人的关系做出保证。英国赔偿了美国船只在公海受到的损失，但它拒绝解除封锁，也不放弃夺取开往法国和其盟国的船只和货物的权利。对于强行征召美国海员到皇家海军服役的行为，英国没有提出任何令人满意的补偿方案。更糟的是，杰伊被迫在拖欠英国债务的问题上妥协，美国必须赔偿英国债权人的大量损失。

此条约对联邦党造成的影响是最具破坏性的。西部各州因条约未对加拿大边境事务做出妥善安排而义愤填膺。南部地区的人民则因债务条款而遭受严重损失。这一条约揭示和暴露了英国外交的优越性和美国新政府的软弱性。不信任的情绪又开始在美国上下蔓延，英美两国之间也埋下了战争的种子。

华盛顿的第二次任期到 1797 年春天期满，他迫不及待地筹备着退居芒特弗农的生活。他任职的最后一段时间深受联邦党反对者集中攻击的困扰，也因准备下届总统大选的喧嚣而心烦意乱。华盛顿和他的同伴对不断激化的党派纷争感到十分惊讶和不安。他们坚持认为，只有权力均衡、包容一切的政府才能最好地反映全国人民的不同利益。应该始终由两大政党争权夺利的观点对他们来说是陌生且不能接受的。只有早已辞职的杰弗逊对各党应发挥的作用有比较清晰的见解。他发现应该将派系之争引导到宽阔的洪流之中，在国内成立有组织的反对派，作为可能组建政府的力量，这样做对美国是有利的。但华盛顿在九月发表的告别演说中阐述了自己的观点，他认为派系之争是最危险的。这个文件是美国历史上最著名的文件之一，它极具说服力地恳请全国人民团结一致，警告人们防止受到“党派之争的有害影响”。它还阐述了未来美国的孤立政策。“欧洲有许多与我们无关或关系甚微的根本利益，因此它肯定会卷入无休止的冲突之中，造成冲突的原因本质上与我们无关。人为地将我们自己置于欧洲通常的政局变幻，或者卷入与其盟友或敌人的冲突中是不明智的。我们占据着超然的地位，且与欧洲距离遥远，所以我们应该选择一条不同的道路……我们正确的政策应该是避免与其他国家建立永久的联盟……通过组建适当的军队，时刻注意使自己保持受尊敬的防御姿态，我们就能安心地信任暂时的联盟能应对特殊的突发事件。”

乔治·华盛顿拥有历史上最荣耀的头衔，他被尊称为“美国之父”。几乎仅凭着他在独立战争中表现出来的顽强坚毅，美国殖民地才形成了一致的目标。他在战争胜利后所做的贡献也同样伟大。在担任第一任总统期间，他坚定的态度和以身作则的品质限制了派系之间激烈的冲突，并使国家分裂推迟了六十年。他的品格和影响力防止了美国人民出现反对英国或法国的危险倾向。他使自己的职责具有无上的尊严，用才智鼓舞了手下的政府官员。他在位时，联邦政府得以顺利组织起来，还建立了国家信用机构，制定了外交政策，这一切都归功于他的努力。他拒绝第三次担任总统，为美国政界设立了一个传统，即总统最多只能连任两届，这一传统直到第二次世界大战期间才被富兰克林·罗斯福总统打破。

两年来，华盛顿在波多马克河畔的乡村邸宅过着宁静悠闲的生活，正如他期望已久的那样，经常骑着马在他的种植园周围溜达。十八世纪的最后几天，大雪纷飞，他卧病在床。1799 年 12 月 14 日晚，他对身边的医生低声说道：“医生，我很难断气，但我并不怕死。”说完不久他便去世了。

约翰·亚当斯继任美国总统，他是由联邦党提名的。他担心发生动荡和骚乱，且对民主持不信任的态度，这浇灭了他的革命热情，使他成为了汉密尔顿的支持者。他具有独立的思考能力，是一个思想家而非政治家，是一个学者而非领导者。虽然他为了组建强大的政府和保护财产而同意汉密尔顿的主张，但他反对使用联邦机器来获取某种经济利益，而且他绝不是一个全心全意的联邦党人。他的判断基本上都是正确的，但他缺乏游说技巧。他不擅长于处理人员调配问题，因此声望受到了影响。然而他依旧是美国政客中最优秀的政治思想家之一。

在外交事务中，一场新的危机即将到来。拿破仑·波拿巴的崛起削弱了美国人对其第一个盟友——法国的崇高敬意。他们越来越担心法国会从西班牙手中得到路易斯安那殖民地和佛罗里达殖民地。那么，一个强盛且野心勃勃的欧洲国家就会取代一个弱国，成为横亘在企图对外扩张的美国和墨西哥湾之间的一道障碍。还有消息称，法国人在加拿大讲法语的居民中大肆开展宣传活动。这引起了很强烈的反响，联邦党人最后一次超越了他们的对手。全国掀起了战争狂潮，他们抓住机会推行立法，规定政府有极大的权利对付外国人。1789 年颁布的《归化法》将外国人取得美国国籍的资格从居住五年延长到十四年，《客籍法》规定总统有权根据法令将外国人驱逐出美国。《惩治叛乱法》则更加尖锐，它实际上对报纸实行了严格的审查制度，并将矛头对准了反对派的报纸。这些法案引发了激烈的宪法冲突。汉密尔顿劝告他的同僚说："我们不要施行暴政，强盛与暴力是有本质区别的。"但这番话根本没起到任何作用。杰弗逊下定决心迎接挑战，他起草了决议，主张各州有权复审国会法案，取缔任何违反宪法的措施，此决议在肯塔基和弗吉尼亚都获得通过。这个重大的原则从此在美国历史上得到了重视，这些于 1798 年制定的决议成为了后来"各州权利"的依据。

联邦党人对个人自由的攻击是他们开始垮台的标志。几年前从财政部辞职的汉密尔顿认为，促使美国与法国交战，他就能重新掌权。他想出了一个宏伟的计划，企图与英国联手瓜分西班牙在新大陆的殖民地。他拟定了一个绝妙的战略方案，打算自己亲自率领美军向南进军，到达密西西比河的河口。但总统使他的这些希望破灭了。亚当斯不热爱人民群众，也憎恨财阀统治和军国主义。1799 年以前，他从未表现出对联邦党人的反对情绪，但现在他意识到战争已经逼近了。作为总统，他在外交事务方面拥有绝对的权力，因此他能够迅速采取行动。他突然宣布派遣使者前往法国。1800 年 10 月 1 日，美国代表团在巴黎与法国签订了一项贸易条约。就在同一天，法国秘密地从西班牙手中买下了路易斯安那。

亚当斯的任期即将结束，进行总统大选的时候到了。由于双方内部都出现了分歧，此次大选的过程十分复杂。联邦党人还在因亚当斯阻止其与法国交战而耿耿于怀。然而他是联邦党候选人中唯一有希望当选的人，所以他还是获得了提名。可是党内实权依旧掌握在汉密尔顿手中，他心怀怨恨，因此想方设法地阻碍亚当斯。

共和党的候选人是杰弗逊，纽约的腐败政治家艾伦·伯尔则竞选副总统的职位。那个时候，美国宪法有一个奇怪的规定：得票最多的人当选为总统，票数第二的人成为副总统。后来这一规定很快得到了修改。因此，总统和副总统分属不同的政党是完全有可能的。杰弗逊和伯尔都打败了亚当斯，但他们获得了相同的票数。两人都丝毫不肯退让。当这个僵局交由众议院来决定时，伯尔试图打倒他的上司杰弗逊。此时汉密尔顿的介入打消了他的念头。在美国，地方政治通常能激起强烈的爱国之情和怨恨之意，其造成的影响往往比联邦事务还要大。汉密尔顿和伯尔在纽约争权夺利，一想到伯尔当选总统，汉密尔顿就觉得难以忍受，因此他在众议院利用自己的权势支持杰弗逊。由于时来运转，汉密尔顿的这位宿敌成为了美国的第三任总统，势力的中心也再次从马萨诸塞州转移到了弗吉尼亚州。但绝不能夸大托马斯·杰弗逊执政的意义。以约翰·马歇尔为首的最高法院依然是联邦政府权利和权威的积极且公正的捍卫者和拥护者。杰弗逊本人虽然是真诚的农业民主派，但他既不会不切实际，也不会感情用事，国内发生的各种事情很快迫使他遵从前两任总统的原则和方法。

1801 年 3 月 4 日，杰弗逊就任总统，此时，建立时间并不长的美国已经获得了迅速发展，而且仍在继续发展。自发表《独立宣言》以来的二十五年里，美国人口几乎翻了一番，达到了五百五十万。三个新的内陆州建立起来，加入到了美利坚合众国，它们分别是北方的弗蒙特州以及中南部的肯塔基州和田纳西州。封锁向西迁徙路线的印第安人联盟被彻底粉碎了，他们的土地被分割成几个地区，这些地区成为了美国的几个州。这个国家正在试图冲出大西洋海岸，努力向外扩张。它的海上贸易是经过迅速发展的波士顿港和巴尔的摩港，尤其是经过纽约港，绕过合恩角，将货物运送到中国，或东渡海洋运送到欧洲各国。费城依然是美国最大的城市，但它作为合众国中心的地位正在渐渐消失。它已经不再是首都了。杰弗逊是在新建立的城市——华盛顿就职的第一位总统，这座城市的兴建计划已经拟定了。那时，国会的所在地国会大厦还只修建了一个侧厅，白宫也还未完工，只有一些便捷酒店和供参议员和国会议员落脚的房舍，此外就都是沼泽地和荒地了。面对这个尚未开发的首都，杰弗逊并没有知难而退。想到一个美好的城市有一天会建立起来，他就充满了希望。而且做一个开拓者也适合他勤俭朴素的习惯。

总统对世界冲突视而不见是不可能的。杰弗逊代表的农民依靠欧洲市场赖以生存，西部各州和地区需要畅通无阻地将他们的产品沿着密西西比河运送到墨西哥湾。密西西比河河口有一个新奥尔良港，它当时仍然归西班牙所有。关于法国秘密购买路易斯安那的传闻慢慢传播开来，不久便得到了证实。拿破仑派遣一支远征队前往法国殖民地海地，镇压杜桑·卢维蒂尔领导的黑人起义。完成这一任务后，这支远征队将以法国政府的名义占领路易斯安那。当《亚眠和约》使欧洲处于不稳定的和平中时，训练有素的法国军队再次到达北美大陆附近，似乎很快就会登陆。这就像十八世纪法国给加拿大造成的威胁一样，促使英语国家团结起来。杰弗逊在写给驻法美国大使的信中写道："当法国占领新奥尔良时……我们必须与英国舰队及其整个国家联合起来。我们必须把所有的注意力都转移到海军上来，使欧洲发射的第一发炮弹成为……让美洲的两块土地为联合的英美民族的共同目标服务的信号。这并不是我们追求或渴望的事情，而是如果法国采取这一措施（购买路易斯安那），我们必须要做的事情。"这是杰弗逊观念的一个惊人发展，他以前一直是法国的支持者和英国的反对者。但在国际政治的事实面前，理论上的观点必须做出让步。无论如何，如果他们能这样做是非常明智的，杰弗逊在处理实际问题时就非常明智。

1802年夏天，法国迫使西班牙人禁止美国农产品进入新奥尔良港，整个西部地区都充斥着愤怒和惊慌的情绪。杰弗逊在给驻法大使的信中写道："世界上有一个地方，它的所有者自然地成为了我们的敌人。这个地方就是新奥尔良，我们八分之三的农产品都必须经过那里进入市场。"詹姆斯·门罗被派往巴黎完成一项特殊的任务，那就是从法国手中买下路易斯安那，或至少要买下新奥尔良。当他还在去往法国的途中时，其他地方发生的事情使美国的计划突然实现了。法国远征海地的军队遭遇惨败，损失了三万人。法英两国在《亚眠和约》后的新一轮战争即将爆发。拿破仑很快就放弃了建立美洲帝国的希望，并打算将西班牙割让给法国的路易斯安那全部卖给美国，这完全出乎美国大使的意料。门罗及时抵达巴黎完成收购，美国以一千五百万英镑的价格得到了路易斯安那。

笔尖稍微一动，美国的领土立马就增加了一倍，它获得了一片辽阔的土地，后来在这片土地上建立起了十二个州。这是美国历史上最划算的一笔交易。然而当这个消息传过大西洋后，引起了人们强烈的抗议。拿破仑有权将这些土地卖给其他国家吗？美国是否花了一大笔钱却只得到了一张不合法的地契呢？而且，宪法中并未明确规定联邦政府有权进行这种交易。但必须立即批准这一交易，以免拿破仑改变主意。参议院针对此事召开会议，杰弗逊声称，根据宪法中规定的总统具有缔约权，双方进行的协商是有法律效力的。联邦党人强烈谴责这块新获得的土地，认为它价格高昂且边界划分不明确。他们意识到，这次交易将引起联邦权力的重大转移，还会促进西部地区农业利益集团的快速发展。东部沿海地区的人们对政府施加的影响和压力根本无济于事。1803 年 12 月，美国的国旗飘扬在了新奥尔良的政府大楼上空，美国得到了九十万平方英里的新土地。

得到路易斯安那后，美国政界又出现了骚动不安的现象和进一步扩张的愿望。墨西哥湾沿岸的佛罗里达仍属于西班牙，在新获得的土地之外，德克萨斯平原极具吸引力。西部各州和地区与联邦首都之间发生了矛盾。这段时期的邪恶天才是艾伦·伯尔。

我们都知道伯尔在 1800 年错失了成为美国总统的机会，他落选主要是因为汉密尔顿的介入。1804 年，汉密尔顿的反对又使他竞选纽约州长失败。他向汉密尔顿发起决斗，汉密尔顿接受了他的挑战，打算开枪时偏离目标以满足伯尔的自尊心。然而伯尔却直击要害，结束了一位在美利坚合众国建立初期功勋卓著的伟人的生命。伯尔失去了所有人的信任，他开始寻找在美洲创建自己的王国的方法，甚至企图从英国政府获得大量贿赂。他是否希望将西部各州从美利坚合众国分离出来，或者想要得到西班牙的一部分领土，这还不得而知，尚有争议。但他因叛国罪受审并遭到逮捕，从政生涯戛然而止。由于证据不足，他被无罪释放，自觉地开始了流亡生活。

1804年，杰弗逊成功连任总统，但他的第二次任期没有第一次那么顺利。在向西扩张的压力之下，他的东部集团分裂成了地方派系。新一轮的欧洲战争再次引发了禁运、封锁和强制征兵这些老难题。杰弗逊面临着英国舰队的挑衅，它们不断在美国领海边界，有时甚至是领海范围内扣押美国船只，逮捕船员。根据当时的惯例，英国有权强征在美国船上服役的英籍人士，但他们也强征了许多美国公民和国籍不明的船员。此外还有一个问题。拿破仑在柏林颁布了一项法令，宣布对英国实行大陆封锁。为了予以反击，英国政府于1806年发布枢密令，严格限制中立国与法国及其盟国的贸易往来。英法两国的这种做法严重打击了美国贸易的发展。正如特拉法加战役所证明的那样，英国的皇家海军远比法国海军强大，英国对美国船只造成的损害最大。

面对这么多棘手的问题，杰弗逊仍能沉着应对，他决意维护国内和平。但社会舆论的矛头直指向他。在他的建议下，国会于1807年通过了《禁运法案》，禁止美国船只驶向国外海域，还明令禁止从海上和陆地上出口美国商品和进口某些英国制成品。杰弗逊希望，失去与美国的贸易联系能促进交战双方达成协议。但实际上，他的措施对美国贸易造成的损害远比对英国或法国造成的损失要多。新英格兰和大西洋沿岸的所有海港的经济都依赖于与英国的贸易往来。东部各州纷纷提出抗议，其中新英格兰反应尤为强烈。联邦党人很快积聚力量，加入到了抗议的队伍之中。杰弗逊自己的共和党也发生了分歧，开始反对他。《禁运法案》实行十四个月后，他被迫取消了这一法令。三天后，他的任期结束了，于是退居佛罗里达州的蒙蒂塞洛庄园。

托马斯·杰弗逊在执政的最后两年里出现的政策失误不应该磨灭他在美

国历史上占据的重要地位。他是美国政客中的第一位政治理想主义者，也是美国民主传统的真正缔造者。在世界战争带来的危机中，由于偏激的政策所造成的风险使他原来简单的看法有所改变，但他对人民群众的信赖始终没有动摇。虽然他后来对工业主义的看法有了改观，但他始终坚持着自己的信仰，认为自耕农和民主制之间有着密切的联系。他在三十多年的政治生涯中，真正代表着边境西部地区的利益并全心全意为他们服务，因此他在这些地区的势力非常强盛。

第二十四章　1812 年的战争

1809 年 3 月，美国新上任的总统是詹姆斯·麦迪逊。他在杰弗逊执政时担任国务卿，有丰富的从政经验，而且他还是一位著名的政治理论家。他生性固执，处理实际问题的方式和判断能力也比不上前任总统杰弗逊。麦迪逊上台时，美国民众都对英国心存不满，英美两国的关系也十分微妙。他最开始对解决这一问题抱有很大期望，并在华盛顿与英国大臣达成了一份对英国非常有利的临时协议。但英国的外交大臣坎宁拒绝接受这份文件，还召回了负责签订此项协议的大臣。他不太愿意处理与美国有关的事务。在接下来的三年里，英美关系逐渐恶化。拿破仑撤销了在柏林颁布的关于关闭所有被法国控制的欧洲港口的法令，麦迪逊被他的这一行为所欺骗，试图让英国也废除关于禁止与法国的港口通商的枢密令。一些明智的政治家警告他，拿破仑的这一行为只是一个外交行动，“想要让我们与英国开战”，但麦迪逊对此却毫不理睬。

与美国开展的非正式贸易战严重损害了英国的利益。英国失去了美国市场，又经历了 1811 年 12 月这个难熬的冬天，全国的失业率骤增，商业也出现了危机。人们向议会情愿，请求政府撤销枢密令。当时在外交部任职的卡斯尔雷犹豫再三后，在下议院宣布政府撤销枢密令。但为时已晚。横渡大西洋要花的时间太长，消息没有及时传到美国。1812 年 6 月 18 日，就在卡斯尔雷发布公告的两天以后，美国国会对英宣战。

在接下来的一个星期里，拿破仑对俄国发动了蓄谋已久的侵略战争。

美国历史学家指出，英美冲突的根源并不在于对海洋法的对立理解，而在于美国西部边境地区的问题。沿海各州，尤其是新英格兰，都渴望和平。他们主要关心的是美国的对外贸易，而对外贸易额已经大幅减少了，与英国交战将彻底终止对外贸易。但是，美国的国内政治使对英国怀有敌意的西部和西南部代表获得了权力，是他们迫使美国与英国发生冲突，而非大西洋沿岸的商人。在边境地区，尤其是西北部，人们十分渴望得到土地，而土地只能从印第安人或大英帝国获取。

美国人与印第安人的矛盾已经酝酿了一段时间。十九世纪初期，拓荒者都是以林业为生的人。他们早已占领了位于伊利诺斯和印第安纳的印第安人部落的林地，他们如今又对五大湖区附近的英属加拿大地区的林地垂涎三尺，因为那里有无人居住的王室领土和少数效忠派。由于美国西部地区已经挤满了拓荒者，因此他们必须继续向西北扩张。1811 年，俄亥俄河畔的印第安人在他们最后一位伟大的军事领袖特库姆塞的带领下集合起来。在他的命令下，印第安部落面对酒和贸易的诱惑，表现出无动于衷的态度。边境地区陷入一阵恐慌。若印第安人重获势力，美国将无法继续扩张。印第安纳州的州长威廉·亨利·哈里森是最近的向西扩张活动的主要负责人，他率领军队出征。1811 年 11 月，在蒂普卡努战役中，他们击败了印第安部落联盟。

加拿大支持并组织了印第安人的反抗活动，这是美国历史上的一个传奇，这一传奇是主战派于 1812 年创造的。新一代美国人进入了政界，为首的是来自肯塔基州的亨利·克莱和来自南卡罗来纳的约翰·卡尔霍恩。这些年轻人在众议院组成了一个强大的团体，即后来为我们熟知的“鹰派”。他们对欧洲事务一无所知，也不关心拿破仑的计划，对俄国的命运更是置之不理。他们主要的目标是占领加拿大，在整个北美大陆建立美国主权。在克莱的影响下，总统被争取到了支持战争的一边。引发冲突的原因还是那几个传统因素：强制征兵，侵犯三海里领海权，实行封锁，颁布枢密令。美国人民对是否应该开战产生了严重的分歧，新英格兰以压倒性的票数反对宣战，而“鹰派”却发动声势浩大的宣传活动支持宣战。美国政界的边境势力也怀着报复心理加入到争辩之中。此外，边境地区的农民感到愤愤不平。他们提出的“自由贸易，维护水手权利”的口号是有一定依据的。英国限制美国船只的往来终止了他们的农产品出口贸易。他们认为，开拓者的一次短期远征就能解决问题，几个星期内就能使魁北克地区主动求和。美国国会甚至还没有投票表决为陆军或海军拨款的事项就休会了。

双方力量从数量上看很不均衡，当时美国人口达到了七百五十万，其中还包括一些奴隶，加拿大只有五十万人，且大多数都是法国人。可是加拿大拥有五千训练有素的英国军队，四千加拿大正规军和同样数量的民兵。印第安人还能提供三千到四千的辅助部队。

美国的正规军队人数不足七千，政府克服重重困难从各州召集了四十万民兵，但没有将他们派往加拿大。美国从未在任何一场战斗中投入超过七千的兵力，那些没有接受过训练的志愿军根本发挥不了多大作用。此外，七年的战争表明，只有沿着圣劳伦斯河逆流而上发动攻击，才可能征服加拿大，可是美国没有充足的海军力量来实行这一方案。因此，他们只能在广阔的边境发动进攻，但有些边境地区根本无法通过，他们的军队还遭到了印第安人的突袭。美军的领袖想不出远大的战略计划。如果他们之前将军队集聚在安大略湖区，那还有可能获得胜利，但他们却三心二意、步调不一地在边界发动进攻。

美国的第一次远征以惨败告终。英国最优秀的指挥官艾萨克·布罗克将军在印第安部落联盟的支持下，击退了美军。8月，英军占领了底特律，几天之内，如今芝加哥的所在地迪尔本要塞也陷落了。美国的边界收缩到俄亥俄河至伊利湖一线。在那一年的剩余时间里，美国对尼亚加拉一线发动了进攻，但一无所获。这场战争最后草草结束了。当欧洲正在发生翻天覆地的变化时，英国被迫只能在加拿大保持防御状态。

海上战争更为精彩一些，对美国人来说也更鼓舞人心。他们拥有十六艘军舰，其中三艘的行驶速度无人能敌，它们都是配备有四十四门大炮的护卫舰，分别是“宪法号”、“美国号”和“总统号”。它们舷炮的口径比英国护卫舰舷炮的口径要大，制造船体的木材也较重，但是它们水下部分的造型很光滑，所以比其他船只的速度都要快。它们的船员都是志愿军，军官都受过严格的训练。一位伦敦的记者称它们是“一些用毛皮制造的护卫舰，由杂种和不法之徒操控”。美国人欣然接受这一评价，用自己的行动证明了这种诽谤是不成立的，他们为此感到非常自豪。停靠在大西洋彼岸的英国舰队由九十七艘军舰组成，其中包括十一艘战列舰和三十四艘护卫舰。英国海军历史悠久且战功赫赫，曾在特拉法加战役和尼罗河战役中大获全胜，英国舰长们都很有自信能击沉任何美国军舰。但是，英国军舰相继发现，它们发射出去的大炮都被击成了碎片。于是，“用毛皮制造的护卫舰”从此名声大噪。由于美军在与加拿大交战中惨败而痛心疾首的美国人民在这些胜利中又看到了希望。他们的护卫舰在与英军交战的一年内获得的胜利比法国和西班牙在二十年的战争中获得的胜利还要多。但好景不长。1813 年 6 月 1 日，由劳伦斯舰长指挥的护卫舰“切萨皮克号”带着未受训练、难以管理的船员驶离波士顿港，准备迎接“H.M.S 香浓号”的布罗克舰长的挑战。经过十五分钟的战斗，“切萨皮克号”投降。美军接二连三遭受失败，制海权落到了英国手中。然而，在后来的战争期间，美国私掠船继续侵扰着英国船只。

这些海上小插曲并没有对战争的整体局势造成影响。如果英国政府放弃强制征兵，那么 1813 年的战争就不会发生。但他们并没有这样做，美国也开始修正他们的战略。这场战争名义上是由强制征兵引起，因为美国从未宣布他们的战争目标是征服加拿大。然而，加拿大就是他们的主要目标。在陆战中，美军对上加拿大地区发动了多次袭击，该地区就是现在的安大略省。无数城镇和乡村被洗劫一空，燃烧殆尽，其中包括后来发展成多伦多市的小首府。战争越来越激烈。1812 年到 1813 年之间的冬天，美国人在伊利湖畔的普雷斯克岛要塞建立了一个基地，他们还不辞辛劳地翻山越岭，为美军指挥官奥利弗・H・佩里提供给养，他当时正率领一支小舰队在淡水区域作战。秋天，佩里的小舰队朝着胜利驶去。1813 年 9 月，双方开展了一场奇特的海陆两栖战争。黑人、边境侦察兵和民兵登上了用新鲜木材制造的木筏，在平静的湖面上顽强作战。美国军舰坚不可摧，英国舰队遭受惨败。佩里简洁地报告说：“我们与敌军交战，并打败了他们。”

在蒂普卡努战役中获胜的美国将领哈里森可以进驻安大略省了。10月，他在特姆兹河战役中击溃了之前曾打败过他的英国舰队及其印第安盟军。印第安部落联盟彻底瓦解，特库姆塞被击毙。从此，美国在五大湖区南岸的地位得到了巩固，印第安人再也不能从侧翼攻击它的边境地区了。但美军对上加拿大地区的侵略失败了，加拿大在年末获得了尼亚加拉要塞。

英国人在加拿大一直没有制定出发动进攻的可行方法。英国的军队和船只都集聚在欧洲，与拿破仑进行着殊死搏斗。而且，英国政府不敢从北部威胁新英格兰各州，因为这样会激怒它们。他们甚至在1814年以前都没有将封锁线延伸至马萨诸塞州，并且英军的供给几乎都是从新英格兰港口运送过来的。但是到了1814年春天，欧洲战局已见分晓。拿破仑于4月宣布退位，英国终于能派遣足够的援军了。他们计划从尼亚加拉和蒙特利尔出发，经过香普兰湖，在南方对新奥尔良发动袭击，同时令海军突袭美国海岸。拥有丰富作战经验的威灵顿部队还未从伊比利亚半岛赶来，战争就打响了。从尼亚加拉出发的军队在瀑布附近的伦迪莱恩战役中被打败了。但8月末，从欧洲赶来的一万一千名援军在蒙特利尔附近集合，沿着当年伯戈因的进军路线顺赫德森河而下。9月，乔治·普雷沃斯特爵士率领他们向普拉茨堡进军，准备夺取香普兰湖的控制权。他们的对手是仅有一千五百人的美国正规军和几千民兵，胜负取决于英美两国护卫舰的较量。正如在伊利湖战役中一样，美军凭借坚固的内河舰艇，获得了胜利。这场战役重创了英军，在整场战争中占据着最为关键的地位。普雷沃斯特率军队撤回了加拿大。

在海上战争中，英军虽然在前些年屡屡受挫，但仍然占据着优势。更多军舰从欧洲海域赶来，美国海岸无人防守。8月，英国将军罗斯率领四千人在切萨皮克湾登陆。美国民兵虽有七千兵力，但都是未经训练的新兵，在英军的猛烈攻势下迅速撤退。24日，英军攻入联邦首都华盛顿，麦迪逊总统逃到了弗吉尼亚。美国人撤退得太仓促了，英国官兵甚至还在白宫享用了一顿为总统及其家人准备的饭菜。为了对美国民兵在加拿大的所作所为施以报复，英军烧毁了白宫和国会大厦。华盛顿在波多马克河畔的邸宅幸免于难，但受到了英军的严格看守。在战争接近尾声时，英军试图在巴尔的摩登陆，但那里早有民兵把守。罗斯将军阵亡，英军撤回到了船上。

12月，远征新奥尔良的英军到达了他们的基地，这是英国发动的最后一次，也是最草率的一次袭击。但在这个西南部的边境地区出现了一位优秀的军事领袖安德鲁·杰克逊。他是田纳西州的早期开拓者，在与印第安人的交战中赢得了较高威望。当英军企图支持和组织印第安人作战时，杰克逊将印第安人追击到了西班牙的西佛罗里达境内，并占领了它的首府彭萨克拉。

与此同时，爱德华·帕克南爵士率领八千英军在新奥尔良登陆，他曾在萨拉曼卡指挥过一个师。密西西比河的河口有许多沼泽和水湾，因此在那里进行水陆两栖战斗是极其危险的，所有士兵和给养必须用划艇从七十海里外的军舰上运送过来。杰克逊迅速从佛罗里达撤回，在密西西比河的左岸安营扎寨。他的部队虽然在数量上不占优势，但有许多技艺精湛的神枪手。1815 年 1 月 8 日清晨，帕克南正面袭击美军工事，这是英国作战史上最愚蠢的一次行动。帕克南阵亡，两千名士兵死伤惨重。唯一幸存的将领率部队撤到船上。美军损失了七十人，其中有十三人阵亡。这场战斗正好持续了半个小时。

1814 年的平安夜，英美两国签订了和约。新奥尔良战役是美国历史上的一个重要事件，它给未来总统杰克逊的从政生涯铺平了道路，它使人们相信美国人赢得了这场战争的完全胜利，它还使人们产生了误解，认为这场战争是为反抗英国暴政而进行的第二次独立战争。

美国的国内形势发展快速。以海运和贸易为生的新英格兰遭受严重损失，领导人也陷入了窘迫的境地。新英格兰各州之前是联邦党的支持者，但该党内部如今混乱不堪。它们因将它们推向战场的西部各州和地区占据着优势地位而心存怨恨，于是开始考虑脱离联邦。1814 年夏天，马萨诸塞州处于孤立无援的境地。英军侵占了缅因州，英国军舰封锁了各个港口。赋税的重担基本上都压在了新英格兰各州的头上，而联邦政府似乎连地方防务都无力提供。10 月，来自马萨诸塞州、罗德岛和康涅狄格州的代表被召集起来举行会议，他们于 12 月份在哈特福德集合。他们想要与英国单独媾和，不再与快速发展的西部各州建立关系。他们相信远征新奥尔良的英军会取得胜利，而西部各州由于与海上失去了联系，可能会主动离开联邦。总统感到十分惊慌，主战派担心出现最坏的局面。幸运的是，新英格兰温和的政客在哈特福德会议上占了上风，大会只起草了一份严厉责难麦迪逊政府的意见书。脱离联邦的运动暂时平息了。他们宣称："试图滥用权力以篡改宪法的行为将使革命带来的弊端永远无法消除。"

安德鲁·杰克逊在新奥尔良战役中获得的胜利和英美和谈取得的成功引起了人们对新英格兰不忠行为的强烈抗议，并使联邦党蒙受了永远无法洗刷的耻辱。但哈特福德大会的代表们所坚持的州权原则将在美国政界保持其活力。这场战争也大大促进了新英格兰经济的多样化发展。除了海运和贸易之外，新英格兰各州还大力发展了收益丰厚的制造业和其他工业。

英美两国在战争期间一直都在试图进行和谈，但直到 1814 年 1 月，英国才同意谈判。包括亨利·克莱在内的美国代表团于 6 月抵达根特。起先，英国拒绝商讨中立权和强制征兵的问题，他们仍然希望能在美国西北部建立印第安缓冲国。威灵顿的理智改变了谈判氛围。在前一年的 11 月，他受命前往美国指挥英军作战，但他看过普拉茨堡战役的报告后，意识到取得胜利依靠的是五大湖上的海军优势。他发现无法获得这一优势。他还认为在加拿大边界夺取美国领土对英国没有好处。因此，双方接受了漫长的北方边界的现状。其他问题仍然悬而未决。1817 年，一个委员会控制了五大湖上的海军力量，后来，缅因州的边境争端也用同样的方法得到了解决。等到英国海军再次开战的时候，强制征兵的法令已经废除了。

一场毫无收获且完全没有必要的战争结束了。反美情绪在英国持续了几年，但美国从此获得了作为一个独立的国家应有的待遇。英国陆军和海军学会了尊重他们以前的殖民地居民。当实现和平的消息传到新大陆的英国军队时，一位士兵写道："我们都非常高兴，因为我们这些来自伊比利亚半岛的士兵发现，在这种民兵战、海战、游击战和掠夺战中，既不能获得名望，又不能赢得其他军事荣誉。"

和平所带来的益处是经久不衰的。这场战争是加拿大历史上的一个转折点。加拿大人为自己在保卫国家的战役中发挥的作用感到无比自豪，他们的爱国之情不断高涨。一些意见分歧将继续动摇英美两国的关系。三十年后，双方在俄勒冈的归属问题上发生冲突，对大片领土展开了争夺，战争一触即发。但是从那以后，加拿大和美国之间的三千英里边界一直处于无人防守的状态。海洋上，英国海军占据优势达一个世纪之久。在这一盾牌后面，美国可以在大陆上随心所欲地实现他们的目标了。

第二十五章　厄尔巴岛与滑铁卢

1815 年，欧洲和美洲都相安无事。在巴黎，波旁王族的一个勇敢、随和而年迈的成员登上了法国的王位，其亲戚、对手和追随者所犯的错误都被一笔勾销了。他忠诚的支持者比他更为专横，这挑战着臣民们的耐心。依然向往着帝国荣耀的法国人民准备好了进行新的冒险。欧洲各国在维也纳解决了一个最棘手的难题，他们已经商讨出了如何在贪婪的胜利者——普鲁士和俄国之间瓜分萨克森和波兰民族的方案。可是关于欧洲版图的重新划分，他们在许多细节问题上仍然没有达成一致。经过了二十年的战争，他们觉得现在有足够的空余时间来讨价还价和欢庆宴饮了。如今需要一场剧烈的突然震动使他们回到一致的目标上来。这场震动来自于一个熟悉的地区。

拿破仑统治厄尔巴岛已经九个月了。这位昔日的欧洲主宰如今只拥有一个小小的海岛。他始终保持着帝王的尊严，尽心尽力地发展着自己小王国的炼铁业和金枪鱼捕捞业，其热情丝毫不亚于当年率领千军万马的气概。他拥有一支军队，包括四百名老近卫军士兵，几个无家可归的波兰士兵和一些地方民兵。他还有一支海军，并为它设计了一面厄尔巴岛军旗。他的舰队只有一艘双桅船和一些小快艇。他精心管理着这些力量薄弱的兵力和厄尔巴岛少得可怜的预算。他告诉厄尔巴岛的人民，从此以后他会为了他们的幸福而不断努力。他还为那些高官制作了精美的制服。在首都波托费拉约，他装饰了一座富丽堂皇的宫殿。他与母亲在宫殿里打牌，还经常作弊，这是他人尽皆知的习惯。他与最喜爱的一个妹妹和忠诚的波兰情妇纵情娱乐，只有他的妻子玛丽亚·路易莎皇后和他的儿子不在那里。奥地利政府将他们二人留在了维也纳。皇后根本不想违背自己的誓言，她认为对哈布斯堡皇室的忠诚比她的丈夫更重要。

好奇的外国游客源源不断地前来拜访这位没落的皇帝，许多人都来自英国。其中有个人或许带着些许偏见报告称，拿破仑看起来更像一个狡猾的教士，而不像伟大的领导者。盟国驻厄尔巴岛的代表尼尔·坎贝尔爵士对他更为了解。几个月后，与拿破仑近距离接触的人确定他在等待时机。他密切关注着法国和意大利发生的事情，并通过间谍了解到了各方意见。他认为复辟的波旁王朝无法得到法国人的忠心。而且，他们没有按照和约里的规定向他支付年金。这件小事使他确信，他不用再遵守条约了。1815 年 2 月，他看见，或者说他以为自己看见了维也纳会议的破裂。盟国之间争吵不休，心存不满的法国正在向他招手。狡猾的苏格兰监察员坎贝尔正在意大利。在如此有利的形势下，拿破仑迅速抓住了机遇。2 月 26 日晚，他乘着一艘双桅船，带领一些更小的船只偷偷溜出了港口，率一千人朝法国驶去。3 月 1 日，他在昂蒂布附近登陆。当地人对他们表示热烈欢迎，还奏起了类似英文歌《家，可爱的家》的法国歌曲。

“百日政变”拉开了帷幕，接着又进行了向巴黎的不流血进军。前来抵御入侵者的王军逐渐瓦解或宣布投降。被称为“勇者中的勇者”，曾效力于波旁王朝的内伊元帅吹嘘道，他将用铁笼把昔日的主子押回巴黎。但是他发现自己无法抗拒皇帝的要求，又回到了拿破仑的队伍中。其他背叛了拿破仑的元帅也再次变节。拿破仑在登陆后的十八天之内就进驻了首都巴黎，波旁王室仓皇而逃，纷纷到根特避难。与此同时，拿破仑表明了他的和平意愿，并立即开始建立自己的军队。为了得到拥护，他向法国人民承诺实行开明的制度。事实上，他希望，一旦拥有了能取得胜利的强大军队，他就立即恢复帝国的旧制度。但自从经历了鼎盛时期的奥斯特里茨战役、耶拿战役和瓦格拉姆战役，法国的气氛已经发生了变化。人们虽然充满激情，但再也达不到最高昂的战斗情绪了，军队和领袖们也已今非昔比。在与俄国的交战和莱比锡战役中遭受的巨大损失是无法弥补的。自 1805 年以来，有一百四十八位将军在战斗中牺牲，在那些幸存的将领中只有一半人仍效忠于拿破仑。马尔蒙、维克托等元帅已经逃到了比利时。维克托在布鲁塞尔的威灵顿旅馆落脚，这家旅馆的名字来源于在塔拉韦拉战役中打败他的威灵顿公爵。拿破仑得力的参谋长贝蒂埃元帅没有来与他会合，因此拿破仑只能依靠苏尔特，他后来气愤地称之为“那个傻瓜苏尔特”。拿破仑表现出了充沛的精力，自信满满。但他早年具备的敏锐的军事判断力已经消退了。多年的旧疾胃溃疡使他感到阵阵疼痛。

然而，拿破仑依然是一位令人敬畏的人物，对欧洲来说是一个严峻的挑战。参加维也纳会议的欧洲各国以异于常态的速度和一致性采取了行动。他们宣称拿破仑违反了法律，断言他是世界和平的破坏者，应该受到公诉。各国也都开始集合部队。号召全国和全世界人民反对拿破仑的英国政府意识到，他们必须在接下来的激战中首当其冲，因为俄国和奥地利积聚力量还需要一段时间。普鲁士是主要的盟国，它已蓄势待发。备战已经刻不容缓。威灵顿建议立刻派兵前往尼德兰，建立进军巴黎的基地，准备在边境地区迎战。拿破仑逃出厄尔巴岛不到一个月，威灵顿就在布鲁塞尔获得了军队的指挥权。

威灵顿公爵对英军的状态并不满意。从伊比利亚半岛过来的他的几支精英部队已经被派往了美洲，包括他的参谋长乔治·默里爵士。英国政府克服重重困难，召集了六个团的骑兵和二十五个营的步兵，其中有一部分是参加过伊比利亚半岛战役的老兵，还有一部分是未受训练的新兵。这支部队最大的缺陷是炮兵。根据 1814 年的《巴黎和约》，英国内阁下令大量削减炮手和瞄准手的人数，造成了如今炮兵极度短缺。但是，如同在所有的欧洲战争中一样，英国在大陆上有许多盟友和辅助部队。英国的国王依然是汉诺威国王。汉诺威的军队在穿过尼德兰回国的路上停了下来，加入了新的军队。威灵顿损失了大量兵力，试图说服葡萄牙人派出几个营。他曾经向他们传授过战争的艺术，还称他们是“善斗的公鸡”，为他们感到骄傲。但他所做的努力都是白费。尼德兰国王交给他指挥的荷兰军队和比利时军队似乎不太可靠。他们的国家被法国占领了二十年，但至少比利时人并不厌恶法国的统治。他们的士兵可能会站到拿破仑那一边。纳邵和德意志的其他地区也派出了分遣队。随着夏天的临近，威灵顿召集了一支有八万三千人的混合部队，其中三分之一是英国人。他像往常那样爱发牢骚，抱怨这支没有作战经验的军队战斗力太差，同时他竭尽所能地对这支部队进行训练和改造。他这场新冒险活动的主要支持者当属布吕歇尔元帅。普鲁士拥有十三万兵力，但几乎有一半都是未受训练的民兵。他们驻扎在比利时东部。威灵顿和他的参谋计划大规模进军法国。他打算采取攻势，不愿被动地等待拿破仑的攻击。他冷静而周全地制定出了所有的计划。他在布鲁塞尔建立了基地，在莫伯日和博芒特之间设了一条阵线，普鲁士人在他的左翼占据着菲利普维尔和吉瓦特之间的地区。结果，拿破仑又像往常一样主动出击。

拿破仑一天都不能耽误，他也确实没有耽误。他的两个主要敌人就驻守在法国的东北部边境，几天内就能攻入巴黎。他必须迅速对不断壮大的敌军发动攻击。取得这场战争的胜利会使法军更具威望，而英国政府的声誉则会受到损害。他在伦敦的拥护者辉格党温和派可能取代托利党并提出进行和谈。路易十八将继续流亡在外，尼德兰的比利时地区也会再次由法国统治。完成这个计划后，他就能从容地应对奥地利和俄国的威胁了。当他用强烈的意愿鼓动法兰西民族时，这些就是他的期望。建立一支装备齐全的庞大军队使精疲力竭的法国不堪重负。他们在边界线上组织了五个军团，总数约十二万五千人。这些边界线上的堡垒守卫着法国，拿破仑可以在它们的保护下从容不迫地加强兵力，它们还为他在战争初期提供了动力。威灵顿被迫将军队布置在一条长四十英里的防线上，防止法军在英军和普鲁士军队的会合点发动袭击。6 月初，形势变得越来越严峻。拿破仑会对威灵顿和布吕歇尔的军队采取各个击破、逐步消灭的战术，这是显而易见的，或至少是可以预见的。但他会在哪里发动第一次袭击呢？威灵顿在布鲁塞尔耐心地等待着能透露拿破仑意图的迹象。他和他强大的对手将首次兵戎相见。他们两人当时都是四十六岁。6 月 15 日，拿破仑在沙勒罗瓦和马希埃纳悄悄渡过了桑布尔河，将前面的普鲁士先头部队赶到了离布鲁塞尔不足二十五英里的地方。他对盟军的会合点发动了袭击。夺取布鲁塞尔就意味着向前迈了一大步，占领都城对他来说一直很有诱惑力，也是补充力量的源泉。

英军与普鲁士军队之间的联络信号非常差，几小时后普鲁士军队战败的消息才传给威灵顿。盟军指挥官们似乎都没有制定出详细的合作计划，军事情报也像一般时期那样混乱不清、自相矛盾。在滑铁卢到沙勒罗瓦的道路上没有英国军队，只有由荷兰人和比利时人组成的一个师在那里防守。15日晚，当法军集中火力要彻底击溃普鲁士军队时，里士满公爵夫人正在布鲁塞尔举办舞会接待盟军军官。威灵顿也出席了舞会，他知道保持一副刚毅平静的面孔是十分重要的。他在跳舞时思考着迟迟传来的消息。必须不惜一切代价保持与普鲁士军队的联系，并阻止法军进军布鲁塞尔。威灵顿决定将军队集中在战略要地卡特勒布拉村。16日清晨，皮克顿旅从布鲁塞尔出发，去与防守在英军和普鲁士军之间的危险地区的荷兰军队会合。

对法军来说，只有击败普鲁士军队，才能将威灵顿的军队赶到西北部的海岸。拿破仑的脑海中出现了这样一幅画面：溃不成军的英国军队在佛兰德斯港口等待着回国的船只。以前在拉科鲁尼亚和沃尔克伦岛就出现过这样的场景。拿破仑将法军的左翼交给内伊指挥，自己率领六万三千名士兵，带着九十二门大炮去与集中在林尼的普鲁士主力部队交战。但威灵顿不慌不忙，胸有成竹的样子欺骗了他。拿破仑意识到目前只有一支小部队驻守在卡特勒布拉，于是命令内伊发动攻击，并于当天晚上与他在布鲁塞尔会合。16日下午两点，法军在两英里长的战线上采取了行动。威灵顿带着七千名士兵和十六门大炮赶来指挥战斗。这场战争的火力主要集中在皮克顿旅的阵地。这些曾参加过伊比利亚战争的老兵已经从布鲁塞尔长途跋涉了十二个小时，但他们依然顽强抗战。法国骑兵围着他们打转，但只是白费力气，而荷兰和比利时盟军的步兵已经败下阵来。那天下午，在通往布鲁塞尔的十字路口上进行的激烈的拉锯战中，没有使用计策的余地。这是一场正面交锋，虽然双方都有将领指挥，但他们的军事才能却毫无用武之地。威灵顿在最危急的关头始终保持着冷静。在这场短兵相接的战斗中，英国步兵的火力占了上风。在夜幕降临前，参与战斗的三万盟军损失了四千六百人，法军的伤亡人数相对较少。但是内伊没有攻下他的目标，他没能占领布鲁塞尔。

法军的行动实在缺乏计划性。德尔隆在拿破仑的命令下漫无目的地率兵前进，一会儿朝林尼方向行军，一会儿又转向卡特勒布拉。拿破仑在战斗初期占据着优势，但他并不打算让他的两翼军队立刻行动。他似乎抛弃了原来的计划。然而他在林尼大获全胜。布吕歇尔元帅战略失误，队伍被截成了两段，受到强大法国炮兵的袭击，撤退到了瓦弗。盟军之间的联络信号再次中断，威灵顿无法立即了解到林尼战场上的战斗情况，也无法得知普鲁士军队接下来的行动。他在卡特勒布拉拦截了法军的左翼部队，但是法军在东部的胜利使得他们能够集中兵力到布鲁塞尔大道上与他交战。当威灵顿得知普鲁士军战败的消息时，他的主力部队已经集合在了卡特勒布拉村周围。17 日凌晨，拿破仑决定派格鲁希元帅率领三万三千人追击普鲁士军，他则率主力部队攻击威灵顿。战争的决胜时刻即将到来。

毫无疑问，威灵顿在战争初期肯定十分惊慌。他当时坦言，拿破仑的行动使他“上了当”。几年后，当他读完法国人对卡特勒布拉战役的叙述后，便以一贯的坦率态度说：“该死的，我打败了他们。我受到了惊吓，使自己处在了一个愚蠢的阵地，但他们更蠢，不知道如何利用我的错误。”战争结束后不久，他那有条有理的头脑就立即对形势有了全面的了解。他计划撤退到早有准备的蒙·圣·尚高地，英国工兵早在前一年的战争开始之前，就对那里进行了考察。他将在那里迎战，只要求普鲁士人派一个军团支持他。

1814 年秋天，威灵顿亲自考察了这个比利时乡村，并注意到了滑铁卢山脊的地理优势。伟大的马尔博罗公爵早在一个世纪前也注意到了这一优势，但他的荷兰盟军阻止他在那里与维勒鲁瓦元帅交战。他那场未能进行的战争如今即将展开。16 日的整个晚上，英军都在小心翼翼地撤退，并于天亮之前占领了滑铁卢阵地，建立了一道防线，这种防线威灵顿在伊比利亚半岛早就检验过了。法军必须被迫发动正面攻击了。威灵顿知道时间正在与他的对手竞赛，如果拿破仑想要在法国重新建立自己的帝国，他就必须速战速决。一壁垒森严的农庄和连绵起伏的山坡构成了盟军的阵线，由六万三千名士兵和一百五十六门大炮守卫着。法军没有袭击撤退的军队，他们的战略再次出现了错误。拿破仑没有察觉到卡特勒布拉村发生的事情，普鲁士军将返回与威灵顿的军队会合，危险迫在眉睫。普鲁士军确实是这样打算的。布吕歇尔和普鲁士军队的军师格奈森诺参谋长正从林尼向西北撤退，朝布鲁塞尔方向进军。格鲁希或许是收到了错误的情报，或许是他自己判断错误，以为普鲁士军在向东北方向的列日撤退。他与拿破仑失去了联系，也没有发挥作用，他所犯的错误给法军带来了严重损失。同时，拿破仑听说威灵顿很巧妙地撤退后暴跳如雷，立刻乘坐马车带着他的先头部队在布鲁塞尔的大道上疾驰，想要不顾一切地赶上英军的后卫。一场暴雨耽误了他们的行程。英国骑兵在隆隆的雷声和倾盆大雨中飞驰，赶到了安全地带。拿破仑与内伊见面时大发雷霆，冲着他吼道："你毁掉了整个法国！"当拿破仑抵达滑铁卢时，看见英军已经占领他们的阵地，他意识到英军是多么利落地完成了撤退。

6 月 18 日上午，法军对盟军阵地的两侧发动了攻击，盟军阵地的关键点是右侧有重兵把守的乌古蒙城堡和中部的拉·黑·圣特农庄。拿破仑向他的参谋承诺，当晚就能在布鲁塞尔下榻。他对怀有异议的苏尔特说："你认为威灵顿是一位优秀的将领是因为他打败过你，我告诉你，这场战争会像野餐一样轻松。"接着，他聚集了七万法军和两百二十四门大炮，准备发动决胜一击。盟军阵地遭到了猛烈袭击。他们在一片地势起伏的草原上展开了拉锯战，火力主要集中在拉·黑·圣特农庄，它最终落入了法军手中。英军在乌古蒙城堡驻守了一整天，那里的火力更猛。中午，威灵顿的步兵遭到了当时最可怕的猛烈攻击，这为内伊率领的一万五千骑兵的进攻做了准备。在法军的枪林弹雨中，威灵顿率骑兵撤退到了远处的滑铁卢高地上，暂时躲避袭击。见此情景，内伊命令骑兵发动了一系列攻击。英军当时只能依靠他们的步枪和刺刀了。威灵顿焦急地朝东方望去，希望看到普鲁士军的踪影。普鲁士军此时正在路上，因为布吕歇尔信守了承诺。可是法国的铁甲骑兵正在攻击威灵顿公爵，他们从未靠近盟军的步兵方阵。有一位目击者写道："至于所谓的冲锋，我认为没有一次真正地厮杀起来。我好几次看到法军的铁甲骑兵勇猛地冲到离步兵方阵二三十码的地方，见到我军坚定的神情后又退了回去。他们有时会停下来盯着排成三排的刺刀阵，这时就会有两三个勇敢的将领用军刀高高挑起头盔挺身而出，企图发动攻击。但这都是徒劳，因为这些骑兵不敢靠近可怕的刺刀，面对死亡的危险。"

双方胜负未定。拿破仑用望远镜看着这场糟糕的战斗，愤怒地喊道："这些英军永远不会撤退吗？”苏尔特答道：“恐怕要先将他们切成碎片。”威灵顿也十分焦虑。虽然普鲁士军正午的时候就出现在远处了，却迟迟没有出现对法军右侧发动进攻。晚上六点钟时，内伊袭击失败，普鲁士军无情地对法军侧翼进行了猛攻。法军从袭击威灵顿的队伍中撤出了一万四千人以应付普鲁士军。法军发动了最后一击，农庄周围又展开了一场殊死搏斗。内伊率领近卫军爬上山坡，但再次遭到了愤怒的英国步兵的拦截。英军等待良久的反攻时刻终于来临。威灵顿整天都守在最危险的前线，他骑着栗色的战马哥本哈根到处飞驰，向士兵们发号施令，粗暴地鼓舞着他们。此时，他骑着马奔驰在饱受炮火袭击的阵地上，发布着进军号令，他大喊：“出击！出击！他们顶不住了！”他的骑兵冲下山坡，挥着军刀将法军打得七零八落。怒不可遏的内伊拿着一把断掉的军刀跌跌撞撞地冲着士兵们喊叫，但根本无济于事，已经太晚了。威灵顿将追击法军的任务交给了普鲁士军。拿破仑悲痛欲绝地返回了巴黎。

当天深夜，布吕歇尔与威灵顿见面并互相拥抱。这位德意志陆军老元帅一句英语都不会讲，他先用德语说：“亲爱的战友。”接着又用仅会的几个法语单词说：“了不起啊！”这个简短的问候很符合威灵顿说话简明扼要的习惯。后来威灵顿成为辛克港的卫戍官后，他在沃尔默城堡总是很乐于回忆这段往事。威灵顿公爵回到了布鲁塞尔。这一天即使是对一个铁打的人来说也是非常艰辛的。责任的重担都压在他一个人身上，全靠他强大的实力和身先士卒的精神才将这支混杂的军队团结在了一起。这种压力实在难以忍受。正如他所说：“天哪！如果我不在场，是无法打赢这场战争的。”当他喝着茶，吃着烤面包时，听到部下读的伤亡名单便情不自禁地哭了起来。

接下来的几天里，给威灵顿公爵的祝贺信纷至沓来。奥地利首相梅特涅向他表达了敬佩之意，谨慎地称这场战斗是“辉煌的开端”。事实上，战争已经全部结束了。布吕歇尔率领普鲁士军队直奔巴黎，一路上相安无事。在战斗结束三天后，拿破仑到达了巴黎。他心中忽然又燃起了希望，想在法国发动一场像 1814 年那样的战役，但没有人赞同他的乐观态度。那些全靠拿破仑才获得了地位和财富的帝国高官们已经尝尽了苦头。6 月 22 日，拿破仑宣布退位，退居马尔梅松。狡诈的富歇组建了临时政府，开始同盟国和路易十八谈判。除此之外，他别无选择。7月6日，布吕歇尔和威灵顿进入巴黎。威灵顿公爵的首要任务之一就是阻止普鲁士军队展开愤怒的报复。他们的军队曾在1806年被法军击溃，他们的国土被分割得支离破碎，军事要镇也被占领，他们心中积聚的愤恨是威灵顿公爵所无法体会的。布吕歇尔提议炸毁塞纳河上的耶拿桥，因为那座桥是法国人为庆祝在耶拿击败普鲁士而命名的，威灵顿立即设置岗哨阻止他。盟军到达巴黎两天后，路易十八也回来了。他能第二次登上王位在很大程度上有赖于威灵顿。大部分法国人和许多盟国都希望拿破仑的小儿子能在摄政王奥尔良公爵的辅佐下建立君主制或实行立宪共和制。威灵顿并不看好波旁王族，但他相信法国在他们摇摇欲坠的统治下将无力破坏欧洲的和平。路易十八不是伟大的君主，也绝不会渴望成为一个伟大的君主。威灵顿像许多优秀的士兵一样，取得绝对胜利后就向往一个和平安宁的时代。已经赢得了荣誉和桂冠，是时候维护和平了。

6月末，拿破仑离开了马尔梅松，前往比斯开湾岸边的罗什福尔，在途中惊险地躲过了布吕歇尔军队的抓捕。如果他们抓住他，一定会将他击毙。他想过乘船去美洲，还拿了一套关于美洲的游记。他可能会在墨西哥、秘鲁或巴西建立一个新的帝国。他还有一个选择，就是任凭他最深恶痛绝的敌人发落。结果他选择了后者。英国军舰“别列洛风号”的舰长梅特兰奉命在罗什福尔附近巡逻，阻止所有法国船只驶出海域。拿破仑与他进行了协商，梅特兰邀请他到他的军舰上避难。他无法预知英国政府将如何处置这位重要的人质，也没有做出任何承诺。拿破仑希望自己能够被囚禁在某个英格兰的村舍里或苏格兰的某座城堡里。塔拉尔元帅和其他法国将领在一个世纪以前就曾被囚禁在英格兰。这位昔日的帝王给英国摄政王写了封奉承的信，称他为“我最强大，最顽强，最慷慨的对手”。摄政王读这封信时，一定觉得真正赢得战争胜利的人是他，而不是他的将领或大臣。他对此事深信不疑。“别列洛风号”在托贝抛锚，好奇的德文郡人注视着这个“科西嘉妖魔”，而利物浦勋爵和内阁都在伦敦思考着对策。报刊都要求对拿破仑进行公审。英国政府代表盟国决定将他流放到圣赫勒拿岛，那是一座与泽西岛差不多大小的岛屿，但山峦起伏，距离甚远，想逃出去是不可能的。7月26日，拿破仑乘船行驶在南大西洋，前往他将度过晚年的地方。他一直都不理解在滑铁卢发生的一切，战败是所有人的过错，只有他是正确的。他即将在那里度过六年的流亡生活。他的随从创造了拿破仑不可战胜的神话，这个神话将对法国的未来产生巨大的影响。

维也纳会议于6月正式结束，下一步将是各国使者在巴黎集合，制订与法国的新和约。完成这一任务花了三个月的时间。普鲁士对法国提了许多苛刻的条件，代表英国的卡斯尔雷认为温和的态度会将法国的怨恨降到最低，防止新一轮战争的爆发。他的意见得到了威灵顿的大力支持，此时威灵顿已经在欧洲获得了绝对权威。11月签订的第二个《巴黎和约》比1814年签订的和约要更苛刻。法国除了要割让少部分领土外，还要支付七亿法郎的赔款，并允许盟军占领国土三年。但是和约中并没有令人无法忍受的屈辱条款。从对法国问题宽容的解决方式来看，这一条约是非常成功的。威灵顿指挥着占领法国的军队。在接下来的三年里，他本人的势力实际上相当于一个欧洲强国。卡斯尔雷悲观地认为如果这个条约能维持七年的和平，就证明它是正确的。他没有意识到自己的伟大功绩。后来各国之间的和平维持了四十年，维也纳会议和巴黎和约的基本原则直到二十世纪还在发挥着作用。

1815年起草的和约是欧洲在1919年以前签订的最后一个重要和约。自由党的历史学家和内阁大臣赫伯特·费希尔因此将它与1920年签订的和约进行了比较："塔列朗提出的合法性原则可以概括为1815年和约的精神，合法性使波旁王朝得以复辟，把萨克森置于韦廷王族的统治之下，确立了撒丁王族的权力。但是没有提及国籍问题和有关居民的意愿。因此，在基本原则和目标上，在维也纳起草和约的政客们与现代欧洲的设计师是完全对立的。只有在那些由维也纳会议授权统治欧洲的君主制国家失败后，1920年的和约规定的民主制度才能建立起来。1920年和约创建了新的共和国，重新划分了疆界，结束了古老的奥地利帝国，根据法国革命党人所宣传的，而后来长期消失的自决原则重建了欧洲。在维也纳会议看来，威尔逊总统的主张简直就是谬论。大会在梅特涅、塔列朗和卡斯尔雷的指导下，认为欧洲的富强取决于绝对服从权威，而并非取决于顺应有关民族的愿望。”

卡斯尔雷可能会将俄国、普鲁士和奥地利三个独裁国家建立的神圣联盟作为“极度荒诞言论的产物”并加以否定。它的确是沙皇亚历山大在头脑不清醒的情况下提出来的。但是为了维护稳定的局势，卡斯尔雷期望看到罗曼诺夫王朝、霍亨索伦王朝和哈布斯堡王朝违背所有争取民族独立和自由的民众运动，在中欧和东欧的广阔土地上重建他们的反动统治。这是欧洲，推翻拿破仑帝国而付出的代价。当合法性原则与任何一个强国的利益发生冲突时，这个原则也被摒弃了。波兰在 1792 年依然是一个独立国家，而在 1814 年却不再具有合法地位了。萨克森王国的部分领土和莱茵河的主教区被划分给了普鲁士，威尼斯共和国和亚得里亚海滨地区则被奥地利收入囊中。合法性原则对领土的扩张并未起到任何阻碍作用。

经历了最持久的世界大战后，各国开始了长期的议和。由于拿破仑的才能，法国革命的影响传遍了整个欧洲。诞生于巴黎的自由和民族主义理想已经深植在所有欧洲人的心中。十九世纪，这些理想将与维也纳会议建立起来的有序世界发生冲突。虽然法国战败了，它的皇帝也下了台，但曾鼓舞过它的原则依然存在。它们将发挥重要的作用，改变所有欧洲国家的政体，英国当然也不例外。